Elizabeth Clare Prophet
Patricia R. Spadaro und Murray L. Steinman

Saint Germain und die Prophezeiungen
für das neue Jahrtausend

Elizabeth Clare Prophet

Patricia R. Spadaro & Murray L. Steinman

SAINT GERMAIN

und die Prophezeiungen
für das neue Jahrtausend

Aus dem Amerikanischen von Andrea Fischer

|||||||||||||| SILBERSCHNUR ||||||||||||||

INHALT

Hinweis:

Weil eine geschlechterneutrale Ausdrucksweise holprig wirken und manchmal verwirrend sein kann, benutzen wir oft "er" und "ihn", wenn wir von Gott oder einer individuellen Person sprechen. Diese Worte setzen wir nur zur besseren Lesbarkeit ein. Sie sollen nicht so interpretiert werden, dass Frauen an sich bzw. der weibliche Aspekt der Gottheit von uns ignoriert werden. Gott ist sowohl männlich als auch weiblich.

Kommentar der Herausgeber zur überarbeiteten Ausgabe

Über zehn Jahre nach der ersten Ausgabe von »Saint Germains Prophezeiungen für das neue Jahrtausend« freuen wir uns, eine neue, revidierte Version zu veröffentlichen. Während der Überarbeitung des Textes stellten wir fest, dass die Aussage dieses Buches zur Zeit seiner ersten Veröffentlichung im Jahre 1999 sehr zeitgemäß war, aber dennoch sehr zeitlos ist. Nur sehr wenige Teile des Textes bedurften einer Aktualisierung.

The wichtigsten Veränderungen waren letztlich das Weglassen von einigen Themen und astrologischen Konfigurationen, die sehr spezifisch die 90er Jahre und die ersten Jahre des neuen Millenniums betrafen. Zusätzlich haben wir zwei Textpassagen mit neuem Material hinzugefügt. Die erste Passage beinhaltet Informationen bezüglich Nostradamus und des Anschlags vom 11. September auf das World Trade Center in New York. Die zweite Passage beschäftigt sich mit der Veröffentlichung des dritten Geheimnisses von Fatima durch den Vatikan. Des Weiteren wurden im Text nur geringfügige Änderungen vorgenommen.

Nun, da wir in die zweite Dekade des neuen Jahrhunderts eintreten, ist diese Botschaft genauso bedeutungsvoll wie 1999, als das Buch zum ersten Mal veröffentlicht wurde.

Es ist eine Botschaft der Warnung, aber auch der Hoffnung.

Die Herausgeber

VORWORT

*»Jedes Problem birgt zugleich auch
eine Chance in sich.«*

Albert Einstein

Prophezeiungen sind eine zweischneidige Sache.
Seher aus früheren Zeiten und Seher von heute sagen, dass das neue
Jahrtausend eine Zeit gewaltiger spiritueller und technologischer
Fortschritte sein kann, eine Zeit, in der wir uns von der Vergangenheit
befreien können – es kann aber auch eine Zeit der Kriege, der
Unruhen und sogar der Katastrophen werden.

Doch eines ist sicher – wir befinden uns in einer Zeit, in der
wir Chancen geboten bekommen wie nie zuvor. Wir befinden uns
an einem der großen Wendepunkte der Geschichte, an dem wir
eine Zukunft schaffen können, die die Menschheit für die
kommenden Zeiten "veredeln" wird.

Dieses Buch kann Ihnen dabei helfen, aus dieser Gelegenheit
das Beste zu machen. Es vereint historische, astrologische und
spirituelle Sichtweisen, die einen Zusammenhang zwischen Prophezeiungen und unserer Zukunft herstellen.

In Teil I werden einige der schlüssigsten Prophezeiungen von
Nostradamus, Edgar Cayce, Mutter Maria und Saint Germain für

die kommenden Jahre vorgestellt. Außerdem werden größere astrologische Zyklen erforscht, die ein Bild unserer Herausforderungen und Chancen zeichnen, mit welchen wir in Zukunft konfrontiert sein werden.

In Teil II geht es um spirituelle Lösungen und um die Frage, wie wir unser Morgen verwandeln können, indem wir beschleunigte spirituelle Techniken einsetzen. Denn es gibt immer zwei Blickwinkel, aus denen wir die Zukunft betrachten können. Der erste lautet: Die Zukunft überkommt uns einfach. Der zweite: Die Zukunft ist im Zustand des Wandels begriffen und kann bis zu dem Moment, in dem sie Wirklichkeit wird, geformt werden.

John Glenn sagte einmal: "Der Mensch fürchtet sich vor der Zukunft, vor dem Unbekannten. Stellt sich der Mensch dieser Zukunft und nimmt die Herausforderung der Zukunft an, so kann er auch eine gewisse Kontrolle über sein Schicksal erringen. Diese Vorstellung finde ich spannend – besser als wenn man, wie andere, einfach abwartet, was geschehen mag."

Wir alle stehen auf der Bühne, und jeder von uns hat die Gelegenheit, die Rolle, die er spielen möchte, selbst zu wählen – zu wählen, auf welche Weise er die "Herausforderung der Zukunft annimmt". Wenn wir die Zeichen der Zeit genau lesen und unsere spirituellen Ressourcen so sinnvoll und praxisbezogen wie möglich einsetzen, so werden wir, glaube ich, imstande sein, die Zukunft nach unseren Wünschen gemeinsam zu gestalten.

Teil I:

ZEICHEN DER ZEIT

»Die Zukunft tritt in uns ein, um sich in uns zu verwandeln, lange bevor sie geschieht.«

Rainer Maria Rilke

1. EINE "VORSCHAU"

*»Mein Interesse liegt in der Zukunft, weil
ich den Rest meines Lebens dort verbringen werde.«*

Charles F. Kettering

Während wir gemeinsam die ersten Kapitel des
21. Jahrhunderts schreiben, sind wir immer noch auf der Suche
nach den Antworten auf viele Fragen: Werden die Prophezeiungen
in Bezug auf Kriege, Erdveränderungen und Seuchen eintreten?
Werden wir uns infolge einer globalen Wirtschaftskrise im Chaos
wiederfinden? Wird unsere Gesellschaft mit der zunehmenden Beschleunigung des technologischen Fortschritts unwiderruflich in
eine Elite technologischer "Begüterter" und eine Unterklasse technologischer "Habenichtse" gespalten werden? Wird der Terrorismus
zu einer noch größeren Bedrohung werden? Werden wir Heilmethoden
für Krankheiten wie Krebs und AIDS entdecken, oder werden sie
weiterhin ihr Unwesen treiben und hoffnungsvolle Leben auslöschen?

Manch ein Prophet, der behauptet, die Seiten unserer zukünftigen
Geschichte lesen zu können, gibt nur Unkenrufe von sich. Andere
sehen lediglich das Potenzial für eine "schöne neue Welt". Ich glaube,
wir müssen die Zukunft realistisch betrachten. Ich sehe das Menetekel*

---

*Als Menetekel bezeichnet man eine unheilverkündende Warnung, einen ernsten
Mahnruf oder ein Vorzeichen drohenden Unheils.*

- die Vorzeichen eines drohenden Unheils -, doch ich sehe auch eine einzigartige Lösung für unser Dilemma, die uns helfen kann, das neue Jahrtausend in ein Goldenes Zeitalter zu verwandeln.

Wir werden kein reines, weißes Blatt vorfinden, wenn wir in dieses neue Zeitalter eintreten. Wir werden unsere Vergangenheit mitbringen. Tagtäglich ernten wir im Großen wie im Kleinen die Früchte unserer Vergangenheit. Im neuen Jahrtausend wird es nicht anders sein. Unsere Lebensumstände werden das Ergebnis unserer Handlungen in der Vergangenheit sein - unseres Karmas.

Prophezeiungen sind folglich in der Tat wie eine "Vorschau" auf das Karma, das wie ein Bumerang zu uns zurückkehren wird, um aufgelöst zu werden. Die Propheten sehen, worauf wir infolge von Ereignissen, die wir selbst in Bewegung gesetzt haben, zusteuern, und warnen uns vor dem, was eintreten wird, wenn wir unseren Kurs nicht ändern. Darin liegt der Schlüssel.

Der Himmel hat den Propheten erlaubt, einen kurzen Blick auf das zu werfen, was die Zukunft wohl bergen mag, so dass wir unsere negativen Seiten umwandeln können, bevor der Eintrag in unserem Buch des Lebens zur unauslöschlichen Aufzeichnung wird und wir die vollen Konsequenzen unserer Handlungen tragen müssen.

Mit einfachen Worten ausgedrückt: Prophezeiungen sind eine Gnade. Prophezeiungen sind eine Chance. Prophezeiungen sind nicht in Stein gemeißelt.

Kann es sein, dass eine Prophezeiung nicht eintritt?

Als ich 1990 in der Sendung "Larry King Live" auftrat, stellte ich fest, dass Larry die irrige Auffassung teilte, die viele Menschen in Bezug auf Prophezeiungen haben - nämlich, dass, sobald eine Vorhersage einmal getroffen worden ist, am Ergebnis nichts mehr zu ändern ist. Im Folgenden finden Sie einen Auszug aus unserem Gespräch:

Larry King: "Ich vermute, dass das Verwirrende für die Menschen die Frage ist, worin der Unterschied liegt, ob wir daran glauben oder nicht, wenn eine Prophezeiung ausgesprochen wurde."

Elizabeth Clare Prophet: "Also, ich glaube nicht an Vorherbestimmung (...). Doch ich denke, dass die Propheten uns davor warnen möchten, dass bestimmte Katastrophen über uns hereinbrechen könnten, falls wir bestimmte Dinge nicht tun und Gott nicht nahekommen, seinen Gesetzen nicht gehorchen und uns nicht vorbereiten."

LK: "Aber dann können Sie immer sagen: 'Nun, wir haben richtig gehandelt, daher lagen die Propheten falsch.' Mit anderen Worten: Die Propheten können nicht falschliegen. Ich könnte für den kommenden Samstag den Weltuntergang vorhersagen, für den Fall, dass wir nicht 'brav' sind. Ich brauche dann nur am kommenden Samstag zu sagen, dass wir 'brav' waren."

ECP: "Na ja, ich habe die Regeln nicht gemacht, Larry. Genau das haben einige der Propheten des Alten Testaments tatsächlich getan (...). Als die Menschen dann vor ihrem Gott zum Erwachen und ihm nahekamen, erlitten sie nicht die prophezeiten Unglücke (...).

Ich denke nicht, dass eine Prophezeiung unumstößlich ist, bis sie eintritt, denn wir haben den freien Willen (...). Es gibt immer Hoffnung. Doch Karma hat die Eigenschaft, dass es wiederkehrt. Wenn sich die Menschen nicht ändern, dann ist es ziemlich klar, dass das Karma, das sie gesät haben, auch das sein wird, was sie ernten werden."

Die Erde ist ein Scheideweg

Unser Verständnis von Prophezeiung wäre nicht vollständig, wenn wir die Prophezeiung – und die Zukunft – nicht zuerst in einen historischen und spirituellen Kontext setzen würden. Um das Gesamtbild zu verstehen, müssen wir in die ferne Vergangenheit zurückgehen – zurück vor die Zeitrechnung der modernen Historiker.

Die Geschichte der Erde ist komplex. Sie ist eine Geschichte, in der die Wahrheit manchmal seltsamer erscheint als die Fiktion. Wie ein komplizierter Roman, der aus vielen Handlungssträngen und Nebenhandlungen gewoben ist, sehen wir uns heute mit der Verstrickung vieler karmischer Muster konfrontiert.

Einige Kapitel unserer Urgeschichte berichten von gewaltigen Zivilisationen des Goldenen Zeitalters auf den verschwundenen Kontinenten Lemurien und Atlantis. Viele von uns haben in früheren Inkarnationen dort gelebt und tragen möglicherweise noch eine Seelenerinnerung an jene Zeiten in sich, als wir von hochentwickelten Meistern und Adepten geleitet wurden. Wir kannten die Gesetze des Universums und wandten sie an. Wir waren spirituell entwickelt. Wir genossen eine Lebensqualität, die der heutigen weit überlegen war.

Vielleicht erinnern wir uns in unserem Inneren auch noch an eine Zeit, als wir unter dem Einfluss gefallener Engel unsere spirituellen Mentoren betrogen hatten. An dieser Stelle verdichtet sich der Handlungsknoten im Drama.

Die Erde ist ein Scheideweg. Sie ist den guten, freundlichen und schönen Menschen ein Zuhause gewesen. Sie hat auch aufständischen Engeln und denjenigen, die sich von diesen beeinflussen ließen, Unterschlupf geboten – denjenigen, die ihre Talente und ihren freien Willen nicht dazu einsetzten, um Gutes zu tun und anderen zu helfen.[1]

Die Aufzeichnungen und Werkzeuge der alten Sumerer, Ägypter, Inder und sogar der Zivilisation der Inkas zeugen von diesen

Besuchern. Mit ihren fortschrittlichen Kenntnissen der Wissenschaft und der Technologie lehrten sie die Kriegskünste. Sie brachten Täuschung, Habgier und Gehorsam gegenüber dem Ego hervor. In den Chroniken der Erdgeschichte sind ihre dunklen Fäden der Niedertracht mit den goldenen Fäden, die die guten Menschen auf Erden gesponnen hatten, fein ineinander verwoben.

Von diesen kosmischen Rebellen beeinflusst, erlebte die Zivilisation der Lemurier den Verfall. Ihre Menschen, die einst mit den Vertretern Gottes Seite an Seite gewandelt waren und mit ihnen Gespräche geführt hatten, verloren ihre angeborene Hellsichtigkeit und ihre ursprünglichen Fähigkeiten. Dieser spirituelle Verfall, gepaart mit Machtmissbrauch, dem Missbrauch von Technologie und dem ungezügelten Ausleben von Vergnügungen sowie dem freien Lauf des Egos endete im Untergang Lemuriens vor vielen Tausenden von Jahren. Heute ist von Lemurien nur noch der "Feuerkranz" übrig, der Vulkanring, der am Rande des Pazifischen Ozeans entlang der Westküste Amerikas und der Ostküste Asiens verläuft.

Nach dem Niedergang von Lemurien entstand eine weitere Zivilisation des Goldenen Zeitalters auf dem alten Kontinent Atlantis. In seinen Dialogen berichtet Platon: "Auf der Insel Atlantis gab es ein großes, wunderbares Herrschaftsreich", das von Afrika bis Ägypten und von Europa bis Italien sowie "Teile des Kontinents" (wird als Andeutung auf Amerika interpretiert) regierte.

Auch auf Atlantis kam eine Zeit, da viele Menschen ihre anfängliche Liebe und Ergebenheit gegenüber dem göttlichen Licht in ihrem Inneren aufgaben. Ihre Wissenschaftler gingen sogar so weit, dass sie groteske Gestalten erschufen, indem sie Mensch und Tier mittels Gentechnik kreuzten. Die Gestalten, die halb Mensch, halb Ziegenbock waren, und von denen wir in der Mythologie lesen, sind eine Seelenerinnerung an diese Ereignisse. Die einst großartigen Kontinente Lemurien und Atlantis liegen nun unter den Ozeanen – begraben sind ihre Triumphe und Verfehlungen tief im Unbewussten der Menschen.

Nichts geschieht rein zufällig

Seitdem haben sich die Zeitalter dahingewälzt wie Gondeln auf einem gigantischen Riesenrad. Zivilisationen sind entstanden, hatten ihre Blütezeit, um dann zu verfallen und zu verschwinden. Die Menschen von Lemurien und Atlantis sind im Laufe dieser Zivilisationen wieder und wieder inkarniert und haben dabei gutes und schlechtes Karma geschaffen. Viele zog es nach Amerika. Vor diesem Hintergrund sind Sie und ich gerade im Begriff, unseren Platz auf der Bühne der Geschichte des Kosmos einzunehmen.

Während wir in das neue Jahrtausend eintreten, sind wir, die Bürger des Planeten Erde, nicht nur mit dem Ausgleich unseres persönlichen Karmas konfrontiert, sondern auch mit dem Weltenkarma, das aus dem Wechselspiel so vieler Kräfte hervorgegangen ist. Es ist ein komplexes Geflecht. Wieder sind wir mit Grundsatzentscheidungen konfrontiert. Werden wir die Verbindung zu unseren spirituellen Wurzeln aufrechterhalten, die uns in der Vergangenheit befähigt haben, Gemeinschaften in Goldenen Zeitaltern zu schaffen? Oder werden wir dem schneidenden Intellekt und dem verhärteten Herzen zum Opfer fallen, dem Materialismus und der weltlichen Raffinesse?

Manche Menschen glauben, dass das neue Zeitalter ein Goldenes Zeitalter sein wird, ganz gleich wie. Bei dieser These wird unser freier Wille nicht berücksichtigt. Die Handlungen, die wir ergreifen, werden den Verlauf unseres Lebens und den der Leben zukünftiger Generationen bestimmen. Das neue Zeitalter wird nur dann zum Goldenen Zeitalter werden, wenn wir dieses Goldene Zeitalter auch Realität werden lassen.

Nichts im Universum geschieht rein zufällig. Niemand anders kann es für uns tun, nicht die Heiligen und nicht die Adepten, weder die, die vorher gelebt haben, noch die, die in Zukunft leben werden. Wir müssen unsere Rolle spielen - eine Rolle, auf die wir Leben um Leben gewartet haben.

Wie wir die Zukunft verändern können

Einige der besten Beispiele dafür, wie wir die Zukunft verändern und wie Prophezeiungen fehlschlagen können, stammen vom Wissen der Alten und von den Charakteren, die in den heiligen Schriften der Welt skizziert werden, wie beispielsweise Jona. Und welch einen Charakter er besaß!

Auf komische Weise lehrt uns seine Geschichte eine Lektion von unschätzbarem Wert über Prophezeiungen. Forscher glauben, dass der Autor des Buches Jona im Alten Testament die Figur Jona, einen historischen Propheten aus dem achten Jahrhundert vor Christus, in einer Parabel benutzt hat, um damit die intolerante Haltung der Juden gegenüber ihren nichtjüdischen Nachbarn aufzuzeigen.

Die Erzählung beginnt mit Gottes Auftrag an Jona: "Mache dich auf und gehe in die große Stadt Ninive und predige wider sie! Denn ihre Bosheit ist heraufgekommen vor mich."[2] Anstelle nach Ninive zu eilen, der Hauptstadt des Herrschaftsreichs der Assyrer, machte der Prophet sich in die entgegengesetzte Richtung auf und ging an Bord eines Schiffes, das nach Tharsis segelte.

Warum widersetzte sich Jona seiner Anweisung? Die heidnischen Assyrer waren die erbarmungslosen Feinde der Juden gewesen. Jona fürchtete, dass die Menschen von Ninive, wenn er sie vor Gottes Zorn warnte, von ihren schlechten Gewohnheiten ablassen könnten und Gott sie womöglich nicht bestrafen würde. Kurzum, Jona wollte nicht, dass Gott Ninive rettete. An einer Stelle im Drama gesteht Jona vor Gott: "Darum ich auch wollte zuvorkommen, zu fliehen gen Tharsis; denn ich weiß, dass du gnädig, barmherzig und von großer Güte bist und lässt dich des Übels reuen."

Jonas Fluchtversuch nach Tharsis war zwecklos. Ein heftiger Sturm gefährdete das Schiff und seine Passagiere. Als die Seeleute losten, um festzustellen, wer an Bord dafür verantwortlich war, dass der Zorn der Götter über sie kam, fiel das Los auf den ungehorsamen Propheten.

Da Jona erkannte, dass er schuldig war, gestand er den Seeleuten, dass er versuchte, vor Gott zu fliehen, und er sagte ihnen, dass sie ihn, wenn sie die See beruhigen wollten, über Bord werfen müssten. Sie taten dies widerstrebend, und der Sturm legte sich. Ein "großer Fisch" verschluckte Jona, und er blieb drei Tage und drei Nächte in seinem Bauch, bis der Fisch ihn an Land ausspuckte.

Wieder befahl Gott seinem Propheten, zu den Menschen von Ninive zu predigen, und dieses Mal gehorchte Jona. "Es sind noch 40 Tage, so wird Ninive untergehen", rief er dem Volk zu. Die Warnung traf ins Schwarze. Jeder in Ninive, vom Größten bis zum Unbedeutendsten, fastete, legte Sackkleidung an (ein Zeichen dafür, dass sie sich im Zustand der Trauer befanden) und betete zu Gott, er möge seine Entscheidung überdenken.

Sogar der König legte seine Robe ab, legte einen Sack an und setzte sich in Asche. "Und ein jeglicher bekehre sich von seinem bösen Wege", verkündete der König, "und vom Frevel seiner Hände." Die verblüffende Kehrtwende der Menschen funktionierte: "Es reute ihn [Gott] des Übels, das er geredet hatte ihnen zu tun, und tat's nicht."

Die Lektion vom untröstlichen Propheten

Jona jedoch war entrüstet darüber, dass die Bewohner von Ninive seinen Rat befolgt hatten und seine Prophezeiung fehlschlug. Er bat Gott darum, ihm sein Leben zu nehmen und sagte zu ihm: "Ich wollte lieber tot sein als leben." Jona baute sich eine Hütte östlich der Stadt, setzte sich hin und wartete ab, was geschehen würde.

Gott ließ einen Rizinusbaum wachsen, um dem verzweifelten Propheten Schatten zu spenden. Am nächsten Tag schickte Gott dann einen Wurm, der die Pflanze anbohrte, und sie verdorrte. Als die Sonne auf Jonas Haupt niederbrannte und ein scharfer

Ostwind wehte, bettelte er erneut um den Tod. Er sagte Gott frank und frei, dass er auf ihn wütend sei, weil er die Pflanze zerstört hatte.

Das Buch Jona endet abrupt, indem Gott Jonas Selbstmitleid und seine Frömmelei aufdeckt: "Dich jammert des Rhizinus, daran du nicht gearbeitet hast, hast ihn auch nicht aufgezogen, welcher in einer Nacht ward und in einer Nacht verdarb; und mich sollte nicht jammern Ninives, solcher großen Stadt, in welcher sind mehr denn hundertzwanzigtausend Menschen, die nicht wissen Unterschied, was rechts oder links ist, dazu auch viele Tiere?"

Vierzig Tage Fasten war für die Menschen von Ninive eigentlich kaum genug, um die großen Missetaten wiedergutzumachen, die Gott dazu gezwungen hatten, ihnen mit ihrer Zerstörung zu drohen. Doch sie zeigten echten Glauben, und das genügte Gott. Das Buch Jona beinhaltet eine so starke Botschaft der Kraft der Buße, dass es am jüdischen Feiertag "Jom Kippur" (am Versöhnungstag) öffentlich und in voller Länge verlesen wird.

Die kraftvolle Lektion, die wir aus dieser Parabel lernen können, lautet: Prophezeiungen sind nicht in Stein gemeißelt.

Die meisten der alten Propheten waren nicht so erfolgreich wie Jona. Ihre Warnungen blieben unbeachtet, ihre Prophezeiungen erfüllten sich, und die Menschen erlebten die volle Wucht des wiederkehrenden Karmas für ihre Missetaten in der Vergangenheit.

Astrologische Zeitalter

In den folgenden Kapiteln werden wir erforschen, was Seher wie Nostradamus, Edgar Cayce, Mutter Maria und Saint Germain für das kommende Jahrtausend offenbart haben. Zunächst wollen wir jedoch einen Blick auf einen weiteren aussagekräftigen Indikator für die Zukunft werfen - die Astrologie.

Die Geburt des neuen Jahrtausends fällt mehr oder weniger mit dem so genannten "Wassermannzeitalter" zusammen. Was genau ist das Wassermannzeitalter? Es gibt zwölf astrologische Zeitalter. Jedes erstreckt sich etwa über 2.150 Jahre. Sie sind nach den Tierkreiszeichen benannt, und ein ganzer Zyklus von zwölf Zeitaltern umfasst etwa 28.800 Jahre.

Bezugspunkt für den Eintritt in ein neues Zeitalter ist die "Präzession der Tag-und-Nacht-Gleichen". In der Astrologie ist dies die langsame Rückwärtsdrehung der Erde um ihre Polarachse. Während dieser Drehung wandert der Punkt der Frühjahrs-Tag-und-Nacht-Gleiche durch die Tierkreiszeichen und bezeichnet, in welchem Zeitalter wir uns gerade befinden.

Während niemand weiß, wann genau ein Zeitalter beginnt oder endet, wissen wir, dass wir uns gerade am Ausgang des Fischezeitalters befinden. Aufgrund der Kreiselbewegung wandern wir rückwärts durch die Tierkreiszeichen. Vor dem Fischezeitalter befanden wir uns im Widderzeitalter, davor im Stierzeitalter usw. In jedem Zeitalter sind wir dazu bestimmt, ein spezielles Attribut Gottes zu übernehmen und in seinem ganzen Potenzial zu entfalten.

Das Widderzeitalter brachte beispielsweise die Erkenntnis mit sich, dass Gott der Vater ist, der Gesetzesgeber. Dieses Zeitalter war durch die direkte Kommunikation Gottes mit Moses gekennzeichnet. Moses zeigte uns, dass auch wir mit der uns innewohnenden Gegenwart, dem ICH BIN DER ICH BIN wandeln und sprechen können. Im Widderzeitalter erreichte auch der ägyptische Pharao Echnaton die mystische Vereinigung durch seine Verehrung des Einen, den er "Aton" nannte und der durch die Sonne symbolisiert wurde.

Das Fischezeitalter verlieh uns das Verständnis von Gott als dem Sohn, am Beispiel des geistigen Paten jenes Zeitalters, Jesus. Jesu Mission für das Fischezeitalter war es, unser Mentor auf dem Pfad der Selbstbeherrschung zu sein und uns zu zeigen, was wir werden können. Wir lernen an seinem Vorbild, was wir selbst in diesen 2.000 Jahren des Fischezeitalters als Vorbereitung auf das Wassermannzeitalter erlangt haben könnten und sollten.

Die Geburt eines neuen Jahrtausends

Das anbrechende Wassermannzeitalter macht uns bewusst, dass Gott Heiliger Geist und göttliche Mutter ist. In diesem Zeitalter sind sowohl Mann als auch Frau dazu bestimmt, ihre feminine Seite zu entwickeln – die kreative, intuitive, nährende und mitfühlende Seite ihrer Seele.

Die Propheten sagen, dass das Wassermannzeitalter ein Zeitalter der Freiheit, des Friedens und der Erleuchtung sein kann, eine Zeit des technischen Fortschritts kombiniert mit spiritueller Entwicklung. Es kann eine Zeit sein, in der wir uns von der Vergangenheit loslösen. Es kann eine Zeit sein, in der der Geist der Zusammenarbeit zur Grundlage jeder Beziehung wird – Zusammenarbeit zwischen Gott und der Menschheit und zwischen den Menschen überall. Doch Seher haben auch Erdveränderungen, Krieg und Unruhen vorhergesagt.

Was das Wassermannzeitalter zu einem solch bedeutenden Wendepunkt macht, ist die Tatsache, dass wir uns, um in dieses Zeitalter voll und ganz eintreten zu können, zunächst einmal einer karmischen Generalanalyse unterziehen müssen. Das negative Karma derjenigen, die auf Erden leben, wurde durch das spirituelle Bewusstsein der großen Lichtgestalten in Ost und West jahrtausendelang im Schwebezustand gehalten. Das Ende des Fischezeitalters kennzeichnet den Tag, an dem wir die volle Wucht unseres Karmas vergangener Zeiten tragen müssen. Daher sind die Prophezeiungen für diese Übergangszeit auch so ernüchternd. Wir tragen in der Tat die Last der Geschichte – und es ist eine schwere karmische Last.

Astrologie – ein Bild der Möglichkeiten

Wie die Schriften der Propheten, so zeigt auch das astrologische Menetekel das Potenzial für große Fortschritte sowie auch für große Finsternis. Doch wiederum gilt: Prophezeiungen, ebenso wie astrologische Vorhersagen, sind nicht in Stein gemeißelt. Astrologische Vorzeichen sind Anzeichen für Dinge, die geschehen *könnten*, wenn wir unser Verhalten nicht ändern.

Roger Bacon, der erste moderne Wissenschaftler, stellte dies bereits vor weit mehr als 500 Jahren fest. Er glaubte, es sei möglich, Krieg durch das Studium der Astrologie zu vermeiden. Bacon sagte, dass die Kirchenführer, hätten sie die astrologischen Warnungen gelesen – wie etwa vor dem Kometen von 1264, der den Schlachten vorausging, die in ganz Europa ausbrachen –, die Kriege jener Zeiten womöglich hätten abwenden können.[3]

Die Astrologie zeichnet auf der Grundlage des karmischen Materials, das von vielen Auftritten auf der Bühne des Lebens stammt, ein Bild von verschiedenen Möglichkeiten. Gemäß dem Gesetz des Karmas werden all die Ursachen, die wir in der Vergangenheit in Bewegung gesetzt haben, gute wie auch schlechte, zu uns zurückkehren. Die Astrologie verrät uns, *wann* dieses positive und negative Karma zurückkehren und welche Gestalt es dieses Mal wahrscheinlich annehmen wird.

Doch unsere Astrologie und unser Karma sind nur Teile des Dramas. Im Mittelpunkt der Bühne steht unser freier Wille. Wie werden wir auf das wiederkehrende Karma reagieren? Werden wir die Verantwortung für unsere Handlungen übernehmen? Werden wir aus den Lektionen der Vergangenheit lernen und vorwärtsstreben? Oder werden wir die gleichen Fehler wiederholen?

Allein, wie wir diese Fragen beantworten, wird unser Schicksal bestimmen – und nicht die Konstellationen am Himmel. Schon Shakespeare stellte weise fest: "Nicht durch die Schuld der Sterne, lieber Brutus, durch eigne Schuld nur sind wir Schwächlinge."

Im Rest dieses Kapitels biete ich eine Betrachtung von drei großen astrologischen Zyklen, die bereits aktiv waren, und zeige auf, wie diese uns beeinflusst haben. In Kapitel 5 werden wir unseren Horizont erweitern und betrachten, was wir bis 2025 erwarten können.

Pluto im Schützen: Eine dramatische Wandlung

Wir wollen zunächst den 12-Jahres-Transit von Pluto durch den Schützen betrachten, der 2008 beendet war. Dieser Zyklus barg in sich die Anzeichen gewichtiger Veränderungen innerhalb der Religionen und der Regierungen, unserer Wertvorstellungen und Glaubensüberzeugungen, unserer Bildung und Kultur sowie dramatischer Veränderungen hinsichtlich der Art und Weise, wie wir uns selbst, die Welt, unseren Platz im Universum und unsere Beziehung zu Gott sehen.

In der Vergangenheit fiel der Transit des Pluto durch den Schützen mit dem Goldenen Zeitalter des Perikles in Griechenland, der Mission Jesu Christi, der italienischen Renaissance und der Aufklärung in Europa zusammen. Wir erlebten die Einführung des Buddhismus in Zentralchina und des Christentums in Sachsen. Er traf zeitlich mit der ersten Vereinigung Chinas und der Kodifizierung der Gesetze im römischen Reich des sechsten Jahrhunderts sowie der im elften Jahrhundert in Russland zusammen.

Abenteuer, Entdeckungen und Visionen waren auf dem Vormarsch. Die Portugiesen erreichten China, indem sie das Kap der guten Hoffnung umsegelten. Roger Bacon sagte die Erfindung des Dampfschiffes, des Flugzeugs und des Fernsehens voraus. In Paris wurde die Universität Sorbonne gegründet, und es wurden viele Kathedralen und Tempel in Europa und Asien erbaut.

Dieser Zyklus überschnitt sich auch mit großen Religionskonflikten. Jesus wurde gekreuzigt, Johannes der Täufer geköpft. Der römische Kaiser Diokletian startete seine berüchtigte Christenverfolgung. In

Athen wurde die Philosophenschule Platons wegen ihres angeblich heidnischen Gedankenguts geschlossen. In Persien wurde Mani hingerichtet, weil er behauptete, ein Prophet zu sein, der göttliche Offenbarungen erhielt. In Europa verfolgten die Deutschen so genannte "Ketzer", und Martin Luther führte die protestantische Reformation an.

Der Zyklus von Pluto im Schützen stimmte zeitlich auch mit manchen Kriegen überein – mit dem Krieg um die Kontrolle über das Orakel von Delphi, mit dem zweiten peloponnesischen Krieg, dem zweiten punischen Krieg und dem siebenjährigen Krieg.

Erleuchtung oder Unterdrückung?

Der Transit des Pluto durch den Schützen hat, wie seine Vorgänger, sowohl positive als auch negative Aspekte gehabt. Wir haben die Keime dessen gesehen, was einem Zeitalter der Erleuchtung und einer neuen Weltreligion zur Geburt verhelfen könnte. Mit der Unterdrückung von Religionen und neuen Ideen, mit dem möglichen Ausbruch von Religionskriegen haben wir auch eine Gegenkraft zu diesem Prozess gesehen.

Ein Faktor dieses 12-Jahres-Zyklus war ein Gefühl des Optimismus und der Expansion. Wie nie zuvor bewegten sich Informationen und Kulturen über die Landesgrenzen hinweg. Viele von uns sind nun womöglich reicher an Erfahrung, doch wir erlebten auch Kulturen im Konflikt – Konflikte der Art, wie sie in Bosnien, Ruanda und im Mittleren Osten stattgefunden haben. Wir sahen auch, wie Menschen Bildung versagt und stattdessen dazu benutzt wurde, um sie massiv ideologisch zu beeinflussen und zu kontrollieren.

Samuel Huntington, ein Professor für Regierungswissenschaft in Harvard argumentierte 1995, dass es in naher Zukunft eine gewaltige Kollision der Kulturen geben würde. Der Westen würde in ökonomischer Hinsicht mit Asien und in Religionsangelegenheiten mit dem Islam konfrontiert werden.[4]

Mit Pluto im Schützen sahen wir das Potenzial für Konflikte zwischen verschiedenen ethnischen, religiösen und rassistischen Gruppen anwachsen. Die Frage der Immigration wurde in vielen Nationen diskutiert. Manche nahmen Flüchtlinge auf, andere nicht.

Der Zyklus des Pluto im Schützen läutete eine Umstrukturierung der Regierungen und sogar des Regierungswesens selbst ein.

Die astrologischen Zeichen zeigten uns, dass sich mit der Zeit entweder ein politisches System der Freiheit oder eines der Tyrannei und des Chaos herausbilden würde.

Die politische Kultur, die sich während dieses Zyklus entwickelt hat, wird beginnen, sich als dominante Regierungsform herauszukristallisieren, die während des Transits von Pluto durch den Steinbock, also während des 16-Jahreszyklus, der von 2008 bis 2024 dauert, eingesetzt werden wird.

Uranus im Wassermann: Impuls zur Freiheit

Der zweite wichtige astrologische Zyklus war der Transit des Uranus (Planet der Freiheit) im Wassermann (Zeichen für Freiheit). Uranus blieb bis 2003 im Wassermann und wurde in dieser Zeit von anderen Planeten begleitet, die sich langsam bewegten. Die Kombination dieser Planeten und der Transit des Pluto durch den Schützen hatten viel mit dem Eintritt ins Wassermannzeitalter zu tun.

Diese Planeten können uns den Impuls zur Freiheit geben, zu einer transzendenten Spiritualität und einem Sinn für Brüderlichkeit. Wir können zunehmend neuere und bessere Lösungen für unsere vielen sozialen Probleme finden und die Schranken abbauen, die uns aufgrund von Religion, Rasse, Nationalität, Klasse und Geschlecht trennen.

Doch wir müssen vorsichtig sein, auf welche Weise wir die soziale Ordnung festlegen. Die letzten beiden Male, als Uranus im Wassermann stand, waren dies Zeiten des Krieges und der Revolution. Es gab Revolutionen und Unabhängigkeitsbewegungen in Europa und Südamerika. In Mexiko wurden die Sklaverei und die britische Herrschaft abgeschafft. Die Bewegung zur Abschaffung der Sklaverei gewann in den Vereinigten Staaten an Kraft.

Diese punktuellen Ereignisse wurden in der Geschichtsschreibung von zwei Konflikten überschattet, die zu Millionen von Toten führten und den Lauf der Geschichte veränderten - nämlich von der russischen Revolution und vom Ersten Weltkrieg.

Transite von Uranus durch den Wassermann sind in der Vergangenheit auch mit großen wissenschaftlichen Entdeckungen und technologischen Fortschritten einhergegangen. Einstein beispielsweise formulierte seine allgemeine Relativitätstheorie während solch eines Transits. Heute stehen wir an der Schwelle zu erneuten technologischen Entwicklungssprüngen.

Stellen Sie sich eine Welt ohne Fernsehen oder Computer vor, eine Welt, in der der Mensch noch nicht auf dem Mond war oder noch nie einen Satelliten abgeschickt hat, eine Welt, in der der Mensch noch kein Atom gespalten oder den DNA-Code entschlüsselt hat, eine Welt ohne Internet.

Diese wissenschaftlichen und technologischen Vorstöße fanden alle während des letzten vollständigen Transits von Uranus durch den Tierkreis statt. Ausgehend von eben dieser Wissensgrundlage werden wir die nächste Revolution in der Wissenschaft starten - eine Revolution auf dem Gebiet der Mikroelektronik und der Mikrobiologie, der Computerwissenschaft und der Informatik, der Militärwissenschaft und der Kommunikationstechnik.

Die wissenschaftlichen Durchbrüche der kommenden Jahrzehnte könnten die Lebensqualität von uns allen enorm erhöhen, indem sie größeren Wohlstand und mehr Freizeit, ein längeres Leben und eine robuste Gesundheit zugleich mit sich bringen. Diese Durchbrüche können auch zum Start einer echten Revolution auf dem Bildungssektor beitragen.

Neue Entdeckungen, neue Kräfte

Neue Entdeckungen bringen neue Kräfte mit sich. Damit wir imstande sind, diese Kräfte weise und gut einzusetzen, werden wir eine entsprechende spirituelle Revolution benötigen. Wir werden uns im Laufe unseres Lebens auch zwischen dem entscheiden müssen, was wir tun können, und dem, was wir tun sollten.

Wissenschaftler haben bereits Mäuse und Schafe geklont. Sie haben Hybridschweine und -kühe mit menschlichen Genen geschaffen. Sie haben auf dem Rücken einer Maus ein menschliches Ohr wachsen lassen. Diese auf die Spitze getriebene Art von Genmanipulation hatte seinerzeit zum Untergang von Atlantis geführt. Die Botschaft, die dahintersteht: Der Mensch kann nicht Gott spielen.

Die Technologie ist ein zweischneidiges Schwert. Sie kann zum Gefängnis werden, so, wie sie auch befreien kann.

Werden wir neue Kommunikationstechnologien nutzen, um uns weiterzubilden und zu informieren? Oder werden wir sie benutzen, um die Menschen zu kontrollieren und ihnen jegliche Privatsphäre zu nehmen? Werden wir beschließen, dass Menschen mit Gendefekten sich nicht mehr fortpflanzen oder gar geboren werden dürfen?

Zusätzlich zur technologischen Herausforderung werden wir uns auch mit einer sozialen Herausforderung konfrontiert sehen. Aufgrund unseres wissenschaftlichen Fortschritts stehen wir kurz davor, Gesellschaften beständig in solche zu teilen, die ein technologisches Verständnis besitzen, und solche, die keines haben.

Tritt dies ein, so wird die technologische Elite den Wohlstand und die Macht kontrollieren, und diejenigen, die nicht über Technologien verfügen, werden dauerhaft zur Unterschicht werden. Dies ist eine gelungene Formel für vorprogrammierte Katastrophen. Wenn wir gottgleiche wissenschaftliche Kräfte durch Technologien erhalten werden, müssen wir auch die gottgleiche Weisheit entwickeln, diese zu nutzen.

Neptun im Wassermann: Die Demokratisierung der Spiritualität

Der dritte große astrologische Zyklus, der uns beeinflusst, ist der Transit des Neptun (Planet der Spiritualität, Selbstüberschreitung und Erleuchtung) durch den Wassermann (Zeichen der Freiheit sowie der Brüderlichkeit und der politischen Bewegung des Egalitarismus). Neptun wird den Wassermann bis 2012 durchlaufen.

Neptun löst Grenzen auf bzw. reißt diese nieder. Dies kann zu einem stärkeren Gefühl der Verbundenheit zwischen Ländern und Völkern sowie zwischen ethnischen, religiösen und sozialen Gruppen führen. Neptun bringt Gefühle von Idealismus und neue Visionen mit sich. Er trägt auch das Potenzial für Desillusionierung, unkontrollierte Massenbewegungen, Verwirrung und generell für ein unterdrücktes Immunsystem und den Anstieg von Epidemien in sich.

Das bezeichnendste Merkmal des Transits von Neptun durch den Wassermann ist die "Demokratisierung" der Spiritualität - Spiritualität für jedermann. Dies kann uns eine neue, erhabenere Sichtweise der Welt und unserer eigenen Persönlichkeit vermitteln, eine Möglichkeit, unser früheres Umfeld zu transzendieren. Heute finden wir beispielsweise in der Völkerkultur Redewendungen und Gedanken, die vor fünfzehn Jahren noch nicht zum Allgemeinwortschatz gehörten – Wörter wie "Karma", "Reinkarnation", "Chakren".

Eine weitere Möglichkeit der Betrachtung von Neptun im Wassermann besteht in der Tatsache, dass er uns die Gelegenheit gibt, eine höhere Ebene der Gemeinschaft zu erlangen, die auf spirituellen Prinzipien basiert, sich jedoch auf sehr praktische Weise manifestiert. Dieses edle Ziel birgt durchaus Risiken in sich, denn sind wir nicht imstande, die höheren Qualitäten von Freiheit und Idealismus zu manifestieren, könnte dieser Transit ein falsches Freiheitsgefühl, Desillusionierung, Verwirrung, soziale Auflösung und in extremen Fällen Anarchie oder Revolution auslösen.

Uranus und Neptun standen das letzte Mal 1834 und 1835 gemeinsam im Wassermann. Wie die Autorin Laurie Baum feststellt, traf dies mit mehreren bemerkenswerten Ereignissen zusammen, unter anderem mit den Grenzkriegen in Europa, der Abspaltung Texas' von Mexiko, der Öffnung des amerikanischen Westens und der Geburt der modernen Medizin. Sie sagt, dass all dies ein gemeinsames Bedürfnis danach widerspiegelt, "über die gesellschaftlichen Grenzen hinauszugehen, einer neuen Vision zu folgen, die alten Strukturen loszulassen und unabhängig und frei zu werden, um mit dem Neuen zu experimentieren."[5]

Dem Schicksal entrinnen

Wie wir sehen können, zeigt die Astrologie für diese Jahre das großartige Potenzial für ein Goldenes Zeitalter. Sie zeigt auch, dass Dunkelheit die Folge sein kann, wenn wir uns zurücklehnen und nichts tun. Wie können wir ein Zeitalter der Erleuchtung einläuten? Was können wir tun, um unserem Schicksal zu entrinnen?

Saint Germain, der "Mentor" des Wassermannzeitalters und die große Lichtgestalt des 21. Jahrhunderts, betritt die Bühne. Er bringt eine unermessliche historische Perspektive und ein tiefes Verständnis für die Herausforderungen mit, denen wir uns alle stellen müssen.

Saint Germain kommt mit einer Lösung für die Probleme unseres uralten und sehr komplexen Karmas – eine hochfrequente spirituelle Energie, die negatives Karma in positive Energie verwandeln (transformieren) kann. Obgleich Saint Germain ein Meister der Alchemie ist, wirkt seine Lösung allerdings nur dann, wenn wir sie auch in die Praxis umsetzen, denn hat sich Karma erst einmal kristallisiert, so ist es viel schwerer, es umzukehren.

Ich glaube fest daran, dass wir, die Menschen dieser Erde – indem wir unsere höchste Weisheit und unser tiefstes Mitgefühl, unsere materiellen Ressourcen und unsere praktische Spiritualität einsetzen – dafür sorgen können, dass all die negativen Vorhersagen nicht eintreffen.

2. NOSTRADAMUS: SEHER DER JAHRHUNDERTE

»Einige Male unter der Woche werde ich von einem Gefühl der Ekstase ergriffen (...). Zuweilen wird Gott der Schöpfer durch seine Minister, seine Feuerboten, mit flammenden Botschaften kommen, um den äußeren Sinnen und vor unseren Augen die Dinge zukünftiger Vorhersagen vorzulegen.«

Nostradamus an seinen Sohn

Jules Verne sagte das U-Boot voraus, Leonardo da Vinci den Helikopter. Doch es gab noch einen weiteren, berühmteren Visionär, der nicht nur das U-Boot und die Luftraumfahrt vorhersagte, sondern auch Luftkriege, Bombardierungen, Atomkriege und radioaktiven Fallout – und dies im 16. Jahrhundert ... Er schrieb von Kriegen, Revolutionen, Verrat, Hinrichtungen und Verträgen, lange bevor diese eintraten – manche von ihnen exakt zum vorhergesagten Termin, andere mit präzisen, untrüglichen Details.

Zu seiner Zeit dachte so mancher, er schreibe Kauderwelsch. Andere sahen in ihm den Erfüllungsgehilfen des Teufels. Selbst als einige seiner bemerkenswerten Vorhersagen eintraten, gab es immer noch Menschen, die ihn für einen Betrüger hielten. In jüngerer Zeit jedoch gab es für ihn Bezeichnungen wie "der Mann, der die

Welt von morgen sah" oder "der Mann, der durch die Zeiten schauen konnte". Er ist zweifellos einer der berühmtesten und auch mysteriösesten Seher.

Michel de Nostredame (Nostradamus)

(1503-1566)

Geboren am 4. Dezember 1503[1] als Michel de Nostredame in Saint-Rémy in der französischen Provence, ist er unter seinem latinisierten Namen, "Nostradamus", bekannt. Er war der älteste von fünf Söhnen von Jacques und Reynière de Nostredame, einer jüdischen Familie, die zum Christentum konvertiert war. Bereits in jungen Jahren studierte er Mathematik, Hebräisch, Griechisch, Latein und die so genannte "Himmelswissenschaft" der Astrologie unter der Obhut seines Großvaters. Mit 19 studierte er unter den glänzendsten Physikern Medizin in Montpellier. Nach einer Auszeit, die er nahm, um Menschen zu helfen, die von der Pest befallen waren, absolvierte Nostradamus sein Doktorat und studierte anschließend unter dem Philosophen Julius-César Scaliger.

Nostradamus war zeitlebens praktizierender Arzt und wurde ein angesehener Heiler, der unorthodoxe Heilmethoden einsetzte. Obgleich er viele Menschen von der Pest befreite, konnte er weder seine Frau noch seine Kinder retten. Nach deren tragischem Tod reiste er umher, ging bei den studiertesten Köpfen Europas in die Lehre und ließ sich von der Alchemie, der Astrologie und der weißen Magie faszinieren.

1547 ließ er sich in Salon nieder und heiratete eine reiche Witwe. Gemeinsam hatten sie sechs Kinder. Er verwandelte das Obergeschoß seines Wohnhauses in Salon in eine Studien- und Beobachtungsstation, wo er seine Prophezeiungen mit großer Sorgfalt als Vierzeiler, so genannte "Quatrains", verfasste. Er fasste diese zu Gruppen von 100 zusammen, zu so genannten "Centurien" ("Jahrhunderten"), die erstmals 1555 veröffentlicht wurden.

Als sich seine Prophezeiungen mehr und mehr als zutreffend erwiesen, verbreitete sich Nostradamus' herausragender Ruf.

Mehr als einfach nur Zufallstreffer

In welcher Welt lebte Nostradamus, und welche Welt sah er voraus? Im 16. Jahrhundert kannte man noch keine Dampfmaschine, kein Fahrrad, keine Lokomotive oder Automobil. Doch Nostradamus sagte "sicheres Reisen durch Himmel, Erde, Meer und Wellen"[2] voraus.

Zu Nostradamus' Zeiten waren Könige absolute Monarchen, die aufgrund göttlichen Rechts herrschten. In Frankreich, wo er lebte, gab es keine Geschworenen, ganz zu schweigen von einem Schwurgerichtsverfahren für einen Nichtadligen. Einen Monarchen vor Gericht zu stellen, war undenkbar. Doch Nostradamus sagte den "Tod der Königin" voraus[3]. Die Königin würde von durch das Los bestimmten Juroren in den Tod geschickt werden, und genau dies geschah mit Marie Antoinette.

Im Zeitalter von Nostradamus hatte man die Neue Welt noch kaum entdeckt. Doch der französische Seher erwähnt die "Regierungen von Amerika" bereits 200 Jahre vorher. Selbst 50 Jahre vor der amerikanischen Revolution hätten nur wenige geglaubt, dass die Kolonien sich gegen die englische Krone erheben würden, geschweige denn, dass sie das seinerzeit mächtigste Königreich der Erde besiegen würden. Doch Nostradamus sah damals, was aus menschlicher Sicht unmöglich war.

Wie hoch schätzen Sie die Wahrscheinlichkeit ein, den Monat und das Jahr zu erraten, in dem zwei Nationen einen Vertrag abschließen - sowie dann diese beiden Nationen zu nennen, den Gewinner zu ermitteln und das Hauptergebnis dieses Ereignisses genau zu beschreiben? Hätte es damals, 1555, nur 15 Nationen in der Welt gegeben - und es waren de facto mehr - läge die Wahrscheinlichkeit, richtig zu raten, bei 1:11.299,680[4]. Nostradamus jedoch war so präzise ...

Im Oktober 1727 legten Persien und die Türkei einen Konflikt bei, in dem die Türken, die den Krieg verloren hatten, einen sehr günstigen Vertrag unterzeichneten und den Frieden erreichten.

Rund 172 Jahre zuvor beschrieb Nostradamus dieses Ereignis in einem Vierzeiler, der folgendermaßen lautet:

> »*Die dritte Dekade im Widder versteht es,*
> *das Jahr Tausendsiebenhundert und Siebenundzwanzig (sic!)*
> *im Oktober,*

Der König von Persien, in Ägypten gefangen,

Konflikt, Tod, Umsturz und großes Schimpfen auf das Kreuz.«[5]

III.77

Im Vierzeiler sind die Türken nicht erwähnt, doch laut Stewart Robb, einer Autorität, was die Nostradamusforschung betrifft, ist die Bezeichnung "in Ägypten" eine Synekdoche für die Türkei. Eine "Synekdoche" ist ein rhetorisches Mittel, bei dem man einen Teil für das Ganze, oder umgekehrt, benutzt, wie etwa "Washington, D.C." für "die Vereinigten Staaten". Ägypten gehörte seit 1517 zum osmanischen Reich.

Robb erklärt: "1727 waren 'in Ägypten' die Türken", und die Ausweitung ihrer Macht war "für das Christentum eine Schmäh". Obgleich der Schah weder gefangen genommen noch getötet wurde, argumentiert Robb, dass er in Anbetracht des Vertrages, den er unterzeichnete – durch den er seine Nation zersplitterte, indem er Westpersien den Türken überließ – dennoch sozusagen "eingenommen" oder besiegt wurde.[6]

Dies war beileibe nicht das einzige Mal, dass Nostradamus entgegen aller Wahrscheinlichkeit das Datum eines zukünftigen Ereignisses vorhersagte. In einem anderen Vierzeiler nennt er das Datum des "Siebten Krieges" (um 1580) und des "Krieges um die spanische Thronfolge" (1703).[7]

In seinem prophetischen Brief an Heinrich II. von Frankreich sagte er ein Ereignis voraus, das 1792, also mehr als 200 Jahre später, mit verblüffender Genauigkeit eintrat.

Prophezeiungen der Französischen Revolution

In seinem Brief an Heinrich II. schrieb Nostradamus:
"In diesem Jahr beginnt die größte Verfolgung gegen die christliche Kirche, so wie sie nicht einmal in Afrika gemacht wurde. Und dieses wird währen bis hierher in das Jahr Tausendsiebenhundertzweiundneunzig (1792). Man wird glauben, dass sich das Jahrhundert in einer Erneuerung befindet."[8]

Frankreich war ein katholisches Land, doch 1792 befand es sich inmitten der französischen Revolution, und die Kirche erfuhr genau die grausame Verfolgung, die Nostradamus vorhergesagt hatte. Der Nationalkonvent schaffte die Monarchie ab und verwarf den gregorianischen Kalender wegen seiner christlichen Assoziationen. Er führte einen eigenen weltlichen "Revolutionskalender" ein und verkündete den ersten Tag "des Jahres 1 der Französischen Republik". Dieser "Beginn einer neuen Zeitrechnung", wie Nostradamus es bezeichnete, fand, wie vorhergesagt, 1792 statt.

Dieser Ansatz von Prognostizierung erfolgte nicht unbemerkt von Kritikern der damaligen Zeit sowie der Moderne. Edgar Leoni sagt, dass Nostradamus damit sozusagen einen "Volltreffer" gelandet hatte. Leoni zitiert einen Hinweis in der Februarausgabe von 1792 des "Journal historique et littéraire" ("Historische und literarische Zeitschrift") auf eine königliche Zeitung, das "Journal de la ville" ("Stadtzeitung"), das diese besondere Prophezeiung veröffentlichte und die Leser darüber informierte, dass "ein Exemplar von Nostradamus, in dem sich diese Vorhersage findet, für acht Tage in unserem Büro ausgelegt werden wird, so dass der Interessierte imstande ist, es selbst nachzuprüfen."

"Der Herausgeber des Magazins erklärt dann weiter", so Leoni, "wie Nostradamus, obgleich er allgemein als Betrüger gesehen wird, bei dieser einen großartigen Prophezeiung göttlich inspiriert worden sein könnte."[9]

Nostradamus' Genauigkeit war nicht auf Daten beschränkt. In der Tat sind in seinen Voraussagen nur selten Daten enthalten, obgleich er in seinem Brief an Heinrich II. schrieb: "Wenn ich jeden Vierzeiler mit einem Datum hätte ausstatten wollen, so hätte ich das gekonnt."[10]

Stattdessen formulierte er seine Prophezeiungen so spezifisch, dass die Umstände, die beschrieben sind, unmissverständlich auf ein bestimmtes Ereignis, einen historischen Umstand oder eine Abfolge von miteinander verknüpften Ereignissen hindeuten. Der folgende Vierzeiler zeigt sein göttliches Genie:

> »Der Teil unter dem Mann allein wird den Bischofshut tragen,
> Rückkehr, Streit wird auf die Tuilerien übergehen:
> durch fünfhundert wird ein Verrat durchkreuzt, Narbon und
> Saulce besitzen Öl durch Kontakte.«[11]

IX.34

"Narbon und Saulce" – zwei besondere Namen. Stellen Sie sich einmal vor, Nostradamus hätte "Simon und Garfunkel", "Burns und Allen", "Rodgers und Hammerstein" geschrieben! Die bloße Tatsache, dass er ihre Namen Hunderte von Jahren, bevor dies Realität wurde, erwähnte, wäre schon beeindruckend genug. Doch er nennt hier nicht nur Narbonne und Sauce (die Schreibweise von "Narbon und Saulce" im 18. Jahrhundert), sondern zeigt auf, dass diese die Schlüsselfiguren in einem sozialpolitischen Drama sein werden, das den Lauf der Geschichte letztendlich verändern würde.

Der französische Seher beschrieb damit einen der großen Wendepunkte in der Französischen Revolution, eine entscheidende Szene in der Tragödie um Ludwig XVI. und Marie Antoinette – nämlich ihren unglücklichen Versuch, Paris in der Nacht des 20. Juni 1791 zu verlassen.

Totengeläut für die Monarchie

Ludwig XVI. und Marie Antoinette standen in den schwer bewachten Tuilerien in Paris quasi unter "virtuellem" Hausarrest, und ihre Lage wurde zusehends verzweifelter. Sie beschlossen, zu einem Ort an der Grenze zu Luxemburg zu fliehen, wo sie österreichische Truppen treffen sollten, die Kaiser Leopold II., der Bruder der Königin, gesandt hatte. Verkleidet schlichen der König und die Königin aus Paris. Die königliche Kutsche kam bis Varennes, eine Stadt nahe der Grenze.

In Varenne wurden der König und die Königin angehalten. Da ihre Papiere in Ordnung waren, obgleich es noch Zweifel an ihrer Identität gab, war Monsieur Sauce, ein Lebensmittelhändler und der Bürgermeister der Stadt, zunächst geneigt, sie ziehen zu lassen. Unter Druck von außen hielt er sie in Varenne fest und lud sie in sein Wohnhaus ein, das sich in einem Gebäude mit seinem Lebensmittelgeschäft befand, bis ihre Identität festgestellt werden konnte.

Sobald der König positiv identifiziert war, riss er seine Verkleidung herunter und umarmte den, der ihn gefangen genommen hatte, herzlich. Doch Sauce zwang sie zu bleiben, bis er von der Nationalversammlung Order erhielt. Er übergab sie sodann der Wache, die sie zurück nach Paris brachte – und damit letztendlich ins Verderben stürzte. Diese Wendung der Ereignisse im Leben des Königs und der Königin besiegelte ihr Schicksal und läutete die Totenglocke für die Monarchie und die Monarchen ein.

Sauce hätte den König zweimal retten können, indem er ihn einfach hätte gehen lassen. Selbst als Marie Antoinette in Sauces Haus festgehalten wurde, flehte sie Madame Sauce an, sie freizulassen. "Das würde ich gern, Eure Hoheit", erwiderte diese, "denn ich liebe meinen König. Doch ich liebe auch meinen Ehemann, und ich möchte nicht, dass er seinen Kopf verliert." So beging Sauce, wie Nostradamus vorhergesagt hatte, Verrat am König, der gezwungen war, nach Paris "zurückzukehren", wie es im Vierzeiler heißt.

Außerdem verkaufte Sauce in seinem Lebensmittelladen Öl. Die Kannen hingen von den Dachbalken, und der Laden roch nach ranzigem Öl. Es scheint, als hätte Nostradamus mehr als 200 Jahre, bevor die Situation sich ereignete, eine Zeile des Gesprächs aufgezeichnet, das der Besitzer mit einem Kunden führte: "Sauce, wir haben Öl."[12]

Kurz nach der Rückkehr von Ludwig XVI. nach Paris wurde Graf Narbonne zu Ludwigs Kriegsminister ernannt. Narbonne gehörte zu denjenigen Adligen, die tatkräftig zu Ludwigs Ruin beitrugen. Daher haben wir es mit zwei Verrätern zu tun: mit Narbonne, einem Adligen, wie im Vierzeiler erwähnt, und Sauce, einem Bürgerlichen, der von der Nationalversammlung für seinen patriotischen Einsatz eine Belohnung von 20.000 Pfund erhielt und mit Lob überschüttet wurde – um später unter der Guillotine zu landen.

Nach der Rückkehr des Königs und der Königin in die Tuilerien driftete die Stimmung in Paris, die bereits brodelte, schnell in die Hysterie der Gewalt ab, die unter dem Begriff "Schreckensherrschaft" bekannt ist. Am 10. August 1792 griff eine gut organisierte Bande die Tuilerien an, steckte sie in Brand und tötete etwa 600 Mitglieder der Schweizer Garde. Anführer der Bande waren 513 Bürger aus Marseille, die allgemein als "die 500" bezeichnet wurden."[13]

Dann wurde Ludwig ("Mann"), genau wie Nostradamus es beschrieben hatte, während der Belagerung von der Bande ("fünfhundert") in den Tuilerien ("Streit wird auf die Tuilerien übergehen") ohne Beisein der Wache ("allein") angegriffen. Die Menge zwang ihn, die rote Freiheitskappe aufzusetzen, die die Aufständischen trugen ("wird den Bischofshut tragen").

In knappen Worten beschrieb Nostradamus mit großer Genauigkeit eine Abfolge von Ereignissen im Leben eines zukünftigen Königspaares an einem Wendepunkt in der französischen Geschichte, und er tat dies mit bewundernswert knappen Worten. Er lieferte so exakte Details, dass sich seine Vorhersage auf kein anderes historisches Ereignis anwenden ließe.

Die "unerträgliche Pest"

Obgleich Nostradamus recht viele Voraussagen über die Französische Revolution geschrieben haben mag, war sein Interesse breit gefächert. Er nannte und beschrieb Lebensumstände des "heldenhaften [Marschalls] von Villars", des fähigsten und tapfersten Generals von Ludwig XIV. Er stellte den Auf- und Niedergang Napoleons chronologisch dar. Er nannte und beschrieb Details im Leben Francos und Hitlers; und er beschrieb die bolschewistische Revolution rund 362 Jahre im Voraus.[14]

Die Erstveröffentlichung der Prophezeiungen Nostradamus' wurde von den Angehörigen der begüterten Klassen, die seine früheren Prophezeiungen, herausgegeben in Form von Jahrbüchern, "Almanachs", bereits gelesen hatten, begeistert aufgenommen. Sie wurden vom abergläubischen Volk jedoch mit Spott bedacht und ins Lächerliche gezogen. Die weniger gebildete Masse betrachtete Nostradamus als Werkzeug des Teufels.

Er wurde der Verrücktheit, Gottlosigkeit, der Unkenntnis der Astrologie und des ungezügelten Alkoholkonsums bezichtigt. Er wurde von Ärzten, Astrologen, Philosophen und Dichtern kritisiert. Ein höhnischer Kritiker schrieb: "Wo bekommst du nur diesen Stoff her? Du unerträgliche Pest, der du die Menschen mit deinen falschen Lehren voller Scheußlichkeiten in die Irre führst."[15]

Als sich jedoch einige seiner Prophezeiungen erfüllten, lud Katharina von Medici, die Frau von Heinrich II., Nostradamus an den Hof, wo er ihre Gunst fand. Doch als er 1558 einige weitere Centurien veröffentlichte, wuchs die Zahl seiner Feinde. Einige forderten sogar, dass er zur Anklage vor die Heilige Inquisition gestellt werden sollte.

Ein fataler Zweikampf im Turnier

1559 wurde Nostradamus' Ruhm gesichert, als Heinrich II. am 10. Juli nach einem Unfall bei einem Wettkampf im Lanzenstechen verstarb – genau so, wie Nostradamus es im 35. Vierzeiler der ersten Centurie vorausgesagt hatte.

Ein Auszug aus dem Vierzeiler lautet folgendermaßen:

"Der junge Löwe [Graf de Montgomery, Hauptmann der schottischen Garde] überwindet den Alten [Heinrich II.] auf dem Kampfplatz durch einzigartiges Duell: im goldenen Gitter bersten seine Augen."

Damit soll wohl der goldene Helm des Königs gemeint sein. Bei einer offensichtlich medizinischen Diagnose seiner Verletzung "zwei Wunden, eine" war das vorausgesagte Ergebnis, dass Heinrich II. "eines schrecklichen Todes" sterben würde.[16]

Das tödliche Ritterturnier gehörte zu den Feierlichkeiten der Doppelhochzeit von Heinrichs Schwester Elisabeth mit Philip II. von Spanien und seiner Tochter Marguerite mit Emanuel Philibert, dem Herzog von Savoyen. Das Turnier dauerte drei Tage. Heinrich platzierte sich in den Listen bemerkenswert gut und forderte Gabriel Montgomery auf, das letzte Rennen des Tages gegen ihn zu reiten. Dieser lehnte ab, doch Heinrich befahl ihm Gehorsam.

Katharina flehte Heinrich an, nicht an dem Turnier teilzunehmen. In seiner Biographie der Königin berichtet Jean Héritier, dass Katharina "schon lange erwartet hatte, dass ihr Mann eines gewaltsamen Todes sterben würde. In den 'Centurien' von Nostradamus (...) war solch ein Tod für ihn vorhergesagt worden. Die Königin war von diesem fatalen Vierzeiler sozusagen besessen."

Héritier berichtet weiter: "Nostradamus' Prophezeiung stimmte exakt mit der von Lucca Gaurico überein. Der weltberühmte italienische Bischof und Astrologe, der von den Päpsten – Julius II. und Leo X. sowie Clemens VII. und Paul III. – anerkannt worden war, hatte Heinrich II. bereits drei Jahre, bevor Nostradamus seine 'Centurien' veröffentlichte, geraten, jeden Einzelkampf zu vermeiden, besonders in seinem vierten Lebensjahrzehnt, da er in dieser Lebensphase der Gefahr einer Kopfverletzung ausgesetzt sei, die zu Blindheit oder zum Tode führen könnte (...). [Katharina] flehte den König vergebens an, nicht an dem Turnier teilzunehmen."[17]

Heinrich liebte Turniere, ignorierte die Prophezeiung und wurde infolge eines tückischen Unfalls von einem Splitter der gebrochenen Lanze von Montgomery, der unter sein Visier glitt, im oder über dem Auge getroffen. Der König starb 10 Tage später "eines schrecklichen Todes". Die Kunde von Nostradamus' Prophezeiung und Heinrichs Tod verbreitete sich in alle Winkel Europas, und ab diesem Moment geriet der Ruhm des französischen Sehers nie mehr ins Wanken. Seitdem wird Nostradamus von den einen gelobt, von den anderen geschmäht.

Rätselhafte Sprüche und exakte Prophezeiungen

In einem Vorwort zu seinen Prophezeiungen, die er für seinen kleinen Sohn geschrieben hat, behauptet Nostradamus, dass seine Visionen bis zum Jahr 3797 reichen – eine Marke, die wohl nur wenige von uns jemals in ihren kühnsten Vorstellungen besucht haben. Am faszinierendsten sind natürlich Nostradamus' Prophezeiungen für unsere Zeit – und zugleich auch am furchteinflößendsten. Mit der gleichen Gabe der Voraus- und Scharfsicht, die er gezeigt hatte, als er die Geschichte zukünftiger Ereignisse niederschrieb, die sich für uns bereits ereignet haben, hat Nostradamus eine lebendige Beschreibung der Herausforderungen hinterlassen, mit welchen unsere Generation möglicherweise in Kürze konfrontiert sein wird.

Wir wollen bei deren Betrachtung stets bedenken, dass Nostradamus sagte, dass seine Prophezeiungen göttlicher Inspiration entsprungen sind, die er mit astrologischen Berechnungen untermauerte. Ich glaube, dass der Geist der Prophezeiung, der Nostradamus begleitete, durch das Herz von Saint Germain kam. Nostradamus selbst beschrieb den Rahmen, in dem er seine Prophezeiungen erhielt:

Nostradamus ist nachts allein. Er sitzt in seinem geheimen Studierzimmer. Dieses ist, wie er uns erzählt, ein auf besondere Weise gebauter Raum unter seinem Dach. Da dringt eine "winzige Flamme (...) aus der Einsamkeit, bringt hervor, woran man nicht vergeblich glauben soll."[18] Dann, wenn alles bereit ist: "Übernatürlicher Strahlenglanz dem Wahrsager nahe." Die englische Übersetzung lautet hier aber sinngemäß: "Göttliche Herrlichkeit. Der Göttliche nimmt neben mir Platz."[19] Mit dieser Beschreibung, die aus den ersten Vierzeilern der ersten Centurie stammt, sagt der Prophet, dass er sich in einen meditativen Zustand begibt und wie ein Sekretär das aufzeichnet, was "der Göttliche" ihm mitteilt.

Oft wird argumentiert, Nostradamus' Prophezeiungen seien so vage, dass sie quasi auf alles angewendet werden könnten. "Der Stil der 'Centurien' ist so vielgestaltig und nebulös", schrieb der Historiker Jean Gimon, der diesen Tenor an Kritik zusammenfasst, "dass jeder mit ein wenig Mühe und gutem Willen in ihnen das finden kann, was er sucht."[20] Dies ist in Wirklichkeit nicht der Fall. Nostradamus wollte, wie er Heinrich II. erklärte, dass seine "rätselhafte Sprache" nur einen einzigen Sinn oder eine Auslegung zulässt und nicht als "Doppeldeutiges" oder "Amphibologisches" [mehr als auf eine Weise Interpretierbares] "ausgelegt werden kann."[21]

Nostradamus' Prophezeiungen sind daher so lange obskur, bis sie von den Ereignissen eingeholt werden. Wenn die Ereignisse eintreten, wird der Vierzeiler äußerst klar und erlaubt aufgrund seines präzisen Sprachgebrauchs auch nur eine mögliche Interpretation je Vierzeiler oder Serie sinnverwandter Vierzeiler.

Der Vierzeiler "Narbon und Saulce" kann sich, wie wir festgestellt haben, kaum auf etwas anderes beziehen als auf die Tragödie, die Ludwig XVI. im 18. Jahrhundert betraf. In einem anderen Vierzeiler stellt Nostradamus fest, dass sich bestimmte Ereignisse in diesem Jahr abspielen werden, "wenn ein Auge in Frankreich regiert."[22] Dies war an den zehn Tagen, in welchen der verwundete Heinrich II. Frankreich regierte, 1559. Niemals hat ein anderer einäugiger König Frankreichs Thron innegehabt. Daher ist dies das einzige mögliche Jahr für die Prophezeiung. Der Vierzeiler, der den Vertrag vom Oktober 1727 zwischen den Persern und Türken vorhersagt, ist ebenfalls extrem akkurat.

Getarnte Prophezeiungen

Während Nostradamus zukünftige Ereignisse in konkreten Worten beschrieb, die seine Voraussagen auf bestimmte Situationen beschränkten, verlieh die Sprache, die er verwendete, seinen Prophezeiungen eine mystische Dimension. Diese mystische Sprache erleichtert es, seine Bedeutung und Absicht zu vermitteln und enthüllt die Tiefe und Bandbreite seiner eigenen Wahrnehmungen.

Nostradamus' Prophezeiungen waren absichtlich obskur. Die Gründe hierfür sind so komplex wie die Vierzeiler selbst. Er schrieb zu einer Zeit, als jemand, der der Hexerei oder schwarzen Magie bezichtigt wurde, auf dem Scheiterhaufen verbrannt werden konnte. Lee McCann, Autor von "Nostradamus – der Mann, der durch die Zeit schauen konnte" erinnert uns an Folgendes: "Als Nostradamus sich als Knabe auf Avignon vorbereitete [um seine Ausbildung fortzusetzen] wurden 500 dieser erbarmungswürdigen Kreaturen, die der Hexerei angeklagt waren, in Genua verbrannt."[23]

Nostradamus wollte nicht von potenziellen Gegnern in der Kirche oder im Staat im Schnellverfahren verurteilt werden. Er wollte auch nicht Gottes Willen stören, indem er die Prophezeiungen, die er erhalten hatte, vorzeitig enthüllte. Daher schrieb Nostradamus seine Prophezeiungen in einer bewusst schwer verständlichen mystischen Prosa nieder. Um sie noch mehr zu tarnen, schrieb er sie dann nochmals in kryptische Vierzeiler um, die nach Jahrhunderten als "Centurien" chronologisch geordnet waren.

Die Vierzeiler enthalten eine verwirrende Mischung aus Französisch, Latein, Griechisch, Italienisch, Provenzalisch, aus Symbolen, astrologischen Konstellationen, Anagrammen, Synekdochen, Wortspielen und anderen literarischen Kunstgriffen. Er hielt sie jedoch immer noch für zu leicht. Nostradamus bemerkt mehrmals, dass er sich Sorgen "um die Gefahr der Zeit" und die "Verleumdung der Böswilligen" mache. Um ganz sicherzugehen, mischte er seine Vorhersagen vor der Veröffentlichung 1555 bunt durcheinander, so dass keine chronologische Reihenfolge mehr gegeben war.[24]

1564 erreichte Nostradamus den Höhepunkt seiner Karriere. Während einer Reise durch Frankreich besuchten der junge König Karl IX. und seine Mutter Katharina von Medici den Propheten. Die Königin ernannte ihn zum Berater und Doktor ehrenhalber. Wenig später, 1566, verstarb Nostradamus in seinem Studierzimmer. Er hatte das siebte seiner zehn Centurien unvollendet hinterlassen und hatte ein elftes und zwölftes kaum begonnen.

Ein Auszug aus seiner Grabinschrift lautet sinngemäß folgendermaßen: "Hier ruhen die Gebeine des hochberühmten Michel Nostradamus, der allein von allen Sterblichen für würdig erachtet wurde, mit seinem nahezu göttlichen Stift unter dem Einfluss der Sterne die zukünftigen Ereignisse der gesamten Welt aufzuzeichnen."

3. Eine Zeit des Friedens oder eine Zeit des Krieges?

»Wir brausen schnell auf –
wir Menschenvölker auf Erden.«

Homer

Nostradamus selbst erklärt uns, dass seine Prophezeiungen, die verschlüsselt geschrieben sind, rätselhaft und obskur sind – bis zu dem Zeitpunkt, an dem sie in Erfüllung gehen. Dies hat zu Meinungsverschiedenheiten unter den besten und berühmtesten Kommentatoren von Nostradamus darüber geführt, was wir für die nahe und ferne Zukunft erwarten dürfen.

Nichtsdestotrotz sagen viele Deuter von Nostradamus, dass einige seiner Vierzeiler von Krieg, Seuchen und sogar Atomkatastrophen handeln. Zugleich beschreibt unser mysteriöser Seher der Jahrhunderte Ausblicke auf Frieden und ein zukünftiges Goldenes Zeitalter. Dieses Kapitel behandelt einige von Nostradamus' bemerkenswertesten Vierzeilern über Krieg und Frieden.

Einige von Nostradamus' Prophezeiungen sind intensiv. Bei der Erforschung ihrer Bedeutung nehme ich keineswegs an, dass sie in Erfüllung gehen werden. Ich werde keine Weltuntergangsstimmung verbreiten und auch nicht die Haltung eines "Millennium-Apostels" einnehmen, sondern ich schreibe dieses Buch, weil ich glaube, dass jeder von uns etwas tun *kann*, um das Negative abzuwenden: *Prophezeiungen sind nicht in Stein gemeißelt.* Ich bete beständig dafür, dass sich die spirituellen Menschen dieser Erde, die sich der Katastrophenszenarien und der diesen zugrundeliegenden karmischen Faktoren bewusst sind, versammeln und die spirituellen Techniken einsetzen werden, die die Zukunft positiv gestalten können. Und ich hoffe zusammen mit Carl Sandburg: "Stell' dir vor, es ist ist Krieg – und keiner geht hin!"

Metaphern für unsere Zeit

Bei der Betrachtung von Nostradamus' Vierzeilern ist zu bedenken, dass er bewusst Elemente zurückhielt, die er kannte, weil er sagte: "Wenn man einige davon der Zensur übergeben würde, würden sie Schwierigkeiten erzeugen."[1] Außerdem beschrieb Nostradamus Technologien und Effekte, die seine Zeitgenossen sich kaum vorstellen konnten. Daher musste er auf Metaphern zurückgreifen.

Überlegen Sie nur, welche Herausforderung es für jemanden im 16. Jahrhundert gewesen sein muss, ein Flugzeug, die Explosion eines atomaren Sprengkopfes oder einen Satelliten zu beschreiben, der die Erde umkreist. Doch Dinge, die den Lesern in Nostradamus' Zeit unbekannt waren, werden heute überraschend klar. Nehmen wir die 2. Centurie, Vierzeiler 91:

> »Bei Sonnenaufgang sieht man ein großes Feuer,
> Lärm und Lichtschein weisen nach Aquilon:
> Im Umkreis Tote, und Schreie sind zu hören,
> Durch Schwert, Feuer, Hunger erwartet sie der Tod.«[2]

II, 91

Man beachte die lebendige Beschreibung, die Sparsamkeit an Worten und den geschickten Sprachgebrauch, mit dem Nostradamus seine Szene ausmalt. "Tod durch Schwert" (auch übersetzt mit "Waffen"), "Feuer" und schließlich "Hunger" ist eine akkurate Beschreibung dessen, was "im Umkreis" oder innerhalb des Explosionsradius eines nuklearen Sprengkopfes geschehen könnte. "Aquilon" bedeutet "Norden" – ein Name, der nach Meinung der Übersetzer von Nostradamus für Russland steht, manchmal auch für die Vereinigten Staaten, allgemein jedoch für die Nationen des "Nordens".

Ich erkenne auch eine mystische Interpretationsweise für diesen Vierzeiler. Erstens kann der "Sonnenaufgang" als Aufgang der "Sonne der Gerechtigkeit", des Christusbewusstseins in einem, in einigen oder vielen Menschen betrachtet werden. Die Alten lehrten, dass es im apokalyptischen Augenblick der großen Erleuchtung oder des Erscheinens des kosmischen Christus Feuer, Lärm und Licht geben wird. Das herabströmende Licht dient der Reinigung der Finsternis und bereitet den Weg für eine bessere Aufnahme des Lichtes Gottes.

Außerdem bedeutet das französische Wort "glaive" in diesem Vierzeiler, das manche mit "Stahl" oder "Waffen" übersetzen, wörtlich "doppelschneidiges Schwert". Da dieser Begriff auch in der Offenbarung verwendet wird, um jemanden als "Sohn Gottes" zu beschreiben, aus dessen Mund ein "scharfes, zweischneidiges Schwert"[3] kommt, könnte dieser Vierzeiler auch eine Art von Verurteilung bedeuten.

Die Bildersprache des folgenden Vierzeilers ist genauso intensiv und furchteinflößend:

> »Übrigbleiben wird lebendiges Feuer und versteckter Tod,
> in den schrecklichen Kugeln, entsetzlich
> nachts wird von der Flotte aus die Stadt zu Staub gemacht,
> die Stadt im Feuer, der Feind gütig.«[4]

V.8

Während Kommentatoren sagen, dass dieser Vierzeiler den US-Angriff auf Hiroshima und Nagasaki 1945 oder sogar andere

Bombenangriffe während des Zweiten Weltkrieges meint ("Kugeln" könnte eine passende Beschreibung für Bomben sein), hebt dies nicht die Möglichkeit auf, dass er eine Verwüstung prophezeit, die die Welt noch nicht erlebt hat.

"Kämpfe im Himmel"

Im 15. Jahrhundert müssen die Bilder, die sich aus dem nächsten Vierzeiler ergeben, wie die Vision eines Menschen im Delirium angemutet haben. Heute nimmt er die schaurige Qualität einer Atomexplosion bzw. der von Luftkriegen an, an der merkwürdig aussehende Kreaturen teilnehmen:

> *»Nachts glaubt man, die Sonne gesehen zu haben,*
> *wenn man das Schwein, halb Mensch, sehen wird.*
> *Lärm, Gesang, man bemerkt eine Schlacht am Himmel,*
> *und man wird brutale Bestien sprechen hören.«*[5]
>
> I.64

In unserer heutigen Zeit sind "Lärm, Gesang, man bemerkt eine Schlacht am Himmel" nur zu leicht vorstellbar. Das Leuchten der "Sonne in der Nacht" vermittelt den Eindruck eines atomaren Ereignisses. Da das Wort "Sonne" großgeschrieben ist, ist möglicherweise ein apokalyptischer Beigeschmack beabsichtigt.

Es ist nur zu erstaunlich, dass Nostradamus mit dem Satz "Nachts glaubt man, die Sonne gesehen zu haben" tatsächlich die Worte der ersten Zivilisten beschrieben hat, die unwissentlich Zeugen einer Atomexplosion waren.

Drei Wochen, bevor eine Atombombe auf Hiroshima geworfen wurde, war die erste Atombombe der Welt in einem Test in der Wüste in Alamogordo, New Mexico, vor Einbruch der Morgendämmerung gezündet worden. Frau H. E. Weiselman war 240 Kilometer davon entfernt an der Staatsgrenze zwischen Arizona und New Mexiko Zeugin des Blitzes, der, wie sie sagt, "so war, als wäre die Sonne aufgegangen und dann plötzlich wieder untergegangen."[6]

Dann, im März 1954, segelten 23 japanische Fischer an Bord des "Glücklichen Drachens Nummer 5" versehentlich in das Testgebiet um das Bikini-Atoll im Zentralpazifik. Sie befanden sich 100 Meilen von der Insel entfernt, als ein Atomtest durchgeführt wurde. Die Fischer sagten, die Explosion ähnelte "einer zweiten Sonne, die früh am Morgen im Westen aufging".[7]

Was ist mit dem "Schwein, halb Mensch gemeint"? Dieses Bild hat die Kommentatoren eine ganze Zeit lang in Erstaunen gehalten. Erika Cheetham, Autorin einer Reihe von Büchern über Nostradamus, sagt: "Dieser Satz scheint wie das klare Bild der Silhouette eines Piloten, der eine Sauerstoffmaske, Helm und Schutzbrille trägt. Der Sauerstoffapparat sieht einem Schweinerüssel erstaunlich ähnlich. Der Krieg wird klar als Luftkrieg beschrieben. Die Schreie können der Lärm der fallenden Bomben sein, während sie auf die Erde niederheulen. Der Krieg wird klar aus der Beobachterwarte beschrieben – von Menschen auf dem Erdboden."

Es ist wichtig, die Bedeutung der letzten Zeile zu verstehen. Man hört, wie die Flugzeuge, "bestes brutes" ("brutale Bestien"), mit anderen kommunizieren. Könnte dies eine Prophezeiung für Radiokommunikation sein? Mit Sicherheit stärkt dieser Vierzeiler meine Überzeugung noch mehr, dass Nostradamus' Visionen zweidimensional waren, sowohl visuell als auch auditiv."[8]

Der Prophet war damit nicht nur hellsichtig, sondern auch hellhörig. Er war imstande, die Zukunft zu lesen – nicht unbedingt als Schriftzeichen an einer Wand, sondern wie einen Videofilm, der auf eine Leinwand projiziert wird.

Krieg, Pest und Feuer

Ein weiterer Vierzeiler, der Krieg und einen möglichen Atomkonflikt beschreibt, ist dieser:

>*»Der schreckliche Krieg, der sich im Westen vorbereitet,*
>*im Jahr darauf wird die Seuche kommen,*
>*so schrecklich stark, bei Jung, Alt und Tier,*
>*Blut, Feuer, Merkur, Mars, Jupiter in Frankreich.«*[9]

IX.55

Kommentatoren haben diesen Vierzeiler dem Ausbruch der Grippe nach dem Ersten Weltkrieg zugeschrieben. Einige moderne Deuter interpretieren die Worte "Seuche" und "Blut" jedoch als möglichen Hinweis auf zwei Krankheiten der heutigen Zeit, die mit Blut zu tun haben – AIDS und die Krankheit, die durch das Ebola-Virus ausgelöst wird – oder auf die Vernichtung, die durch chemische oder biologische Kriegsführung verursacht werden kann.[10]

"Der Himmel wird brennen."

Eine weitere verschlüsselte Version der Zeichen unserer Zeit scheint einen Atomkrieg oder nuklearen Störfall zu beschreiben:

>*»Bei fünfundvierzig Grad wird der Himmel brennen,*
>*Feuer nahe der großen, neuen Stadt.*
>*sogleich schießt eine große, ausschlagende Flamme hervor,*
>*wenn man die Normannen auf die Probe stellen möchte.«*[11]

VI.97

Was ist die Identität der "großen neuen Stadt"? Kommentatoren haben mehrere Vorschläge geliefert, u.a. Genua, Paris, New York, Villeneuve-sur-Lot in Frankreich und sogar den Vatikan.

Erika Cheetham glaubt: "Der Beginn des Dritten Weltkrieges wird laut Nostradamus von einem Angriff auf New York – Stadt und Staat – sowohl mit Bomben als auch mit chemischen Waffen eingeläutet werden." In der Überzeugung, wie andere Kommentatoren auch, dass die Ereignisse, die in diesem Vierzeiler beschrieben werden, sich entlang des 45. Breitengrades abspielen werden, sagt sie: "Der Staat New York liegt zwischen dem 40. und 45. Breitengrad in den USA (...). Der Angriff scheint sehr weit gestreut zu sein und sowohl den Staat als auch die neue Stadt zu betreffen, die verstreuten Flammen könnten gut die eines nuklearen Holocaust sein."[12]

Nostradamus muss aber hier nicht von einem Breitengrad reden. Wenn ich mir Nostradamus so vorstelle, wie er über Enthüllungen meditiert, die ihm von seiner göttlichen Quelle zugetragen werden, sehe ich, wie er seine Visionen verschlüsselt notiert, wie ein Chronist von Ereignissen, wie ein Journalist, der aus der Zukunft schöpft. Zudem "sieht" Nostradamus aus verschiedenen Blickwinkeln. Eine weitere mögliche Interpretation für diesen Vierzeiler lautet folglich, dass Nostradamus in seiner "Sitzung" auf einem hohen Turm in der neuen Stadt steht und im 45°-Winkel den Aufstieg einer nuklearen Explosion eines Sprengkopfes beobachtet, der auf die Stadt gerichtet ist.

Während diese Feststellung von anderen Übersetzern abweicht, heißt es weder im französischen Original noch in der englischen Übersetzung "45. Breitengrad" oder "geografische Breite" (wobei viele in ihren Übersetzungen den Begriff "Breitengrad" verwendet zu haben scheinen).

Aufgrund der Fakten, die wir von der Luftwaffe der Vereinigten Staaten, des nordamerikanischen Luftraumverteidigungskommandos (NORAD) und einigen Militärstrategen in Erfahrung bringen konnten, ist die 45°-Winkel-Theorie durchaus eine Betrachtung wert. 45° könnte der Anflugwinkel eines Sprengkopfes sein, obgleich solch ein Winkel laut Expertenaussage beträchtlich abweichen könnte, je nachdem, wo dieser abgefeuert wurde und je nach Ziel des Angriffes.

Der präzise Winkel, in dem Sprengköpfe eine Großstadt wie New York anfliegen würden, unterliegt der Geheiminformation. Gemäß einer fundierten Quelle kommen Sprengköpfe, die von einer Rakete transportiert werden, die vom Deck eines Schiffes aus relativer Nähe abgefeuert wurde, mit größerer Wahrscheinlichkeit in einem 45°-Winkel an, wohingegen Sprengköpfe von Interkontinentalraketen mit höherer Wahrscheinlichkeit in einem Winkel von 65 bis 79° anfliegen. Trotz alledem ist es unabhängig vom Einfallswinkel immer möglich zu beobachten, dass "der Himmel brennt".

Nostradamus' Vierzeiler, die auf atomare Ereignisse hinzuweisen scheinen, kündigen nicht unbedingt einen Krieg an. In der heutigen Welt beschreiben sie vielleicht viel eher einen Atomunfall oder sogar atomaren Terrorismus. Zusätzlich zu den Fünf Großen Nationen im Club der Atomliga – Russland, Vereinigte Staaten, Großbritannien, Frankreich und China – haben Indien, Pakistan und Nord Korea bewiesen, dass sie Atomwaffen herstellen und explodieren lassen können.

Israels nukleares Potenzial ist bekannt. Man vermutet, dass der Iran derzeit nukleare Sprengköpfe entwickelt.

Eine spirituelle Interpretation

Aus einem völlig anderen Blickwinkel betrachtet würde ich eine spirituelle Interpretation der 6. Centurie, Vierzeiler 97, nicht ausschließen. Spirituell gesprochen könnten "Der Himmel wird brennen", "Feuer" und "Flammen" allesamt auf ein Phänomen am Himmel mit potenzieller spiritueller Tragweite hinweisen – oder sogar auf ein Nordlicht.

Was ist mit "Beweis der Normannen"? "Normannen" bedeutet wörtlich "Männer des Nordens".

Müssten Sie verschlüsselt schreiben, so würden Sie vielleicht die Himmelswelt als "Norden" beschreiben und deren Einwohner als "Männer des Nordens" – d. h., die Engel, Meister und Heiligen, die aus der Himmelswelt spirituell zu uns Kontakt aufnehmen. Vielleicht werden wir uns zum Zeitpunkt der Erfüllung dieser Prophezeiung an diese Erleuchteten wenden, um die spirituelle Bedeutung dessen zu verstehen, was sich ereignet.

"Eine riesige Hungersnot"

Nostradamus hat auch eine Zeit der Hungersnot beschrieben. Manche vermuten, dass diese Heimsuchungen die Folge eines bakteriologischen Angriffs oder radioaktiven Niederschlages sein könnten.

»Die große Hungersnot, welche ich herannahen fühle,
wird oftmals umkehren, dann allgemein sein.
So groß und lang, dass man reißen wird
von den Bäumen die Wurzel und das Kind von der Brust.«[14]

I.67

»So große Hungersnot durch Pestwelle,
Hervorgerufen durch lange Niederschläge längs des Nordpols:
Samarobryn, hundert Orte der Hemisphäre,
leben ohne Gesetz, politisch losgelöst.«[15]

VI.5

57

Das Schlüsselwort im letzten Vierzeiler ist "Pestwelle". Das bedeutet "Träger oder Verbreiter einer ansteckenden Krankheit" oder "mit einer pestartigen Krankheit verseucht". Folglich könnten die beiden ersten Zeilen des Vierzeilers eine "so große Hungersnot" beschreiben, die von einer Welle verursacht wurde, die eine tödliche Krankheit oder nukleare Verseuchung mit sich bringt und den Nordpol überquert. Sie erreicht offensichtlich bevölkertes Gebiet (weil sie eine "so große Hungersnot" verursacht).

Von noch größerem Interesse ist der mysteriöse Begriff "Samarobryn", der nach wie vor Kopfzerbrechen bereitet. Da "einhundert Leagues" ca. 435 Kilometer sind, schlagen einige vor, dass "Samarobryn" sich möglicherweise auf eine Satelliten- oder Raumfahrtstation beziehen könnte. Edgar Leoni beispielsweise sagt: "Könnten wir es an dieser Stelle nicht mit der Prophezeiung einer Raumstation zu tun haben, die Nostradamus – korrekterweise oder nicht – sich etwa 270 Meilen (ca. 435 Kilometer) von der irdischen Hemisphäre entfernt vorstellt?" Er wagt auch die wilde Mutmaßung, dass "Samarobryn" Nostradamus' Versuch sei, den unbekannten Namen einer Person niederzuschreiben, die mit dieser zukünftigen Raumfahrtunternehmung befasst ist, ein Name wie etwa Sam R. O'Brien.[16]

Cheetham stellt die These auf, dass sich "Samarobryn" vom russischen Wort "Samo" ("selbst") und "robin" ("Bediener") ableitet und daher eine "selbstfunktionierende Maschine im Weltraum" meint.[17] Rene Noorbergen liefert einen weiteren faszinierenden Gedanken: Er sagt, dass Nostradamus die lateinischen Worte "samara" (eine ein- oder zweiflügelige Samenhülse) und eine Form des Verbes "obire" ("wandern, reisen, umkreisen") verwendet haben könnte, um ein kugelförmiges Objekt zu beschreiben, das die Erde auf einer Höhe von 435 Kilometern umkreist. "Mit modernen Worten ausgedrückt", sagt Noorbergen, "handelt es sich hierbei sehr wahrscheinlich um einen Satelliten oder eine Weltraumstation mit ein bis zwei Sonnenschilden."[18]

Cheetham sagt auch, dass "Samarobryn" ein Wort sein könnte, das aus "Suramin" und "Ribavrin" gebildet ist, zwei der Drogen, die benutzt werden, um die "Pestwelle" AIDS zu behandeln. "Vielleicht wird das Medikament gegen AIDS", so räsoniert sie, "in einem sterilen Labor produziert werden, das die Erde umkreist?"[19] John Hogue führt aus: "Im Sommer 1992 experimentierte eine US-Raumfahrtmission mit Proteinen in der Schwerelosigkeit, um ein Heilmittel gegen AIDS zu finden (...). Die kryptische Zweideutigkeit in der letzten Zeile [von Nostradamus' Vierzeiler], die diejenigen, die im Raum umherfliegen, von den Gesetzen und der Politik lossagt, kann vom Wesen her positiv sein. Um unsere Welt vor Krankheiten zu schützen, arbeiten die Wissenschaftler in schwerelosen Labors jenseits der kleinlichen Belange des Nationalismus und der Politik."[20]

Steward Robb glaubt, das Wort "Samarobryn" steht für das US-Schiff "Sam Rayburn" – ein U-Boot, das als Raketenträger dient. Nostradamus könnte vielmehr eine U-Bootstation gemeint haben, von der aus eine Rakete mit einer Flugbahn von etwa 270 Meilen von der Hemisphäre entfernt abgeschossen wird", sagt Robb. "Zur Überprüfung rief ich 'Rockwell International' in Fullerton an und erfuhr in der Tat von einer großen Kapazität, dass die Rakete, auch wenn 270 Meilen relativ hoch ist, dennoch so weit nach oben steigen könnte und es zweifellos auch eines Tages tun wird."[21]

Angesichts dieser Argumentation ist es überraschend, dass noch niemand den Vorschlag gemacht hat, dass "Samarobryn" etwas mit den Boden-Luft-Raketen zu tun haben könnte, die auch unter der Bezeichnung SAMs bekannt sind.

Die schrumpfende Welt

In Centurie I, Vierzeiler 63 sieht Nostradamus eine Zeit des Friedens in einer schrumpfenden Welt voraus, auf die Kriege folgen:

> »Die vergangenen Greuel/Geißeln dezimierten die Erde.
> Lange Zeit Friede auf der entvölkerten Welt.
> Sicheres Reisen durch Himmel, Erde, Meer und Wellen.
> Dann entstehen von neuem die Kriege.«[22]

I.63

Der Schlüssel zur Interpretation dieses Vierzeilers ist das französische Wort "fléaux" mit der Bedeutung "Geißeln". Eine Geißel ist "eine Peitsche, die benutzt wird, um jemandem Schmerz oder Strafe zuzufügen" oder "eine Ursache für vielfältiges Leid" – dies könnte auch beschreiben, was passiert, wenn negatives Karma den Unvorbereiteten trifft. Das Wort "fléaux" bedeutet auch "Plagen", was man als "epidemische Krankheit, die eine hohe Sterberate nach sich zieht" oder "ein verheerendes Übel oder Leid" definieren könnte. Heutzutage könnte solch eine Plage oder Geißel viele Formen annehmen, angefangen bei einer Epidemie über einen Krieg bis hin zu Krankheit infolge atomarer Verstrahlung.

"Der interessanteste Aspekt dieses Vierzeilers", sagt Cheetham, "ist die Art und Weise, in welcher Nostradamus die Vorstellung just unseres 20. Jahrhunderts erfasst, nämlich die, dass man dank der Luftfahrt die Welt erobern kann – sie wird 'kleiner'. Es sollte nicht unerwähnt bleiben, dass die so genannte Zeit des Weltfriedens seit 1945 die längste friedliche Phase des 20. Jahrhunderts ist. Sie könnte jedoch bald gebrochen werden, wenn wir Nostradamus Glauben schenken. Die ausgerottete Pest [d. h. vergangene Geißeln] könnte sich auf eine Krankheit oder die Nachwirkungen des Zweiten Weltkrieges beziehen."[23]

Ein goldenes Zeitalter bricht an

Während Nostradamus gewiss Zeiten des Krieges, des Hungers und des Leidens andeutet, spricht er auch von einer Zeit des Friedens. In seinem Brief an König Heinrich II. von Frankreich beschreibt Nostradamus zunächst eine Zeit derartiger Degeneration, dass der Großteil der Welt Krieg erleben wird. Städte und Häuser werden zerstört, Frauen vergewaltigt, Säuglinge werden gegen die Mauern geschleudert und zerschmettert werden.

Es wird so viel Böses begangen werden, so sagt der Prophet, dass "sich fast die ganze Welt in einem zerstörten und verwüsteten Zustand befindet." Vor diesen Ereignissen werden ungewöhnliche Vögel "Hui, hui" (heute, heute) schreien und dann "nach einiger Zeit wieder verschwinden". Danach, so sagt der Seher voraus, "wird sich fast eine andere Regentschaft des Saturn erneuert haben. Das goldene Zeitalter (...)." Saturn ist der römische Gott, der ein goldenes Zeitalter regiert hatte. Seine Herrschaft wird oft auf das Wassermannzeitalter datiert.

"Während er vom Leid seines Volkes hört", fährt Nostradamus fort, wird Gott anordnen, dass der "Satan" (möglicherweise ein Symbol für das Böse oder die dunkle Seite der Menschheit) in die Grube ohne Boden geworfen und für Tausend Jahre dort gebunden wird. "Dann wird ein universeller Friede zwischen Gott und den Menschen beginnen", bis der "Satan" wieder entfesselt wird.[24]

In einer faszinierenden Interpretation sagt John Hogue, dass Nostradamus Tierrätsel benutzt hat und dass die Vögel, die er erwähnt, möglicherweise "den religiösen Visionär symbolisieren, der helfen wird, die beschriebenen entsetzlichen Ereignisse abzuwenden." Hogue sagt: "Der Schlüssel, um Unglück abzuwenden, mag der sein, dass man die überholte Vergangenheit ablegt und sich von der Besessenheit von einem Morgen abkehrt, das niemals kommen wird. Die Menschheit muss ihr Genie, ihre Energie und Liebe sammeln und diese in die Gegenwart strömen lassen."[25]

Frieden, Einigkeit und Veränderung

Nostradamus spricht in dem folgenden Vierzeiler wieder von einer Zeit des Friedens:

>*»Friede, Einigkeit wird sein und Veränderung,*
>*Regierungen, Ämter, unten hoch, und oben weit unten,*
>*Reise ausrichten, der erste Ertrag Tortur,*
>*Krieg einstellen, zivile Prozesse, Debatten.«*[26]

IX.66

>*»Mars und das Szepter [d. h. Jupiter] werden sich*
>*   verbunden finden,*
>*unter Krebs unheilvoller Krieg:*
>*ein wenig später wird neuer König gesalbt werden,*
>*welcher für lange Zeit die Erde befrieden wird.«*[27]

VI.24

Die letzte Mars-Jupiter-Konjunktion (wenn diese am Himmel im gleichen oder nahezu gleichen Grad stehen) im Zeichen des Krebses war am 3. Juli 2002.[27] "Zum ersten Mal in den Vierzeilern", so sagt Cheetham, "räumt Nostradamus ein, dass möglicherweise eine Friedensperiode auf den Krieg folgt.

John Hogue fügt jedoch an, dass Nostradamus auch eine versteckte Warnung mitliefert. "Nostradamus (...) sagt ein Jahrtausend des Friedens und der Weisheit voraus, doch seine Einblicke führen ihn noch weiter", schreibt Hogue. "Er ist imstande, seinen Blick auf Geschehnisse jenseits dieser Zeit zu richten und warnt uns davor, dass diese Menschheit des Wassermannzeitalters, auch wenn sie ein Gleichgewicht zwischen den Gegensätzen von Wissenschaft und Religion erreicht, sich leicht auf sich selbst fixieren und selbstsüchtig werden kann (...).

Anhand von Nostradamus' Brief an König Heinrich II. können wir interpretieren, dass nach dem Eintreten in das vierte Jahrtausend nach Christus durch unsere Unfähigkeit, uns unserer selbst und unserer Essenz bewusst zu bleiben, sogar die Macht des Satans entfesselt werden könnte."[30]

Folglich wird die Menschheit immer vor der Wahl und auch der Herausforderung stehen, ihr Höchstes Selbst zum Ausdruck zu bringen oder ihren dunkleren Begierden zum Opfer zu fallen.

Wie ich in Kapitel 1 bereits erwähnt habe, bringt auch das neue Jahrtausend genau diese Wahlmöglichkeit mit sich. Es bringt die Winde der Freiheit und des Fortschritts ebenso wie die Möglichkeit, neue Lösungen für Probleme zu finden. Wir sind gezwungen, uns zu verändern und zu wachsen, doch wir müssen unsere Segel richtig setzen und unseren Kurs so legen, dass die Winde der Freiheit uns nicht in ungezügelte Revolution oder Anarchie treiben.

Für welche Ziele werden wir unsere neue Freiheit einsetzen? Werden wir sie weise nutzen, um den feinsten Teil von uns selbst zu befreien und eine bessere Welt zu erschaffen, oder werden wir sie einsetzen, um den Plan des Egos ohne Rücksicht auf die größere Gemeinschaft auszuführen, deren Teil wir alle sind? Werden wir eine Zeit des Friedens oder der Kriege schaffen?

4. EINE PARABEL FÜR UNSERE ZEIT

> *»Die Götter lieben das Obskure und hassen*
> *das Offensichtliche.«*
>
> Die Upanishaden

Nostradamus traf Hunderte, vielleicht sogar Tausende von Voraussagen. Er sagte, dass seine Prophezeiungen über das Jahr 3.000 hinausreichten – bis 3797, um genau zu sein. Doch er hob nur einige wenige exakte Daten hervor, an welchen diese Prophezeiungen sich erfüllen würden. Eines davon stand direkt an der Schwelle zum neuen Jahrtausend: "Das Jahr 1999, siebenter Monat."

Diese Worte eröffnen den wahrscheinlich berühmtesten Vierzeiler Nostradamus': Er ist auch einer der rätselhaftesten. Wie dieser außergewöhnliche Seher uns jedoch in seinem Vorwort zu den "Centurien" erklärt, versuchte er absichtlich, seine Prophezeiungen "ein wenig obskur" zu gestalten.

Der berühmte Vierzeiler lautet:

> *»Jahr 1999, siebenter Monat.*
> *Vom Himmel kommt ein großer Schreckenskönig.*
> *Wiedererweckt, der große König von Angoulmois.*
> *Vor, nach Mars, Regieren zu guter Zeit.«*[1]

X.72

Sollte dieser Vierzeiler auf eine Invasion, einen Raketenangriff oder einen Angriff durch unbekannte Mächte hinweisen? Sollte er voraussagen, dass die Erde von einem Asteroiden oder Kometen getroffen wird? Hollywood hat ein derartiges Szenario mit Filmen wie "Armageddon – Das jüngste Gericht", "Deep Impact" und dem Fernsehfilm "Asteroid – Tod aus dem All" sicherlich dramatisiert. Oder hatte diese Prophezeiung etwa eine weniger unheilvolle Bedeutung?

Wie viele andere Vierzeiler von Nostradamus, muss man auch diesen wie ein Zen Koan betrachten.

Denn was offensichtlich erscheint, ist womöglich überhaupt nicht offensichtlich. Das Faszinierendste an diesem Vierzeiler ist jedoch, dass er sich nicht nur auf das Jahr 1999 bezieht, sondern auch darauf, wie wir das ganze Thema "Prophezeiung" und unsere Zukunft überhaupt zu behandeln haben. Er ist eine Parabel für unsere Zeit.

"Siebenter Monat"

Sogar das exakte Datum von Nostradamus' Vorhersage ist umstritten. Viele Kommentatoren sind der Ansicht, dass der "siebente Monat" natürlich "Juli" bedeutet. Nostradamus schrieb tatsächlich aber "sept mois". Dies kann im Französischen "Monat sieben" oder aber "sieben Monate" bedeuten. Daher ist eine weitere Möglichkeit die, dass Nostradamus sieben Monate ins Jahr 1999 hinein meinte, also Ende Juli oder Anfang August.

Außerdem hat Nostradamus vielleicht den julianischen Kalender benutzt. Dieser setzt 13 Tage früher an als der gregorianische Kalender, der derzeit im Gebrauch ist. Ist dies der Fall, so könnte man Nostradamus' Vision von Juli irgendwann zwischen dem 14. Juli und dem 13. August unserer gegenwärtigen Zeitrechnung ansiedeln. Manche Übersetzer postulieren sogar, dass sich der "siebente Monat" auf den September bezieht, der im Lateinischen wörtlich übersetzt "siebter Monat" bedeutet.[2]

"Ein großer Schreckenskönig"

Das Datum ist nur das erste der Rätsel, die diesen Vierzeiler umgeben. Noch zentraler – und verwirrender – ist dessen Rollenbesetzung, angefangen beim "großen Schreckenskönig".

Mehrere Übersetzer von Nostradamus schlugen vor, dass der "Schreckenskönig", der "vom Himmel kommt", alles sein kann, angefangen bei einem Kriegsherrn bis hin zu einem Asteroiden im freien Fall.

"Schrecken", "Terror", wie in "Terrorismus", sind Wörter, die wir in letzter Zeit oft gehört haben.

Folglich ist es auch möglich, dass Nostradamus' "Schreckenskönig" etwas mit dem Terrorismus zu tun hatte. Wenn es in diesen Tagen und in dieser Zeit um Terrorismus geht, so sind unsere Vorstellungskräfte nicht auf Sprengstoff beschränkt.

Nicht jeder jedoch sieht Nostradamus' König als unheilvoll. Der Autor und Übersetzer Peter Lemesurier beispielsweise stellt die These auf, dass das Französische in diesem Vierzeiler, das die meisten als "des Terrors" ("d'effraieur") übersetzen, möglicherweise ein Schreibfehler von "desfraieur" aus dem Altfranzösischen sei, das bedeutet: "bestreiten, regeln, bezahlen". Dies ist plausibel, da zu Nostradamus' Zeiten die Buchstaben "f" und "s" sehr ähnlich aussahen. Wenn Lemesuriers Annahme korrekt ist, würde der Satz anstelle von "Schreckenskönig" lauten: "König, der bezahlt" – oder wie Lemesurier es übersetzt: "ein großer finanzkräftiger Herr". Mit anderen Worten, Nostradamus hat möglicherweise von einem Magnaten mit enorm viel Geld gesprochen, der mit dem Flugzeug fliegt ("aus dem Himmel"), um etwas zu finanzieren ("wieder zum Leben zu bringen").[3]

Ein König der Mongolen oder
ein König der Renaissance?

Der "Schreckenskönig" oder der "König, der bezahlt", so sagt Nostradamus, wird den "König der Angolmois" wiedererwecken. Das Problem ist – niemand weiß wirklich, wer die "Angolmois" sind. Die meisten Kommentatoren sagen, dass "Angolmois" ein Anagramm für "Mongoulois" oder die Mongolen ist. Ein Anagramm ist ein Wort, das künstlich geschaffen wird, indem man die Buchstaben eines anderen Wortes vertauscht. Es gibt im Wort "Mongoulois" kein "a" (das nötig wäre, um aus "Angolmois" "Mongoulois" zu machen). Doch die meisten Kommentatoren interpretieren den "König von Angolmois" immer noch als "König der Mongolen".

Wenn Nostradamus "König der Mongolen" meinte, dann könnte er mit seinem Vierzeiler gesagt haben wollen, dass der "Schreckenskönig" eine wilde Zerstörung und einen blutigen Völkermord, ähnlich dem, der durch den Mongolenkönig Dschingis Khan verübt wurde, "wiedererwecken" würde. Dies mag korrekt sein – oder aber eine sehr gewagte Vermutung.

"Mars regiert zu guter Zeit"

"Mars" in der letzten Zeile des Vierzeilers wird typischerweise mit Wut, Krieg oder Gewalt assoziiert. In der Astrologie ist er auch der Planet, der Durchsetzungsvermögen sowie Aktivitäten, die auf Trieben basieren, verkörpert. Als Student der Astrologie hat Nostradamus wahrscheinlich gewusst, dass Mars ursprünglich ein Gott des Ackerbaus, der Fruchtbarkeit und des Frühlings war. Mars bewachte die Felder des Volkes, ihr Gedeihen – und er wusste um ihre Bedeutung für den Lebensunterhalt.

"Eine Betrachtung der okkulten Bedeutung dieses Planeten", sagt John Hogue, "eröffnet die Möglichkeit für ein positives Ergebnis in der Zukunft. Die Formulierung vor und nachdem "Mars regiert zu guter Zeit" kann so interpretiert werden, dass der höhere Aspekt von Mars als Gott der Magie und der spirituellen Verwandlung im neuen Jahrtausend "regiert zu guter Zeit."[4]

Zwei Bedeutungen, zwei Möglichkeiten

Die Tatsache, dass es zwei Möglichkeiten gibt, Mars zu verstehen, nämlich entweder als Gott des Ackerbaus oder als Kriegsgott, bestärkt das, was sich durch diesen ganzen Vierzeiler hindurchzieht und was wir im Verlauf dieses Buches immer wieder erkennen werden: Es gibt immer zwei Möglichkeiten, jede Prophezeiung auszulegen.

Diese ausgeklügelte Analyse zeigt uns, dass die sehr gefürchtete Centurie X, Vierzeiler 72, nicht so klar umrissen ist, wie viele glauben. Alles hat eine doppelte Bedeutung: Der "König" könnte eine Schar von furchteinflößenden Szenarien bedeuten. Er könnte aber auch ein positives Ergebnis bedeuten, wie etwa die materielle oder spirituelle Größe eines Menschenfreundes. "Herrschaft des Mars" könnte kriegerisch gemeint sein – oder aber dynamisch, handlungsorientiert und verwandelnd.

Vielleicht existierten beide Möglichkeiten – die ganz gute und die sehr schlechte – und was letztendlich passierte, lag an uns. Daher ist dieser Vierzeiler eine Parabel für unsere Zeit. Auf eine symbolische Weise erklärt er uns, dass wir, solange die Prophezeiung noch vor uns liegt, immer zwei Wahlmöglichkeiten haben. Wir können entweder den edlen Weg nehmen (und die Herausforderung in eine Chance verwandeln) oder den Weg der Schwäche (unseren Kopf in den Sand stecken und nichts tun).

Bei jeder Prophezeiung ist es unerlässlich, sich der negativen Dinge bewusst zu sein, zu verstehen, warum sie stattfinden könnten, und gewappnet zu sein. Doch es ist ebenso unerlässlich, unsere spirituelle Arbeit zu tun, um die Herausforderungen zu überwinden.

Wenn genügend Menschen an etwas glauben, können sie es wahr werden lassen, da ihre kollektiven Energien zusammenkommen, um die gemeinsame Vision zu erfüllen. Das Gleiche gilt für die Art und Weise, auf die wir mit einer Prophezeiung umgehen.

Während wir unsere spirituelle Arbeit verrichten, ist es höchst wichtig, dass wir uns auf das gewünschte Ergebnis konzentrieren. Anstatt uns auf das Negative zu fixieren und diesem dadurch Kraft zu verleihen, müssen wir die höchste Vision des Guten aufrechterhalten und unsere Energien vereinen, um auf das Ziel hinzuarbeiten. Wir sind die Propheten unseres eigenen Schicksals. Gemeinsam können wir unsere eigenen Prophezeiungen erschaffen, gemeinsam können wir sie in Erfüllung gehen lassen.

Astrologische Vorboten

Noch wissen wir nicht genau, was Nostradamus sah, als er den berühmten Vierzeiler 72 der Centurie X niederschrieb, und bis heute herrscht Uneinigkeit über seine Bedeutung. Auslöser werden manchmal erst rückblickend erkannt, indem man der Spur ihrer Auswirkungen folgt. Doch wir wissen, dass die astrologischen Konstellationen für den Zeitrahmen dieses Vierzeilers erschreckend sind. In der Einleitung zu seinen "Centurien" betonte Nostradamus, dass man die weise Interpretation der Astrologie dazu nutzen kann, um zukünftige Ereignisse präzise vorauszusagen. "(...) die Dinge, die kommen müssen", sagte er, prophezeien sich "durch die nächtlichen und himmlischen Lichter (...) und durch den Geist der Prophezeiung."[5]

Wie ich bereits weiter oben erwähnt habe, kann die Astrologie benutzt werden, um Zyklen von wiederkehrendem Karma im Vorfeld zu erkennen – sowohl von gutem als auch von schlechtem Karma. Dies ist eine andere Möglichkeit, schon einmal eine Vorschau der Herausforderungen und Gelegenheiten zu bekommen, die sich uns eröffnen. Doch die Astrologie sagt uns nicht genau, was geschehen wird oder wie wir auf die kommenden Ereignisse reagieren werden. Das liegt an uns selbst.

Im Sinne von Nostradamus ist es der Mühe wert zu entschlüsseln, was das Menetekel der Sterne uns über unseren Wechsel in das neue Millennium sagen kann, da das Jahr 1999 kam und vorüberging, aber die Auswirkungen der astrologischen Ereignisse, die in jenem Jahr stattfanden, fortbestehen werden.

Faustregeln

Während wir uns die folgenden astrologischen Konstellationen von der zweiten Hälfte des Jahres 1999 anschauen, müssen wir drei Faustregeln im Auge behalten. Erstens stießen, wie bereits erwähnt, große Transite und Konstellationen gewaltige Zyklen der Veränderung an, deren Auswirkungen noch weit in der Zukunft spürbar sind.

Zweitens ist es am besten, man stellt sich astrologische Aspekte wie Energiekreisläufe vor, und nicht als gute oder schlechte Omen. Ein so genannter schwieriger Aspekt, wie beispielsweise ein Quadrat, ist nicht unbedingt ein "schlechter" Aspekt. Etwas, das uns herausfordert, kann auch energetisieren oder ein Ereignis hervorrufen. Wenn wir unsere Herausforderungen als Chancen betrachten, um neuen Boden zu gewinnen, dann gibt es keine "schlechten Sterne".

Drittens glaube ich, dass Gott uns das Verständnis der Sternenkunde kombiniert mit beschleunigten spirituellen Techniken

71

geschenkt hat, so dass wir ein Horoskop unseres wiederkehrenden Karmas erstellen und die negativen Dinge verwandeln können, bevor sie eintreten. Mit diesen Aspekten im Hinterkopf wollen wir nun prüfen, was genau das Menetekel in den Sternen uns über unsere zukünftigen Möglichkeiten und Herausforderungen verraten kann.

Die Astrologie von 1999

Im Juni und Juli 1999 war Pluto im Transit in einer Gefahrenzone gegenüber der Achse Antares-Aldebaran – des Krisenherds für Atomenergie. Auf der positiven Seite werden sowohl Aldebaran als auch Antares mit Mut, Ehre, Intelligenz und dem Potenzial assoziiert, Macht und Reichtum zu erlangen. Auf der negativen Seite werden beide, insbesondere Antares, mit Krieg, plötzlicher Zerstörung, Selbstzerstörung, Feuer, rassistischer und religiöser Intoleranz und atomaren Zwischenfällen assoziiert.

Außerdem fällt der Uranus des Geburtshoroskops der Vereinigten Staaten (8. Grad Zwillinge) genau auf die Antares-Aldebaran-Achse.[6]

Wir haben somit den Uranus des US-Geburtshoroskops (den Planeten der plötzlichen, explosiven Ereignisse) auf einer Planetenachse von zwei Sternen sitzen, die mit Terrorismus, Zerstörung und Krieg in Zusammenhang stehen. Eben diese Achse ist der planetarische Krisenherd für den Einsatz von Atomwaffen. Außerdem regiert Uranus das Uran, ein Element, das in Kernkraftwerken und bei Atomwaffen eingesetzt wird.

Mit diesem Hintergrundwissen kommen wir nun zum Juni und Juli. Zu diesem Zeitpunkt ist der Pluto im Transit bei 8 Grad im Schützen in Opposition (also 180 Grad entfernt) zu dem Uranus des US-Geburtshoroskops bei 8 Grad Zwillinge – direkt auf der Achse Antares-Aldebaran.[7] Unter dem Einfluss des Schützen können die Menschen ihren Unmut äußern oder aber Racheakte verüben, oft aus politischen Gründen oder philosophischen Erwägungen heraus. Der Pluto im Transit des Schützen kann alte Animositäten neu schüren.

Außerdem regiert Pluto das Plutonium (das radioaktive Material, das für hoch entwickelte Atomwaffen eingesetzt wird). Während sich also Pluto im Schützen befindet (dem Zeichen für Reisen über lange Strecken) besteht eine erhöhte Gefahr, dass "Plutonium herumschwirrt" – im Zuge eines Krieges oder eines Vergeltungsschlages. Es besteht auch ein gewisses Potenzial zur Massenvernichtung – d. h. Vernichtung (Pluto) über lange Strecken (Schütze). Nimmt man dazu noch den Krisenherd Antares-Aldebaran, so erhalten wir ein erhöhtes Risiko für Krieg, Atomkrieg, Terrorismus und Verfolgung aus religiösen und ethnischen Gründen.

Am 11. August gab es eine Sonnenfinsternis bei 18 Grad im Löwen. Dieser bildete ein großes Quadrat mit Sonne und Mond bei 18 Grad Löwe, Mars bei 16 Grad Skorpion, Saturn bei 16 Grad Stier und Uranus bei 14 Grad Wassermann.

In der Konstellation eines großen Quadrates bilden die Planeten förmlich ein Quadrat am Himmel. Diese besondere Konstellation war eine der stärksten im 20. Jahrhundert. Dieses große Quadrat entspricht der Sonnenfinsternis, die den persischen Golfkrieg ausgelöst hat, nur viel stärker.

Am 14. September gesellte sich bei 7 Grad Schütze der Mars im Transit zum Pluto im Transit. Pluto befand sich noch immer in einer Gefahrenzone gegenüber der Achse Antares-Aldebaran und der Krisenzone für Atomenergie.

Am 25. Oktober 1999 stand Pluto exakt in Opposition zum Uranus des US-Geburtshoroskops bei 8 Grad Zwillinge. Dann, zwischen dem 10. und 14. Dezember aktivierte der Mars im Transit durch den Wassermann das Quadrat zwischen dem Saturn im Transit bei 11 Grad Stier und dem Uranus im Transit bei 13 Grad

Wassermann – und reaktivierte damit die potenziellen Energien für Krieg, Revolution und Erdveränderungen.

Während wir diese astrologischen Konstellationen von der Jahrtausendwende anschauen, ist es wichtig, sich daran zu erinnern, dass bedeutende Konstellationen manchmal Umstände in Gang setzen, die monate- oder gar jahrelang nicht ganz ausgespielt werden. Manchmal kann eine zukünftige Konstellation die Ausschüttung von Energien auslösen, die für längere Zeit geruht hatten. Wenn also die von ihnen repräsentierten karmischen Konstellationen noch nicht völlig umgesetzt worden sind, könnten sie möglicherweise noch als Potenzial in der Luft hängen.

Mit Gott ist alles möglich

Obgleich diese Konstellationen furchteinflößend sind, sehe ich ein Licht am Ende des Tunnels – und eine Möglichkeit, den Weg durch den Tunnel schneller zu nehmen. Wieder hängt alles, was infolge eines astrologischen Ereignisses geschieht, von einer Reihe wichtiger Faktoren ab, u. a. auch davon, wie viel positive spirituelle Energie wir aufbringen können, um die negativen Vorzeichen dieser Transite und Konstellationen zu verwandeln.

Saint Germain lehrt uns hoch entwickelte Techniken für Gebete und Meditation, die uns genau dabei helfen können. Bei diesen Techniken wird eine beschleunigte spirituelle Energie eingesetzt, die als "violette Flamme" bekannt ist. Je mehr wir von der violetten Flamme aufbringen können, um die negativen karmischen Kräfte abzumildern, die hinter diesen Konstellationen stehen, desto weniger zerstörerisch werden sie sein – und desto mehr kann sich ihr positives Potenzial manifestieren. Wir werden diese Techniken in Teil II dieses Buches vorstellen.

Wenn wir von den verlockenden Möglichkeiten erfahren, die sich an bestimmten astrologischen Konstellationen ablesen lassen, müssen wir zwei Dinge im Auge behalten: Erstens: Eins mit Gott zu sein hat Priorität. Zweitens: Mit Gott ist alles möglich.

Wenn wir zurückschauen und die Geschichte von Sodom und Gomorrha betrachten, können wir viele Lektionen lernen. Sodom war eine Stadt, die so sehr dem fleischlichen Vergnügen nachging, dass ihre Bewohner sogar versuchten, zwei Engel zu verführen, die ausgesandt waren, um Lot zu warnen, damit er vor der drohenden Zerstörung der Stadt flüchten konnte.

Als Abraham erfuhr, dass Gott die verdorbene Stadt zerstören wollte, feilschte er mit Gott, um Sodom und dessen Einwohner zu retten. Gott willigte ein, die Stadt zu verschonen, wenn Abraham 50 rechtschaffene Männer unter ihren Bürgern finden könne. Abraham feilschte weiter, bis Gott schließlich einwilligte, die Stadt zu verschonen, wenn es Abraham nur gelänge, gerade einmal 10 rechtschaffene Männer zu finden.

Diese alte Erzählung zeigt uns die Gnade, Liebe und Freundlichkeit Gottes. Es gefällt Gott nicht, wenn er es zulassen muss, dass unser Karma mit voller Wucht auf uns hinabprasselt. Doch weil er sieht, dass wir unsere eigenen Seelen infrage stellen, und weil er unseren freien Willen respektiert, lässt es Gott zu, dass unser Karma auf uns herabkommt, so dass wir schnell unsere Lektionen lernen und spirituell vorankommen können.

Leider konnte Abraham, obgleich er bei seinen Verhandlungen mit Gott erfolgreich war, nicht einmal 10 rechtschaffene Männer finden. Folglich wurden die Städte Sodom und Gomorrha zerstört, als Gott "Schwefel und Feuer" vom Himmel auf sie herabregnen ließ.

Was wir aus diesem Drama lernen, ist, dass jeder Einzelne von uns, wie Abraham, einen entscheidenden Beitrag leisten kann, wenn es um die Rettung unserer Welt geht. Wenn Gott schon bereit war, für 10 rechtschaffene Männer die verruchte Stadt Sodom zu retten, als Abraham ihn darum bat – was können wir dann erst mit unseren guten Taten und Gebeten bewirken, wenn wir Gott darum bitten, Wunder mit der violetten Flamme zu wirken.

Hat Nostradamus die Terroranschläge vom 11. September 2001 vorausgesagt?

Als die ganze Welt zusah, wie die beiden Türme des World Trade Centers am 11. September 2001 niederbrannten, kam das Gefühl auf, dass dies ein Schlüsselmoment in der Geschichte war und die Dinge fortan irgendwie nicht mehr dieselben sein würden. Ist dies ein Ereignis, das Nostradamus vorhersah?

Eine Reihe von Kommentatoren schlagen vor, dass Centurie X, Quatraine 72 auf diesen Tag hindeutet:

»Jahr 1999, siebenter Monat.
Vom Himmel kommt ein großer Schreckenskönig.
Wiedererweckt, der große König von Angoulmois.
Vor, nach Mars, Regieren zu guter Zeit.«

X.72

»Vom Himmel kommender Schrecken« scheint sehr passend für die Geschehnisse. »Ein großer Schreckenskönig« könnte möglicherweise Osama bin Laden sein, und man könnte sagen, dass er versuchte die Massenzerstörung nachzuahmen, die der Mongolenkönig Dschingis Khan vorgelebt hatte. (Dies ist eine mögliche Auslegung für den »König von Angoulmois«, siehe dazu Kapitel 4).

Einige Kommentatoren schlagen eine andere Auslegung der dritten Zeile der Quatraine vor. Giovanni da Verrazano, der 1524 als erster Europäer in den Hafen von New York einfuhr, nannte es »Angouleme«, zu Ehren des französischen Königs Franz I., der der Gönner seiner Reise war. Der König war vor seiner Thronbesteigung als François d'Angoulême bekannt, und Angoulême war die Hauptstadt von Angoumois. Wenn wir diese Interpretationsmöglichkeit weiterverfolgen, dann könnte der »König von Angoulmois« der New Yorker Bürgermeister Rudy Giuliani sein, dessen politische Karriere im Jahr 2000 nach persönlichen Skandalen und einem gescheiterten Auftritt im Senat gewissermaßen gestorben war. Giulianis Reaktion auf die Geschehnisse des 11. September inspirierte die ganze Nation und katapultierte ihn in das Rampenlicht der weltweiten Medien. Seine Beliebtheit als Bürgermeister stieg augenblicklich von 36 Prozent auf 79 Prozent an. Oprah Winfrey gab ihm den Titel »Amerikas Bürgermeister« und das Time Magazine wählte ihn als die Persönlichkeit des Jahres 2001. Vermutlich hätte nichts anderes seine politische Karriere auf eine derart spektakuläre Weise wieder zum Leben erwecken können.

Die letzte Zeile der Quatraine erwähnt »Mars, Regieren zu guter Zeit«. Mars war der römische Kriegsgott, und man könnte sagen, dass seit dem 11. September 2001 mit den auf die Anschläge gefolgten Kriegen in Afghanistan und im Irak, die bis heute weiterbestehen, Krieg auf dem Planeten herrscht. Die Ereignisse des 11. September haben auch weltweit als Zünder für terroristische Bewegungen gedient und zu einem Anstieg von Terroranschlägen und Aufständen in vielen Nationen geführt.

Eine Schwierigkeit, diese Quatraine mit den Ereignissen vom 11. September 2001 in Verbindung zu bringen, liegt in den unterschiedlichen Daten. Nostradamus erwähnte 1999, aber der Anschlag spielte sich im Jahr 2001 ab. Diese französische Schreibweise des Datums »L'an mil neuf cens nonante neuf sept mois« wird gewöhnlich als »das Jahr 1999, siebter Monat« übersetzt. Wie jedoch in Kapitel 4 erörtert, kann "sept mois" auch als »sieben Monate« übersetzt werden. Aus diesem Blickwinkel könnte die Zeile als "Das Jahr 1999 und sieben Monate" gelesen werden. Das wäre dann sieben Monate nach dem Ende des Jahres 1999, mit anderen Worten, Juli oder August 2000. Und wenn »sept mois« sich auf September bezieht, dann kommt es dem Datum sogar noch näher. Es wäre jedoch immer noch ein Jahr früher als das tatsächliche Datum des Anschlags.

Einige Kommentatoren haben angemerkt, dass die Diskrepanz aufgrund einer Ungewissheit bezüglich des Beginns unseres heutigen Kalenders besteht. Andere Kommentatoren haben vorgeschlagen, dass der Jahresschlüssel im Austauschen der Ziffern 1 und 9 liegt. Diese könnten dann als 9-11-1 oder September 11, 2001 gelesen werden. Eine andere Möglichkeit ist die, dass der Terroranschlag durch spezifische spirituelle Arbeit, die praktiziert wurde, um die in dieser Quatraine prophezeiten Ereignisse abzuwenden, gemildert und um ein Jahr oder gar mehr aufgeschoben wurde. Oder vielleicht lag Nostradamus einfach ein Jahr daneben – immer noch ziemlich gut für ein Ergebnis, das sich 450 Jahre später in der Zukunft ereignen sollte.

Die Herausgeber

5. Das Menetekel in den Sternen

»Die Zivilisation ist eine Bewegung – kein Zustand; sie ist eine Reise – kein Hafen.«

Arnold Toynbee

Alfred North Whitehead sagte einmal, dass die Zivilisation ihre Stärke beibehält, wenn sie imstande ist, "ein Abenteuer jenseits der Sicherheiten der Vergangenheit zu wagen". Er sagte: "Ohne Abenteuer befindet sich die Zivilisation im absoluten Verfall."

Ohne Abenteuer, ohne Bewegung, kommen wir alle zum Stillstand. In diesem Kapitel werfen wir einen Blick auf die großen astrologischen Zyklen, die uns über unsere gegenwärtigen Begrenzungen hinaus auf neues Territorium vorwärtsdrängen werden. Wie der Wind auf hoher See können auch diese uns unerwartet in eine neue Richtung bringen. Wir können uns nicht unbedingt vor den Elementen verbergen, doch wir können lernen, den Wind zu unserem Vorteil zu nutzen und auf den Wellen zu reiten, anstatt uns von diesen überrollen zu lassen.

Die Vergangenheit ist das Präludium

Was in jedem beliebigen Zyklus geschieht, wird von dem beeinflusst, was bereits stattgefunden hat. "Die Vergangenheit ist das Präludium", wie Shakespeare es formulierte. In diesem Fall gibt es drei Hauptgruppen oder Haupteinflüsse, die die Bühne für die ersten Jahrhunderte des neuen Millenniums bereiten.

Der erste dieser Einflüsse ist die Rückkehr unseres Karmas. Wir befinden uns am Ende eines 25.800-Jahre-Zyklus und stehen vor einer Abrechnung des Karmas. Das bedeutet, dass jeder von uns mit ungelösten Themen aus dem Karma zu tun hat, das wir in den letzten 25.800 Jahren angehäuft haben, während wir wieder und immer wieder inkarniert sind. Ich behandele diesen Zyklus im Kapitel 8 ausführlicher unter dem Motto: "So kommen wir durch das Nadelöhr".

Vier Planeten im Steinbock

Vom 22. bis 23. Februar 1988 bildete sich eine seltene, kraftvolle astrologische Konstellation am Himmel – die Konjunktion der Planeten Mars, Saturn, Uranus und Neptun. Dies bedeutet, dass diese Planeten sich etwa auf dem gleichen Grad des Tierkreises in einer Reihe befanden. Diese Konjunktion beeinflusst uns auch heute noch und wird in der absehbaren Zukunft noch einen mächtigen Einfluss behalten. Sie setzte eine Phase des potenziellen Aufruhrs und der Veränderung auf dem Planeten in Gang, mit dem Versprechen, irgendwann in der Zukunft eine neue Sozialordnung herauszukristallisieren.

Aufgrund des Einflusses des Steinbocks und seines regierenden Planeten, des Saturn, hat diese Konstellation auch den Beginn einer ausgedehnten Phase der karmischen Abrechnung angezeigt.

Steinbock hat die Tendenz, unrealistisches Verhalten zu begrenzen oder zu beenden. Die vier Planeten im Steinbock beeinflussen uns alle unterschiedlich, doch sie signalisieren, dass die persönliche Prüfung eines jeden von uns sowie die Prüfung unseres Planeten ansteht.

Saturn, Uranus und Neptun bildeten das Herzstück dieser Konjunktion. Mars diente als Anschub für die Energien dieser drei Planeten. Da die Konjunktion Saturn-Uranus-Neptun selten ist, leitet sie langfristige Zyklen ein, deren Auswirkungen möglicherweise nicht sofort spürbar sind. Sie markieren auch bedeutende Wendepunkte in der Geschichte.

Eine Konjunktion dieser drei Planeten hat in den letzten 2.200 Jahren nur zweimal stattgefunden. Wir haben eine klare Vorstellung dessen, was während einer dieser Konjunktionen geschah, die im Jahr 1307 stattfand. Wenn wir die Ereignisse analysieren, die im 14. Jahrhundert unter dem Einfluss jener Konjunktion stattfanden, können wir ungefähr ablesen, wie die heutige Konjunktion uns weiterhin beeinflussen könnte.

Die Konjunktion von 1307 läutete ein Jahrhundert ein, das für seine Gewalt und sein soziales Chaos bekannt ist. Es wurde von einer schlechten Führung, Anarchie, hohen Abgaben, dem Zusammenbruch der gesellschaftlichen Institutionen, Unmoral und religiösen Unruhen und Verfolgung gekennzeichnet. Die Korruption bei der Kirche erreichte neue Höhen.

Das Jahr, in dem diese Konstellation stattfand, 1307, markierte den Start einer 400-jährigen Periode globaler Abkühlung, die so genannte "Kleine Eiszeit". Die Wetterveränderung unterbrach rasch die Strukturen der Landwirtschaft, Hungersnöte wüteten über Europa. Heute erleben wir bizarre Klimaverhältnisse mit Rekord-Hurrikans, Tornados, Flutwellen und Dürrekatastrophen.

Eine Zeit des Konflikts und der Transformation

Das 14. Jahrhundert war auch eine Zeit der Konflikte. Der Hundertjährige Krieg zwischen England und Frankreich brach aus, das ottomanische Reich breitete sich über ganz Europa aus. Die schlimmste Katastrophe war jedoch der Ausbruch der Beulenpest. Damals als "Schwarzer Tod" bekannt, war sie das tödlichste historisch belegte Unheil. Von 1348 bis 1350 tötete sie ein Drittel der Bevölkerung zwischen Indien und Island.

Es ist nicht schwer, Parallelen zu heute zu ziehen: fehlerhafte Staatsführungen und hohe Besteuerung, wirtschaftliche Rezessionen und Unsicherheiten, eine Flut von Naturkatastrophen und Verfolgungen aus religiösen Gründen, anderweitig bekannt als "ethnische Säuberung". Wir haben auch unsere eigenen Seuchen – wie etwa Krebs und AIDS – und führen einen wachsenden Kampf gegen Infektionskrankheiten, da die Bakterien immer resistenter gegen Antibiotika werden.

Doch das 14. Jahrhundert erlebte auch große Transformationen. Einige der Veränderungen führten letztendlich zur Renaissance. Die Konjunktion Saturn-Uranus-Neptun verursachte eine Revolution auf dem Gebiet der Militärtechnologie, die die feudale Periode beendete und den Aufstieg der Monarchien beschleunigte. Aufgrund der enormen Sterblichkeitsrate entfachte der "Schwarze Tod" eine wirtschaftliche Revolution, indem er den Reichtum auf wenige Hände verteilte.

Pluto bringt ein Sorgenmeer

Nun kommen wir zum dritten Bündel großer Einflüsse, die den astrologischen Hintergrund für unsere Zukunft bilden. Wir haben bereits im 1. Kapitel ein wenig über die Transite des Pluto im Schützen und des Uranus im Wassermann gesprochen.

Plutos 12-Jahres-Zyklus im Schützen (1996-2008) wies auf bedeutsame Veränderungen im Bereich der Regierungen, der Bildung, der Kultur, der Religion, der Werte und des Glaubens hin sowie auf einen drastischen Wandel bezüglich dessen, wie wir uns selbst, unsere Welt, unseren Platz im Universum und unser Verhältnis zu Gott sehen. Dieser Transit des Pluto im Schützen deutete auch auf die mögliche Unterdrückung von religiösen und neuen Ideen, den möglichen Ausbruch von Religionskriegen und Kulturen im Konflikt hin.

Astrologische Konstellationen sind interaktiv. Plutos Transit durch den Schützen sieht anders aus, wenn er sich mit anderen Konstellationen und Transiten überschneidet – wie etwa mit dem Transit des Uranus im Wassermann.

Der Einfluss des Uranus im Wassermann ist schwer zu interpretieren. Während er Freiheit, Spiritualität, Brüderlichkeit und wissenschaftliche Fortschritte bringen kann, waren die beiden vorherigen Zeiträume, als Uranus im Wassermann stand, auch Zeiten des Krieges und der Revolution. Diese Konstellation gibt den Impuls zur Freiheit und zum individuellen Selbstausdruck.

Falsch ausgedrückt, kann sie sich aber als Anarchie, Tyrannei oder Revolution manifestieren. Nehmen wir den Fall Russland. 1917 versprachen die Bolschewisten Freiheit, Gleichheit und Brüderlichkeit – und brachten Tyrannei. Doch anders als das Russland von 1917 verfügt das heutige Russland über Atomwaffen. Es existieren zudem weitere instabile und potenziell explosive Situationen – in Ländern wie Indien und Pakistan beispielsweise.

An der Kippe

Die berühmteste atomare Beinahe-Auslösung war die kubanische Raketenkrise, doch im Mai 1990 waren Indien und Pakistan der Versuchung, auf den Knopf zu drücken, noch näher.

Die Bush-Regierung sandte Bob Gates, einen hochrangigen Nachrichtenoffizier, um die Krise zu entschärfen. Er hatte Erfolg, doch die Öffentlichkeit erfuhr über die Indien-Pakistan-Krise drei Jahre lang nichts. Die Bush-Regierung hielt die Informationen unter Verschluss, da sie vorher zugelassen hatte, dass atomares Material nach Pakistan geflossen war. Experten sagen, dass die Situation ein Katalysator für Krieg hätte werden können. China, die Sowjetunion und die Vereinigten Staaten hätten mit in den Konflikt hineingezogen werden können.

Gates wurde mit folgenden Worten zitiert: "Pakistan und Indien schienen in einem Teufelskreis gefangen zu sein, aus dem sie nicht ausbrechen konnten (...). Ich war überzeugt davon, dass, wenn es zu einem Krieg gekommen wäre, dies ein Atomkrieg geworden wäre." Richard Kerr, früherer stellvertretender Leiter der CIA, beschrieb die Situation als "die gefährlichste Atomsituation, mit der wir jemals konfrontiert waren (...). Sie war viel furchteinflößender als die kubanische Raketenkrise (...). Für mich gab es keinen Zweifel daran, dass wir uns an der Kippe [zu einem Atomkrieg] befanden."[1]

Ich wusste 1990 nichts von diesen Spannungen zwischen Indien und Pakistan. Doch mein spiritueller Lehrer, El Morya, wusste es. Er warnte davor, dass im April 1990 ein erhöhtes Risiko für einen atomaren Zwischenfall bestehen würde. Vor 1990 hatte El Morya meine spirituelle Gemeinschaft angewiesen, als Vorsorgemaßnahmen gegen einen möglichen Austritt von Radioaktivität einen Raum zum Schutz vor radioaktivem Niederschlag zu bauen. Wir folgten seinen Anweisungen und hielten auch Mahnwachen ab, um für den Weltfrieden zu beten und jeglicher potenziellen Krise zuvorzukommen.

Ich geriet in den Medien unter Beschuss, weil ich diese Schutzräume baute. Ich konnte mich auch nur zu gut mit den Worten von Winston Churchill identifizieren, die er einmal über Politiker geäußert hatte – denn dasselbe gilt auch für Propheten. Churchill sagte, es sei eine unerlässliche Qualifikation für einen

Politiker, "imstande zu sein, das, was morgen, im nächsten Monat, im nächsten Jahr geschehen wird, vorherzusagen – und hinterher zu erklären, warum es nicht eingetreten ist."

Als ich die Medienberichte darüber las, wie sehr sich Indien und Pakistan einer atomaren Konfrontation genähert hatten, erkannte ich, wie viel hinter den Kulissen abläuft, von dem wir keine Ahnung haben. Bei wahrscheinlich acht Nationen, die bis dato atomare Schlagkraft besitzen, besteht eine erhöhte Wahrscheinlichkeit für eine versehentliche Auslösung von Atomwaffen oder für atomare Störfälle wie Tschernobyl.

Ein großer Prozentsatz der Amerikaner hat Versicherungspolicen für alle Arten von Eventualitäten abgeschlossen – für Krankheit, Unfall, Brand, Erdbeben, Überschwemmungen. Genau so sehe ich einen Fallout-Schutz – als Versicherungspolice. Und so sehen es auch viele andere Nationen, u.a. Russland, die Schweiz, Schweden, Norwegen, Dänemark, Finnland, China und sieben osteuropäische Staaten, die verschiedene Grade der zivilen Verteidigung für ihre Bevölkerung bereithalten.

Ich wurde auch bezichtigt, das Ende der Welt vorherzusagen. Ich glaube nicht, dass die Welt in absehbarer Zukunft ein Ende nehmen wird, und ich habe dies auch niemals gesagt. Das "Ende der Welt" ist einfach nicht Teil meiner Weltsicht und ist es auch niemals gewesen. Ich freue mich schon darauf, dass unser Planet zunehmend spiritueller wird. Ich habe auch oft die Tatsache zitiert, dass Nostradamus Ereignisse vorhergesagt hat, die jenseits des Jahres 3.000 liegen. Dies zeigt, dass die Menschheit noch eine ganze Weile lang weiter existieren wird.

Die Frage lautet nicht, ob die Welt zu Ende gehen wird oder nicht, sondern wie sie im 21. Jahrhundert und darüber hinaus aussehen wird – und was wir bereit sind zu tun, um das Positive zu stärken und das Negative zu minimieren.

Eine seltene Mega-Konjunktion

Wir werden nun unsere Reise durch das Firmament fortsetzen und dabei einige große astrologische Zyklen betrachten, die Uranus, Neptun und Pluto bis 2025 betreffen. Der Grund dafür, weshalb die Betrachtung dieser Planeten so wichtig ist, besteht in ihren langfristigen, weitläufigen Auswirkungen auf die meisten Bereiche des Lebens auf Erden. Diese Planeten befinden sich weit von der Sonne entfernt und benötigen lange Zeit, um durch jedes Zeichen des Tierkreises zu ziehen.

Astrologen klassifizieren sie als "generationsübergreifend", d. h., sie beeinflussen ganze Generationen.

Diese Zyklen haben weiterhin einen großen Einfluss auf jeden von uns und unsere Gesellschaft als Ganzes. Wenn wir im Voraus berechnen können, in welche Richtung ihre Winde wehen werden, können wir schon beginnen, unsere Segel so zu setzen, dass wir sie voll ausnutzen können, sobald sie aufkommen.

Lassen Sie uns zunächst einen Blick auf die Megakonjunktion vom 3. Mai 2000 werfen. Zu diesem Zeitpunkt fand eine bedeutende astrologische Konjunktion statt: Sonne und Mond sowie fünf Planeten – Merkur, Venus, Mars, Jupiter und Saturn – befanden sich alle im Zeichen des Stiers. Der Einfluss des Stiers hat die Tendenz, konservativ, praktisch und sinnlich zu sein und findet oft in der Organisation der materiellen Welt Ausdruck. Der Stier regiert beispielsweise das Bankwesen und die Land-wirtschaft.

Einige der Planeten, die durch den Stier zogen, bildeten im Wassermann "Quadrate" (90°-Winkel) mit Neptun und Uranus und zeigten so, dass der Status quo auf den Prüfstand gestellt wurde.

Dadurch wurden drastische Veränderungen bewirkt, ob es unser Verständnis des physischen Universums ist, die Art und Weise, wie wir die Gesellschaft organisieren, unsere Methoden zur Verwaltung der Ressourcen oder unsere Art und Weise, uns in der Kunst auszudrücken.

Quadrate können eine abrupte Abwendung von der Vergangenheit bedeuten. Sie lösen Ereignisse aus – und dies mitunter heftig. Der alte Konsens, das alte Verständnis dafür, was "solide" ist, kann sich radikal verschieben. Auf welche Weise die Verschiebung stattfindet hängt von vielen Faktoren ab, aber in diesem Fall gab es das Potenzial für eine Liberalisierung und Spiritualisierung sowie auch für eine Gegenbewegung, um diese neuen Richtungen zu unterdrücken. Auf gesellschaftlicher Ebene hatten die Quadrate, die Uranus und Neptun bilden, das Potenzial, den alten gesellschaftlichen Konsens sowie den existierenden Gesellschaftskonsens zu brechen und zur Entwicklung neuer sozialer Normen und eines neuen "Vertrages" zwischen den Völkern und ihren Regierungen zu führen. Im Zuge der Entfaltung der Auswirkungen dieser Konfiguration sehen wir, ob dies vielleicht ein Vertrag auf höherer Ebene sein wird, doch dies ist keineswegs garantiert. Was hingegen garantiert ist, ist die Tatsache, dass die alte Ordnung verschwinden wird.

Wir haben die Gelegenheit, Spiritualität, Information und Technologie jedem verfügbar zu machen. Gelingt uns dies nicht, kann es sein, dass wir uns mit einer ernsthaften Herausforderung konfrontiert sehen, da die Schere zwischen der Entwicklung einer technischen Elite auf der einen und einer entmündigten Klasse von "Habenichtsen", was Technologie und Informationen angeht, auf der anderen Seite immer weiter aufgeht.

Wir sehen uns dieser Herausforderung zu einem Zeitpunkt gegenüber, an dem wir eine kulturelle Verschiebung vom Industriezeitalter hinein ins Informationszeitalter – was sich zum "Weisheitszeitalter" entwickeln wird – vollziehen. Noch wissen wir nicht, wie dies aussehen wird, doch um dieses Zeitalter ins Leben zu rufen, werden wir gezwungen, einen neuen politischen und gesellschaftlichen Konsens zu entwickeln, der von einem neuen spirituellen Konsens angetrieben wird.

Infolge der Wechselwirkung dieser Kräfte kann es geschehen, dass wir ein "Erdbeben" erleben – sei es ein gesellschaftliches, ein spirituelles oder ein physikalisches Erdbeben. Was auch immer das Endergebnis sein wird, wir befinden uns mitten in einer drastischen Umwälzung. Wir wechseln die Plattform für unsere Evolution in bedeutungsvoller Weise für einen langen Zeitraum. Auch wenn diese Mega-Konjunktion im Stier nur kurze Zeit am Himmel stand, werden sich ihr Einfluss und ihre Auswirkungen lange abzeichnen und über lange Zeit hinweg spürbar sein. Sie wird einen Wendepunkt in der Geschichte der Astrologie markieren.

Uranus im Zeichen der Fische – wissenschaftliche Durchbrüche, Mystizismus und Realitätsflucht

Der Planet Uranus zieht zwischen 2003 und 2011 durch das Zeichen der Fische. Dieser Transit vereint die Planetenenergien der plötzlichen Durchbrüche und der wissenschaftlichen Vorstöße (Uranus) mit den Einflüssen des Zeichens des Mystizismus, der Selbstüberwindung und der Selbstaufopferung im Dienst am Nächsten (Fische).

Er kann eine neue Betrachtungsweise des Lebens aufgrund von revolutionären wissenschaftlichen Durchbrüchen und einem weit verbreiteten Mystizismus oder irgendeine Kombination dieser beiden auslösen. Es könnte beispielsweise sein, dass die Erforschung der Atome, der DNA oder des Kosmos wissenschaftliche Erkenntnisse zutage fördert, die die jahrhundertealten Spekulationen der Mystiker bestätigen.

Das Kennzeichen der Fische ist das Mitgefühl, das Geben, das Spüren der Bedürfnisse der anderen und die Versorgung dieser in der erleuchtetsten Art und Weise, die möglich ist. Werden diese positiven Einflüsse dominant, so wird unsere Gesellschaft es beglückend finden, anderen Menschen zu helfen. Wir werden die Entstehung neuer Gemeinschaften, neuer Institutionen und neuer Möglichkeiten erleben, dienstleistungsorientiert zu werden.

Auf der negativen Seite können wir während dieses Transits auch neue, weit verbreitete Formen oder Methoden der Weltflucht (vielleicht eine neue, noch schädlichere Drogenepidemie oder neue Arten von Computerspielen) sowie Philosophien beobachten, die individuelle Handlungsfreiheiten und Freiheiten (oder falsche Freiheiten) unterstützen, die die Talente des Einzelnen vergeuden und die Gesellschaft schwächen.

Neptun im Zeichen der Fische – Selbsttranszendenz oder Verwirrung

Der nächste große astrologische Zyklus, den wir betrachten wollen, ist der Transit des Neptun (der Planet des Mystizismus) im Zeichen der Fische (das Zeichen des Mystizismus) von 2012 bis Anfang 2026.

Der Transit des Neptun im Zeichen der Fische baut auf dem auf, was während des Transits des Uranus im Zeichen der Fische erreicht wurde. Folglich wird sich der Impuls hin zum Mystizismus durch die ganze Gesellschaft hindurch verstärken. Der Mensch neigt dazu, den Mystizismus und Idealismus als unpraktisch zu betrachten, doch die wahren Mystiker haben gelernt, dass der beste Ausdruck ihres mystischen Impulses darin besteht, sich ihren Mitmenschen zuzuwenden und diesen zu helfen.

Der Leitgedanke dieses Transits ist die Selbsttranszendenz - individuell und kollektiv. Wenn wir die Energien dieses Transits nicht richtig einsetzen, werden wir am Ende nicht imstande sein, die nächste Stufe der Leiter zu erklimmen, zum Großteil aufgrund von Faulheit, Weltflucht oder Verwirrung über das, was unsere Aufgabe ist.

Der entscheidende Pfad zur Selbsttranszendenz ist die "Selbst-verwirklichung" (zu sein, wer wir wirklich sind) und der Dienst am Nächsten (zu geben, wer wir wirklich sind). In diesem Zyklus wird unsere kollektive Initiation darin bestehen, dem Nächsten zu dienen, Kontakt aufzunehmen und ein Geschenk des Selbst zu geben und es zu benutzen, um anderen zu helfen, so dass auch diese sich selbst verwirklichen und selbst transzendieren können.

Pluto im Steinbock – die Neuverteilung der Macht

Pluto bewegte sich 2008 in den Steinbock und bleibt dort bis 2024. Während dieses Transits könnte es zu einer drastischen Neu-strukturierung und Transformation aller Formen von Regierungen und Finanzinstituten, des Gesundheitswesens und der sozialen Or-ganisation, einschließlich der Nationen und Gruppen von Nationen, wie etwa der Vereinten Nationen, kommen.

Profitorientierte und gemeinnützige Organisationen, Körper-schaften, Kirchen und andere religiöse und philosophische Orga-nisationen haben bereits unter Pluto im Schützen und Uranus und Neptun im Wassermann drastische Wandlungen erlebt. Mit dem Einfluss von Pluto im Steinbock werden sie jetzt neu geordnet. Diese Neustrukturierung wird sich mit großer Wahrscheinlichkeit zu Gemeinschaften, ja sogar zu Familien hin ausdehnen.

Während dieses Zeitraumes wird es zu einer Neuverteilung der Macht und zu neuen Möglichkeiten kommen, in allen sozialen Organisationen, Finanzinstituten und Regierungen Macht einzu-setzen.

Dies wird heftige Machtkämpfe auslösen. Rückständige Kräfte, die an der Macht alter Strukturen festhalten, werden in Konflikt mit den Menschen geraten, die versuchen, die neue Struktur zu entwickeln.

Der Steinbock regiert das Alte, doch er ist auch die Brücke in die Zukunft. Nun, da Pluto in den Steinbock eingetreten ist, sind wir bereits ein gutes Stück weit im Informationszeitalter/Weisheitszeitalter, und die Wucht der Verwandlung kann alle verbleibenden reaktionären Kräfte zerstreuen, die die Menschen in die Vergangenheit zurückzerren wollen. Sind wir jedoch unvorsichtig, so können wir das Aufstreben einer Form von Hightech-Tyrannei erleben. Pluto im Steinbock könnte auch die Entwicklung sozialer Strukturen auf einer viel höheren Ebene mit sich bringen, je nachdem, ob wir den Übergang zu einem Leben auf höherer Ebene erfolgreich vollzogen haben oder nicht.

Während eines Großteils der Zeit des Transits von Pluto im Steinbock wird Neptun sich im Zeichen der Fische befinden. Folglich wird sich die alte Ordnung schnell auflösen (Neptun im Zeichen der Fische) und eine andere Ordnung wird sich schnell herauskristallisieren (Pluto im Steinbock).

Die Frage für diese Generation wird lauten: "Werden diese Einflüsse miteinander oder gegenläufig wirken? Wird es zwei getrennte Welten geben – die Welt des Mitgefühls des Neptun und die Welt der Unterdrückung des Pluto? Oder wird Pluto im Steinbock Strukturen erschaffen, die den funkelnden neuen Diamanten des Neptun im Zeichen der Fische wie mit einer wertvollen Platinfassung umgeben? Wir werden sehen.

Während die ersten Jahrzehnte des neuen Jahrtausends das Potenzial für gewaltige Bewusstseinsveränderungen mit sich bringen, die sowohl vielversprechend als auch fortschrittlich sind, werden wir weiterhin über eine unruhige See setzen müssen, um dorthin zu gelangen. Im nächsten Kapitel tauchen wir unter der Leitung von Nostradamus und Edgar Cayce in ein neues Gebiet der Prophezeiungen ein.

6. Nostradamus und Cayce über die Veränderungen auf der Erde

«Die Natur besitzt eine ganz eigene Etikette.»
Ludwig van Beethoven

Diejenigen Propheten, die einen Blick in unser Zeitalter und weiter geworfen haben, sehen radikale Veränderungen in vielen Bereichen des Lebens – einige davon könnten sogar das Aussehen der Erdoberfläche verändern. Nostradamus beispielsweise scheint zerstörerische Erdbeben in mindestens zwei seiner Vierzeiler vorauszusagen, die sich beide auf die "neue Stadt" beziehen. Er schreibt:

> »Garten der Welt, in der Nähe der neuen Stadt,
> in den Weg der hohlen Berge gegraben,
> wird gepackt und in den Bottich getaucht,
> mit Gewalt vergiftetes Schwefelwasser trinkend.«[1]

X. 49

Einige Kommentatoren interpretieren "in den Weg der hohlen Berge gegraben" als eine Straße, die von Wolkenkratzern gesäumt ist, vielleicht Manhattan.

Der zweite Vierzeiler, der ein Beben prophezeit, ist:

»*Das draußen erstarrte Feuer aus der Mitte der Erde,*
lässt den Gründer der neuen Stadt erbeben:
Zwei große Blöcke führen über lange Zeit den Krieg,
dann wird Arethusa den neuen Strom rot färben.«[2]

I.87

Diese Passage kann sogar auf einen Vulkanausbruch hindeuten. Hogue sagt, dass Nostradamus' Anspielung auf "Arethusa", eine griechische Nymphe, die sich in eine Quelle verwandelte, Lava beschreiben könnte, die von einem Vulkan herabfließt.[3]

"Die neue Stadt"

Es gibt unter den Kommentatoren unterschiedliche Ansichten über die Identität der "neuen Stadt" in diesen Vierzeilern. Manche meinen, es handle sich um New York, die Stadt, die an den Garten der Welt angrenzt – nämlich an New Jersey, den "Gartenstaat". Andere sagen, dass diese Vierzeiler einen Ausbruch des Vesuvs bei Neapel vorhersagen, was ja übersetzt "neue Stadt" bedeutet.

Los Angeles ist ebenfalls ein Kandidat. Wie in X.49 näher ausgeführt, befindet sich diese Stadt "nahe dem Garten der Welt", dem wundervoll fruchtbaren San-Joaquin-Tal. Die Produktion der Landwirtschaft ist in Kalifornien so hoch, dass der gesamte Staat als "Garten der Welt" angesehen werden könnte.

Los Angeles ist natürlich berühmt dafür, dass es auf einer Reihe von geologisch aktiven Verwerfungen liegt. Am bekanntesten von diesen ist die San-Andreas-Verwerfung. Jeder in Kalifornien weiß, dass ein katastrophales Erdbeben, das "The Big One" ("Das große

Beben") getauft wurde, jederzeit eintreten kann. Wie bald dies sein wird, bleibt jedem selbst überlassen.

Das Erdbeben in Northridge von 1994, das sich 20 Meilen nordwestlich von Los Angeles ereignete, war nicht "The Big One" – auch wenn es 57 Todesopfer und 18.480 Verletzte forderte, sieben Schnellstraßen lahmlegte und 25.000 Obdachlose hinterließ. Jenes Erdbeben hatte die Stärke 6,7 auf der Richter-Skala. Die San-Andreas-Verwerfung, die 30 Meilen östlich von Los Angeles verläuft, könnte ein Erdbeben der Stärke 8 erzeugen. Dieses würde 85-mal mehr Energie entladen als das Erdbeben von Northridge.

Die seismologische Sicherheitskommission von Kalifornien, die einzige staatliche Institution dieser Art, sagt, dass die Wahrscheinlichkeit, dass in den kommenden 30 Jahren entlang der San-Andreas-Verwerfung ein Erdbeben größeren Ausmaßes ausbricht, 90 Prozent beträgt. Laut der Kommission wissen wir nicht, wie viele größere Erdbeben auftreten können. Es könnte sich um ein Erdbeben handeln oder auch um mehrere.

"Zwei große Blöcke führen über lange Zeit den Krieg"

Was ist mit den "zwei großen Blöcken" in I.87 gemeint? Peter Lemesurier interpretiert sie nicht als Naturkräfte, sondern als zwei unverrückbare Kräfte in einem Kampf, dessen Gefallene einen Fluss mit ihrem Blut rot färben.[4] Vielleicht wird das Blut der Opfer selbst den "neuen Strom" bilden.

John Hogue sagt, dass diese "Blöcke" eventuell für das Aneinanderreiben von kontinentalen Erdplatten stehen. Ein anderer Kommentator, Rene Noorbergen, sagt, dass die "zwei großen Blöcke" sich möglicherweise auf zwei Felslinien in New England beziehen. Er schreibt:

95

"Den Geologen ist seit vielen Jahren bekannt, dass New York in der Tat nicht auf besonders festem Grund gebaut ist – auch wenn dieser Grund felsig ist. Kommentator Hugh Allen ["Window in Providence", 1943, "Ein Fenster zur Vorausschau"] machte eine beunruhigende Bemerkung auf der Grundlage einer Studie, die William Hobbs in "The Configuration of the Rock Floor of Greater New York", U.S. Geological Survey, Bulletin 270 ("Die Konfiguration des Felsgrundes von New York und Umgebung", Geologische Um- schau der Vereinigten Staaten, Blatt 270) beschrieb (...).

Laut Allen würde die Manhattan-Insel aufgrund der Anordnung verschiedener Verwerfungen unter New York im Zuge eines Erdbebens "in drei große Stücke brechen und dabei all die großen Wahrzeichen New Yorks zerstören und dabei seine Millionen von Einwohnern ernsthaft beeinträchtigen."

Auch ist die Feststellung beunruhigend, dass die Verwerfungslinien unter New York City Teil einer größeren Erdzerklüftung sind, die im Bundesstaat Maine beginnt und unter den Gegenden von Boston und Philadelphia entlangläuft (...). Mit den "zwei Blöcken" hat [Nostradamus] möglicherweise die beiden Felslinien beiderseits der Zerklüftungszone von New England gemeint, die bei Umwälzungen gegeneinanderstoßen oder aneinanderreiben werden."[5]

Als ich diese Vierzeiler und diesen Kommentar dazu las, musste ich zwangsläufig an eine ähnliche Prophezeiung denken, die Johannes in der Offenbarung gibt, als er beschreibt, was geschieht, wenn der siebte Engel seine Schale des Zorns ausgießt:

"Und es wurden Stimmen und Donner und Blitze; und ward ein großes Erdbeben, wie solches nicht gewesen ist, seit Menschen auf Erden gewesen sind, solch Erdbeben also groß.

Und aus der großen Stadt wurden drei Teile, und die Städte der Heiden fielen. Und Babylon, der großen, ward gedacht vor Gott, ihr zu geben den Kelch des Weins von seinem grimmigen Zorn."[6]

Der schlafende Prophet

Nostradamus ist nicht der Einzige, der für das neue Jahrtausend Erdveränderungen voraussah. Die Veränderungen der Erdoberfläche wurden auch von einem berühmten Propheten des 20. Jahrhunderts beschrieben – von Edgar Cayce, der für seine "Readings" ("Lesungen") bekannt war, die er in einem tranceähnlichen Schlaf von sich gab.

Cayce wurde 1877 in Kentucky als Sohn eines Farmers geboren. Als Junge betete er, dass er einmal imstande sein möge, anderen Menschen zu helfen, besonders kranken Kindern. Er behauptete, er habe Visionen von einer Frau gehabt, die im Licht geleuchtet und ihm versichert habe, dass sein Gebet erhört und sein Wunsch in Erfüllung gehen würde.

Zu jener Zeit erging es Edgar in der Schule schlecht. Nachdem ihn sein Vater eines Abends drei Stunden lang vergeblich im Rechtschreiben abgefragt hatte, befahl die engelsgleiche Frau dem Jungen, er solle einige Minuten lang schlafen, und sie versprach ihm ihre Hilfe. Er schlief über seinem Schulbuch ein, während sein Vater in die Küche ging, um ein Glas Wasser zu holen. Als Vater und Sohn sich erneut an die Lektion machten, konnte Edgar zu ihrer Überraschung jedes Wort im Buch buchstabieren – und sich sogar an die Seite erinnern, auf der es stand. Von diesem Moment an lernte Edgar Passagen aus all seinen Schulbüchern auf die gleiche Weise auswendig, und keiner der anderen Schüler konnte mit ihm mithalten.

Edgar Cayce
(1877-1945)

Im Alter von 21 Jahren entwickelte er, während er als Verkäufer in einem Schreibwarenhandel und als Versicherungsmakler arbeitete, eine fortschreitende Lähmung des Kehlkopfes. Die Ärzte konnten für sein Leiden keine körperliche Ursache feststellen und nichts tun, um dem jungen Mann zu helfen, der Gefahr lief, seine Stimme für immer zu verlieren.

Schließlich half jemand Cayce, in den gleichen Schlafzustand zu kommen, den er als Junge eingenommen hatte, um seine Schulbücher auswendig zu lernen. In dieser Trance diagnostizierte Cayce sein eigenes Leiden, schlug die Behandlung vor und wurde geheilt.

Eine hellseherische Begabung

Ärzte in Kentucky begannen, Cayces hellseherische Begabung zu nutzen. Sie entdeckten, dass er für Patienten erfolgreich eine Fern-diagnose erstellen konnte, wenn er nur deren Namen und Adresse in der Hand hielt. Nachdem die Ausgabe der "New York Times" vom 9.10.1910 in einem zweiseitigen, illustrierten Artikel über Cayces wundersame Kräfte berichtet hatte, wollten Menschen aus allen Ecken der Vereinigten Staaten seine Hilfe in Anspruch nehmen.

Über einen Zeitraum von 43 Jahren gab "der schlafende Prophet", wie Cayce später getauft wurde, 14.000 Readings für 8.000 unterschiedliche Menschen. Er erstellte medizinische Diagnosen und beschrieb Naturheilmittel für viele Krankheiten. Die Menschen, die seinen Rat suchten, befragten ihn nicht nur über ihre Krankheiten – sie wollten auch, dass er die Weisheit seiner Quelle für alle möglichen Themen, angefangen bei Eheschließungen, über Träume bis hin zu Karriere und Finanzfragen, anzapfte.

Cayces bemerkenswerte Readings waren jedoch nicht auf Ratschläge zu persönlichen Fragen beschränkt. Aus Antworten auf scheinbar sachlich-weltliche Fragen ergaben sich tief gehende

Lehren über Spiritualität und unser Verhältnis zu Gott. Cayce selbst war verblüfft über den Inhalt einiger seiner Readings.

Als ergebener und orthodoxer Christ enthüllte Cayce in seinem Schlafzustand – zu seiner größten Überraschung –, dass es die Reinkarnation wirklich gibt und dass unsere Interaktionen mit anderen Menschen in der Vergangenheit den Verlauf unseres gegenwärtigen Lebens und zukünftiger Ereignisse beeinflussen. Seine Readings beinhalteten auch unerwartete Prophezeiungen von Weltbedeutung, wie etwa, auf welche Weise der Zweite Weltkrieg enden würde, die zukünftige Befreiung der Sowjetstaaten und die drastische Verwandlung der Erdoberfläche.

Eine neue Landkarte der Erde

Eines der prophetischen Themen bei Cayces Readings ist die Verschiebung der Erdpole und die damit verbundenen Erdveränderungen, die die Erdoberfläche förmlich neu gestalten könnten. In einem berühmten Reading ist er schockierend nüchtern. Er sagt, Japan wird im Meer verschwinden und der nördliche Teil Europas wird sich "mit einem Wimpernschlag" verwandeln. Umwälzungen in der Antarktis und Arktis werden Vulkane ausbrechen lassen. "Die Erde wird an vielen Stellen aufbrechen" und Südamerika wird "von oben bis unten erschüttert werden." Die Polverschiebung wird bewirken, dass kalte und halbtropische Gebiete tropischer werden.[7]

Laut anderen Readings werden viele Zonen sowohl an der Ostküste als auch an der Westküste sowie im zentralen Teil von Amerika "gestört werden." Es wird größere und kleinere Veränderungen im gesamten Land geben. Cayce sagte, dass die großen Veränderungen entlang der nordatlantischen Meeresküste auftreten werden.

Er wies insbesondere auf New York und Connecticut sowie Los Angeles und San Francisco hin. Der größte Teil von New York

City, so sagte er, wird verschwinden.[8] Die Südküste Kaliforniens sowie Abschnitte zwischen Salt Lake und dem südlichen Nevada könnten von Erdbeben erschüttert werden, fügte er an, doch auf der südlichen Halbkugel wird es mehr Erdbeben geben.[9]

Neue Kornkammern für die Welt

Cayce deutete in einem Reading auch Veränderungen der Beschaffenheit des Bodens an. In diesem Reading sagte er voraus, welche Gebiete die zukünftigen Kornkammern der Welt werden würden. Er sprach dabei mit einem Mann über dessen Geburtsort – Livingston, eine Stadt im Südwesten von Montana – und sagte, dass die Region "viel mit vielen, vielen Nationen" zu tun haben wird. Der Prophet riet seinem Klienten, sich am Getreidehandel in Montana zu beteiligen und fuhr fort, dass Teile von Saskatchewan, von Südafrika und Teile der Pampas in Argentinien gemeinsam mit einigen Teilen von Nevada und Montana "die Welt ernähren müssen."[10]

Cayce selbst hatte einen Traum, der seine radikalen Visionen zu bestätigen schien. Während er mit dem Zug heim nach Virginia Beach fuhr, träumte er, dass er im Jahre 2100 in einer Stadt in Nebraska wiedergeboren würde, die jetzt an der Westküste der Vereinigten Staaten lag. Im Traum erzählte er als Kind seinen Mitmenschen, dass er Edgar Cayce gewesen war, der zwei Jahrhunderte zuvor gelebt hatte.

Männer mit langen Bärten und dicken Brillen wurden versammelt, um den Jungen zu beobachten. Sie brachten ihn zu den Orten, wo er als Cayce gelebt und gearbeitet hatte. Sie reisten in einem schnell fahrenden, "langen, zigarrenförmigen Flugschiff aus Metall." Im Traum, so stellte Cayce fest, stand Alabama teilweise unter Wasser. "New York war entweder durch einen Krieg oder ein

Erdbeben zerstört worden und wurde gerade wieder neu aufgebaut, "und die meisten Häuser waren aus Glas gebaut."[11]

Obgleich Cayces neue Weltkarte eine bedrohliche Vorahnung zu sein scheint, enthüllte der schlafende Prophet, dass die Erdveränderungen, die während des Übergangs zwischen dem Fischezeitalter und dem Wassermannzeitalter stattfinden würden, "eine allmähliche und keine umwälzende Aktivität" sein würden.[12]

Sonnenflecken

Wie andere Propheten auch, erklärte Cayce, dass Prophezeiungen nicht in Stein gemeißelt sind. Die Veränderungen, die wir in unserem Leben bewirken, so sagte er, werden darauf, wie die Welt in Zukunft aussehen wird, einen großen Einfluss haben. Eine der erkenntnisreichsten Lehren von Cayce über die menschliche Komponente bei der Prophezeiung ergab sich in einem Reading über Sonnenflecken.

Das periodische Auftauchen von Sonnenflecken ist eines der bekanntesten, jedoch auch der mysteriösesten aller Solarphänomene. Da sie eine leicht zu beobachtende Erscheinung auf der Sonne sind, werden sie schon seit Jahrhunderten festgestellt. Sonnenflecken sind in Wirklichkeit magnetische Störungen auf der Oberfläche der Sonne, von denen man glaubt, dass sie durch magnetische Effekte im Inneren der Sonne verursacht werden. Sie erscheinen dunkel, weil sie vergleichsweise kälter als andere Teile der Oberfläche der Sonne sind. Sie können mehrere Stunden bis einige Monate lang anhalten.

Der Anstieg der Zahl der Sonnenflecken geht mit einer Zunahme von Sonneneruptionen einher, d. h. von Explosionen von Wasserstoff und Helium auf der Oberfläche der Sonne. Wissenschaftler wissen, dass Sonneneruptionen unsere Telefon- und Radiokommunikation unterbrechen, Funkunterbrechungen und Stromstöße verursachen sowie Satelliten beschädigen können.

Darüber hinaus wurde eine erhöhte Sonnenaktivität oft mit außergewöhnlichen Wetterverhältnissen, Erdbeben, Vulkanausbrüchen, Grippeepidemien, Wellen der Kriminalität, Aufständen, Schlachten, Brandstiftungen, politischer und geistiger Instabilität und wirtschaftlichen Depressionen in Verbindung gebracht. Zeiten intensiver Sonnenaktivität finden in gut dokumentierten Zyklen statt, die im Durchschnitt 11 Jahre andauern.

Eine dunkle Stelle auf der Sonne

Cayce betrachtete Sonnenflecken sowie Erdveränderungen als Spiegelbild unseres eigenen Bewusstseinszustandes, als Folge unserer eigenen Handlungen, als Bumerang des göttlichen Gesetzes. Seine Readings bieten einfache Metaphern, um diese ewige Wahrheit zu beschreiben.

Als er gefragt wurde, inwiefern Sonnenflecken die Bewohner der Erde beeinflussen, sagte er, die Frage müsse umgekehrt werden. Sonnenflecken sind, so behauptete er, das Spiegelbild der "Unruhen und Streitereien", die wir selbst geschaffen haben, und unser Geist ist "der Erbauer". Er forderte uns auf, darüber nachzudenken, was wir aufgebaut haben:

> *»Als was erscheint deine Seele? Als Fleck, als dunkler Klecks auf der Sonne? Oder als das, was Licht auf die bringt, die in der Finsternis sitzen, auf die, die laut nach Hoffnung rufen?«*[13]

Cayce sagte, dass die Verantwortung für die Erdveränderungen ganz klar auf unseren Schultern liegt, und dass die Art und Weise,

102

wie wir unsere Beziehungen mit unseren Mitmenschen führen, ausschlaggebend für die Veränderungen auf der Erdoberfläche ist:

> »Die Neigungen im Herzen und in der Seele des Menschen sind
> so, dass diese [Erdveränderungen] verursacht werden (...).
> Das, was du deinem Nächsten antust, tust du Gott, tust du
> dir selbst an.«[14]

Ein wenig wie Hamlet, der beklagte, dass "die Zeit aus den Fugen geraten ist", sprach auch Cayce von den Erdveränderungen als "Neuanpassungen" - Ausgleichungen, die erfolgen müssen, weil etwas verschoben ist. Doch Cayce glaubte, dass wir, ebenso wie wir durch unser unharmonisches Verhalten chaotische Umstände erzeugen, durch unsere liebevollen Einstellungen und Handlungen positive Verwandlung erschaffen können.

"In seinem letzten Lebensabschnitt", so schreibt der Autor Jess Stearn in seinem Buch "Edgar Cayce on the New Millennium" ("Edgar Cayce über das neue Millennium"), "sah der große Prophet die Beziehung des Menschen zu seinem Schöpfer als greifbarer und einflussreicher an als jeden El Nino* oder jeden Ausbruch auf der Erde."[15]

Cayce sagte, dass wir nicht von der Welt, von unserem Umfeld oder gar "Planeteneinflüssen" beherrscht werden, sondern durch unseren persönlichen freien Willen. Wenn wir das göttliche Gesetz missachten, bringen wir "Chaos und zerstörerische Kräfte" in unser Leben. Wenn wir in Harmonie mit dem Göttlichen sind, schaffen wir "Ordnung aus dem Chaos heraus".[16]

---

*Stürmische Wetterfront vor den Küsten Perus und Chiles, die meist um die Weihnachtszeit erscheint und daher den Namen "El Nino" trägt.

Wiederkehr von Atlantis

Hunderte von Cayces Readings beziehen sich auf Atlantis, den verloren gegangenen Kontinent, der einst im Atlantischen Ozean existierte. Die technologisch fortgeschrittene Zivilisation von Atlantis, so sagte Cayce, spaltete sich schließlich in zwei Fraktionen – in diejenigen, die sich der Befriedigung ihrer körperlichen Begierden widmeten, und diejenigen, die den Frieden liebten und spirituell waren.

Die stolzen und sinnlichen Atlanter begannen, die Technologie zu missbrauchen. Sie benutzten Fortschritte in der Technik, die ursprünglich geschaffen worden waren, um die Kraft der Sonne zum Heizen, für Licht und Heilung einzusetzen, vielmehr dazu, um andere zu kontrollieren. Cayce sagte, dass der Missbrauch dieser Technologie in der Tat "Vulkantätigkeiten" sowie die letzte Flut verursacht hatte, die Atlantis zerstörte.[17]

Cayce warnte davor, dass die Menschheit heute, genau wie die Atlanter, mit Kräften spielt, die außerhalb ihrer Kontrolle liegen. "Die frühen Cayce-Readings über Atlantis", so Jess Stearn, enthüllten eine hoch technisierte Kultur, die aufgrund der zügellosen Habsucht und Machtgier der Menschen verfiel, die diese vom Schutz des Schöpfers weglenkte, den sie als das 'Gesetz des Einen' kannten. Sie wurden Opfer ihrer eigenen Zügellosigkeit. Cayce sah bei den Menschen auch die Gefahr, dass sich das Unglück von Atlantis wiederholen könnte."[18]

Ein Zeitalter der Bruderschaft

Cayce machte auch einige interessante Beobachtungen über die Eigenart des Wassermannzeitalters und die Wahlmöglichkeiten, mit denen wir in den kommenden Jahren konfrontiert sein werden.

Wie Saint Germain sieht auch Cayce die Brüderlichkeit als unabdingbare Zutat in diesem neuen Zeitalter und drängt uns dazu, unsere Worte auch in die Tat umzusetzen. Er ermutigte Einzelpersonen, Gruppen und Organisationen, die ein Ideal besitzen, "gewissenhaft die Anwendung dieses Ideals bei ihren Erfahrungen und Beziehungen umzusetzen."[19]

Das Wichtigste, was wir tun können, so sagte Cayce, ist, "zuerst zu wissen, was das Ideal ist - aus spiritueller Sicht." Er warnte davor, dass, wenn die Menschen nichts von ihrem Hab und Gut abgeben - von ihrem Reichtum, ihrer Bildung und Position - und nicht nach dem Motto leben "wir sind unseres Bruders Hüter", eine "Nivellierung" stattfinden wird.[20] Er erklärte uns, wir müssten uns "auf kooperative Maßnahmen in allen Phasen menschlicher Beziehungen" vorbereiten.[21] Und wer den Stress, der in Zukunft kommen wird, überleben wird, so sagte der Seher, sind diejenigen, die ihre spirituellen Ideale im Umgang mit ihren Mitmenschen in die Praxis umsetzen.[22]

Harmonie im Inneren finden

Obgleich er es auf viele verschiedene Weisen formuliert hat, kehrte Cayce immer wieder zur "Goldenen Regel" als Standard zurück. Er betonte an erster Stelle unsere große Verantwortung gegenüber unseren Mitmenschen. Im Mai 1944, als die Welt tief in den Qualen des Zweiten Weltkrieges steckte, fragte jemand Cayce, was man denn tun könne, um den Krieg rasch zu beenden und dauerhaften Frieden zu schaffen. Er antwortete: "Man muss bei sich selbst anfangen, das ist der Trick. Wenn man nicht in seinem eigenen Inneren das schaffen kann, was man im eigenen Heimatland oder in irgendeinem bestimmten Land haben möchte, so sollte man dies seinen Mitmenschen gegenüber nicht vorbringen."[23]

Er klang wie ein Weiser des Tao, als er in einem anderen Reading riet: "Du musst in deinem Inneren Harmonie finden, du musst Sicherheit in dir selbst finden (...). Du kannst dies in deinem Umfeld erst dann erschaffen, wenn du es in deinem Inneren besitzt."[24]

Auf die Frage hin, was denn in Anbetracht der zukünftigen Ereignisse zu tun sei, ermutigte Cayce die Menschen konstant, sich ihren inneren Ressourcen zuzuwenden, der Gegenwart Gottes in ihrem Inneren. "Jede Seele", sagte er, "muss sich nach innen wenden und ihre eigene Verbindung zu den Schöpferkräften suchen."[25] Er drängte uns auch dazu, Herausforderungen als Gelegenheiten für Wachstum und die Entwicklung der Seele zu betrachten. Erfahrungen, die unsere Hoffnungen zerschlagen und Enttäuschung gebracht haben", sagte er, können in Sprungbretter verwandelt werden und uns "in einen ruhigen, friedvollen Hafen leiten."[26]

Die Zukunft ist nicht vorherbestimmt

Während einige von Cayces Readings große Veränderungen voraussagen, betrachtete er seine Prognosen, ähnlich wie die der Propheten des Alten Testaments, als Warnungen. Er glaubte, dass das endgültige Resultat in unseren Händen liegt. Er sah mehrere Faktoren, die die Zukunft verändern können: unser freier Wille, unser Einklang mit dem göttlichen Gesetz, unser Vertrauen in Gott, unser Glaube an "eine Göttlichkeit in unserem Inneren."

Als er beispielsweise gefragt wurde, welche Form die physischen Veränderungen, die er für Alabama vorausgesagt hatte, annehmen würden, antwortete er, dass dies teilweise vom "Metaphysischen" abhänge. Er sagte, dass die Gedanken und Werke der Menschen oft "viele Städte und Länder intakt halten", da die Menschen bei ihren Beziehungen spirituelle Gesetze anwenden.[27] Und als er gefragt wurde, was wir tun könnten, um bedenklichen Ereignissen auf der Erde entgegenzuwirken, erwiderte Cayce: "Macht das Problem bekannt – worin es liegt, nämlich darin, dass diejenigen, die Gott vergessen haben, ihren Glauben **korrigieren** müssen!"[28]

Wieder erklärt uns ein Prophet, dass die Zukunft nicht vorherbestimmt ist. Es bietet eine einmalige Gelegenheit, bevor der Nebel zum Kristall wird.

7. SPIELT MUTTER NATUR VERRÜCKT?

> »Der Mensch muss verstehen, dass das Gebot
> Was du nicht willst, dass man dir tu', das füg'
> auch keinem andern zu‹ für Tiere, Pflanzen und
> Dinge genauso gilt wie für den Menschen!«
>
> Aldous Huxley

"Spielt Mutter Natur jetzt verrückt?" Dies war die Schlagzeile einer Regionalzeitung an einem verschneiten Tag im Dezember 1996, als Wind mit einer Geschwindigkeit von 170 Stundenkilometern sowie starker Regen und Schnee den Nordwesten der Vereinigten Staaten heimsuchten. Dadurch wurden Dächer eingedrückt, Strommasten stürzten um und Lawinen blockierten die Hauptautobahnen. Diese Schlagzeile – und die damit verbundene Fragestellung – war treffender, als viele von uns glauben.

Seitdem sind die Elemente nur noch launischer und unberechenbarer geworden. In den ersten elf Monaten des Jahres 1998 vertrieben beispielsweise Stürme, Überschwemmungen, Dürrekatastrophen und Brände 300 Millionen Menschen aus ihrer Heimat und kosteten die Welt eine Rekordsumme von 89 Milliarden Dollar – mehr als in den gesamten 80er Jahren.[1] Das amerikanische Rote Kreuz gab mehr für die Entschädigung bei Katastrophenschäden aus als je zuvor, und die Hurrikan-Saison war die todbringendste der letzten 200 Jahre.

Wir erlebten, wie Hurrikan Mitch mehr als 10.000 Menschenleben in Zentralamerika forderte, schwere Dürrekatastrophen und Hitzewellen Texas versengten, zehn Meter hohe Wellen gegen Amerikas Westküste schlugen, Überschwemmungen des Yangtse-Flusses 230 Millionen Menschen in China aus ihren Wohnungen vertrieben und glitzernde Eisschichten im Zuge eines der schwersten Unglücke, die Kanada je erlebt hat, 4 Millionen Menschen förmlich den Strom abdrehten. Wir erleben weiterhin schwere Wirbelstürme, Erdbeben und Tsunamis, Rekordregen- und Rekordschneefälle, die alle immense Zerstörung und Verluste mit sich bringen.

Ein Weckruf

Woher rührt all dieses exzentrische Verhalten? Im Juli 1993 erhielt ich einen Anruf von "CNN & Company", die mir genau diese Frage stellten. Dieser Anruf erreichte mich nach monatelangen verheerenden Wetterverhältnissen, die auch in jenem Jahr herrschten, u. a. tödliche Überflutungen entlang des Mississippi, Hitzewellen an der Ostküste und rekordartige Dürreperioden in Australien. Ich wurde gebeten, zusammen mit einem Meteorologen und einem Vertreter von Greenpeace an der Sendung teilzunehmen, um diesen Ereignissen einen spirituellen Blickwinkel zu verleihen. Im Folgenden ein Ausschnitt aus der Sendung:

CNN & Co: "Im Grunde haben wir jeden von Ihnen hier gebeten zu versuchen, eine Reihe von sehr schwer zu verstehenden und beinahe unerklärlichen Ereignissen zu erklären. Elizabeth, wie lautet Ihre Erklärung?"

Elizabeth Clare Prophet: "Nun, ich denke, dass wir uns am Ende einer Periode von 2.000 Jahren und auch am Ende eines Zeitraumes von 25.800 Jahren befinden. In diesen zwölf Jahren seit 1990 ernten wir das Karma der letzten 2.000 Jahre und darüber hinaus. Das können wir an den Überschwemmungen ablesen. Ich glaube nicht, dass Gott hier ist, um uns zu bestrafen. Ich glaube, wir müssen lernen, aufzuwachen und zu erkennen, dass wir unser Leben unter Kontrolle bringen, lebendig werden und in die fundamentale Realität auf unserem Planeten kommen müssen (...)."

CNN & Co: "Glauben Sie, dass wir dies in gewisser Weise selbst verursacht haben?"

ECP: "Also, ich glaube, man kann das Leben als System von Ursache und Wirkung betrachten (...). Es gibt die Abfolge von Ursache und Wirkung, und wir sind für unseren Planeten und das Ökosystem karmisch verantwortlich. Doch wir müssen mit dem Mikrokosmos unseres Selbst beginnen. Außerdem müssen wir wissen, dass wir aufgrund des göttlichen Funkens in unserem Inneren durch Gott dazu ermächtigt sind, die Kontrolle über unsere Umwelt und über unser Leben zu übernehmen.

Ich denke, es geschehen so viele Ungerechtigkeiten in der Welt, damit wir durch unser Karma aufgeweckt werden. Wenn wir dann nicht auf Gott und unsere Propheten hören, überkommt uns das Karma, so dass wir eine Pause einlegen und uns als Nation sammeln, uns diesem Unglück stellen und herausfinden, worum es in diesem Jahrzehnt und in diesem Leben wirklich geht (...)."

CNN & Co: "Glauben Sie, dass diese Überschwemmung als die letzte einer ganzen Serie von Naturkatastrophen irgendjemanden aufwecken und ein wenig verantwortlicher für die Art und Weise machen wird, wie wir die Welt behandeln?"

ECP: "Absolut. Ich denke, sie weckt die Menschen auf - sie weckt sie zur Flamme in ihrem Herzen, zur Liebe und zum Mitgefühl auf, und sie lässt uns näher zusammenrücken (...).

Wir haben Hungersnöte auf dem Planeten, wir haben Drogen auf der Straße, wir haben Gewalt im Fernsehen (...). Ich glaube, das ist der Grund dafür, weshalb wir wachgerüttelt werden - damit wir mehr Verantwortung für das übernehmen, was mit unseren Kindern und den Menschen auf der ganzen Welt passiert.

Ich finde nicht, dass diese Ereignisse in keinem Zusammenhang stehen. Sie sind miteinander verbunden. Sie sind verbunden, und wir sind verantwortlich dafür. Ich denke, dass dies eine Botschaft ist, die wir tief in unserer Seele finden müssen (...)."

CNN & Co: "Kritiker von Ihnen [die drei Gäste] sagen, dass Sie diese letzte Naturkatastrophe als eine Möglichkeit benutzen, um eine politische Sache voranzutreiben, sei es ein besserer Umweltschutz oder ein konservativeres gesellschaftliches Klima. Elizabeth, wie sehen Sie das denn?"

ECP: "Nun, ich tue das, was ich seit 32 Jahren getan habe – ich lehre das Gesetz von Ursache und Wirkung, das seit Zehntausenden von Jahren auf der Erde wirkt. Ich glaube, es ist sehr wichtig, dass wir verstehen, dass es Probleme gibt, die größer sind, als dass wir sie in den Griff bekommen könnten, und dass wir Gott als zentrale Figur bei der Lösung dieses Problems brauchen. Wenn wir sehen, dass wir uns gerade in einer Zeit der Veränderung und der Verwandlung der Welt befinden, können wir nur das heilige Feuer des Heiligen Geistes anrufen, um die Fehler, die wir begangen haben, zu verwandeln.

Wie können wir unsere kranke, dahinsterbende Erde reinigen? Wie können wir den radioaktiven Fallout und die Versenkung [der atomaren Abfälle] ins Meer bereinigen? – Dies sind derart heikle Situationen, dass wir uns an Gott wenden und beschließen, angesichts der fürchterlichen Einflüsse, die wir auf diesem Planeten entfesselt haben, demütig zu werden (...)."

CNN & Co: "Haben wir noch mehr 'Schicksalswetter', noch mehr Naturkatastrophen zu befürchten?"

ECP: "Ja, ich glaube schon. Wir erleben gerade eine Zeit der Intensivierung des zurückkommenden Karmas auf die Erde bis zum Jahr 2002. Ich glaube, dies ist dazu gedacht, dass wir uns auf eine neue Seinsebene erheben, dass wir mit unserem Höheren

Selbst Kontakt aufnehmen, mit unserem Höheren Selbst eins werden.

Einer der Gäste sagte, wir würden eines Tages aufwachen und nicht mehr imstande sein, unsere Umwelt unter Kontrolle zu haben. Nun - wann konnten wir sie jemals kontrollieren? Atlantis ist versunken, Vulkane sind ausgebrochen. Der Mensch kann seine Umwelt nicht kontrollieren oder einer Katastrophe vorbeugen wie der, die wir gerade an den Ufern des Mississippi erleben oder im Laufe der Jahrhunderte erlebt haben - außer mit spirituellen Mitteln. Weitere Erdveränderungen stehen an, und wir müssen darauf gefasst sein, indem wir uns mit dem auseinandersetzen, was für uns im Leben wichtig ist. Und für uns ist die spirituelle Flamme in unserem Inneren wichtig. Wenn wir diese haben, können wir jedes Problem lösen."

Eine karmische Kettenreaktion

Es gibt zwei Blickwinkel, aus welchen man die Launen von Mutter Natur betrachten kann. Auf der materiellen Ebene hat der Missbrauch unserer Umwelt durch Abholzung, sauren Regen und alle anderen Arten der Umweltverschmutzung eine Kettenreaktion von einer Tragweite ausgelöst, die wir nie vermutet hätten.

Wie Seth Dunn vom "Worldwatch Institute", einer Umweltforschungsgruppe, der "Associated Press" ("Vereinigten Presse") gegenüber geäußert hat, kann man "mehr und mehr den Fingerabdruck des Menschen an den Naturkatastrophen ablesen. Wir sorgen dafür, dass solche Katastrophen schlimmer und häufiger werden", sagt Dunn. Berghänge bleiben nach der Abholzung als Kahlschläge zurück, und es gibt keine Bäume mehr, die den Strom des Wassers und der Schlammmassen, die sich über das Land oder in die Flüsse wälzen, bremsen. "In gewisser Weise drehen wir den

Hahn auf (...) und werfen das Handtuch weg, nämlich die Wälder und Feuchtgebiete."[2]

Eine Studie von "Worldwatch" aus dem Jahr 1998 ergab, dass die unglaubliche Zerstörung durch den Hurrikan Mitch und die Überschwemmung des Yangtse-Flusses dadurch verschlimmert wurde, dass beide Bereiche der Abholzung unterzogen worden waren. In den letzten Jahrzehnten wurden dem Yangtse-Becken beispielsweise durch Baumfällungen und Landwirtschaft 85 Prozent seiner Waldfläche geraubt.[3]

Die Risiken, die wir so unverfroren in Bezug auf unsere Umwelt auf uns genommen haben, sind groß, und wir haben keine Ahnung, wo die Kettenreaktion wirklich enden wird. Nachdem der El Nino von 1997/98 seine hässliche Spur der Verwüstung gezogen hatte, berichtete J. Madeleine Nash im "Time Magazin": "Wenn die unmittelbare Auswirkung des El Nino auf den Menschen schwer zu übersehen war, so gibt es auch gleichwertige, wenn auch weniger augenscheinliche Folgen für die Natur. In den Meeren ebenso wie auf dem Land kämpfen viele Tiere darum, genügend Nahrung zu finden, während andere - u. a. Nagetiere und Insekten, die Krankheiten übertragen können - unerwartet gut gedeihen."[4]

Doch die eklatante materielle Ausbeutung unserer Umwelt ist nur eine Seite der Medaille - die sichtbare Seite. Ebenso, wie viele körperliche Leiden ihre Wurzeln im Geist, in den Emotionen und in den karmischen Knoten der Vergangenheit haben, haben dies auch die Leiden der Natur.

Wollen wir die Traumata, die sich vor unseren Augen abspielen, wirklich verstehen, so müssen wir hinter den Schleier auf die zum Großteil unsichtbaren Belastungen blicken, die wir Mutter Natur auferlegt haben. Wir müssen hinter die äußeren Symptome schauen und die im Inneren liegenden Ursachen ihres Schmerzes betrachten.

Unsichtbare Helfer

Im Plan des Lebens spielt jedes Geschöpf eine einzigartige Rolle. Von den entferntesten Sternen bis hin zum kleinsten Tautropfen wird das Universum von unzähligen unsichtbaren Händen gehegt. Die Elohim beispielsweise sind die Schöpfer des Lebens. Engel lenken und beschützen uns. Die Naturgeister, in der esoterischen Tradition auch als "Elementarwesen" bekannt, kümmern sich um die Naturkräfte in den vier Elementen.

Die Naturgeister haben ihre Spuren in den Sagen und Legenden vieler Kulturen hinterlassen. Dort werden sie auf vielerlei Weise beschrieben, angefangen bei verspielten Feen und Geistern über schelmische Elfen und Kobolde bis hin zu verdrießlichen Zwergen. Die meisten von uns haben niemals Naturgeister gesehen – d. h. die meisten von uns Erwachsenen. Viele kleine Kinder, die erst vor Kurzem von der Himmelswelt gekommen sind und daher die unsichtbaren Reiche mit ihrem inneren Auge sehen können, haben dieses kleine Volk in der Tat als "Fantasie-"Spielkameraden aufgenommen.

Sogar Sir Arthur Conan Doyle, der brillante Erfinder von Sherlock Holmes, kam zu der Überzeugung, dass es diese Naturgeister – oder "Elementarwesen" – gibt. Es begann alles im Jahr 1920, als er mit der Post zwei außergewöhnliche Fotografien von "Elfen" erhielt, die offenbar von zwei kleinen Mädchen im Dorf Cottingley in England gemacht worden waren. In seinem Buch "Das geheime Leben der Natur" berichtet Peter Tompkins, dass Doyle diese Fotos zunächst für eine Fälschung gehalten hat, die er "unter Anwendung seines Holmes'schen Grundprinzips vernichten wollte."[5] Nach umfassender Forschungsarbeit war er jedoch überzeugt, dass die Fotos – und die Elfen – echt waren.

"Doyle erläuterte", sagte Tompkins, "dass wir in der rationalen Welt der Physik Objekte nur in der ganz begrenzten Bandbreite der Frequenzen sehen, die unser Farbspektrum abdecken. Jedoch gibt es zu beiden Seiten davon unendliche Schwingungen, die die meisten Menschen nicht sehen können."[6]

Doyle schrieb: "Wenn wir imstande wären, eine Rasse von Lebewesen zu erfinden, die aus Materie mit einer niedrigeren oder höheren Schwingung geschaffen wären, wären diese für uns unsichtbar, außer wir könnten unsere eigene Schwingung erhöhen oder deren Schwingung herabsetzen (...). Wenn elektrische Hochspannung durch mechanische Geräte in eine niedrigere Spannung umgewandelt werden kann, die auf andere Nutzungsarten ausgelegt ist, dann ist es auch nicht schwer vorstellbar, dass dies analog dazu auch mit den ätherischen Schwingungen und den Lichtwellen möglich ist."[7]

Tompkins merkt an, dass die Erfinder Thomas Edison und Nikola Tesla, Zeitgenossen Doyles, auf derselben Spur gewesen waren. Beide versuchten, ein Gerät zu entwickeln, mit dem es möglich sein sollte, mit den Geistern, die die Feenwelt bevölkern, zu kommunizieren und diese zu fotografieren.[8]

Nach eingehendem Forschen und Nachdenken kam Doyle zu der Schlussfolgerung, dass eine Zusammenarbeit des Menschen mit diesen Naturgeistern die Zukunft unserer Zivilisation enorm fördern könnte. "Es ist schwer, mit dem Verstand zu begreifen", so schrieb er, "welche Ergebnisse letztlich daraus resultieren könnten, wenn wir wirklich die Existenz einer Population auf der Oberfläche dieses Planeten bewiesen haben würden, die zahlenmäßig der menschlichen Rasse ebenbürtig sein könnte und die ihr eigenes sonderbares Leben in ihrer eigenen sonderbaren Weise lebt und von uns nur durch eine etwas andere Schwingung getrennt ist."[9]

Hätte Doyle von den Elementarwesen gewusst, bevor er seine Serie von Detektivgeschichten geschrieben hatte, so hätte Sherlock Holmes möglicherweise die Hilfe dieser unsichtbaren Helfer in

Anspruch genommen, um seine mysteriösen Fälle zu lösen. Und wenn Dr. Watson ihn mit seinen weit aufgerissenen Augen gefragt hätte, wie er denn seinen neuesten Fall gelöst habe, so hätte Holmes geantwortet: "Elementarwesen, Watson, Elementarwesen!"

Die Zyklen der Jahreszeiten pflegen

Wer die Welt der Elementarwesen erforscht hat, erzählt uns, dass diese von Natur aus fröhlich, sorglos, rein, treu und zuverlässig sind und in vergangenen Zeiten im Einklang mit der Menschheit dienten. Doch dann kam eine Zeit, in der die Negativität des Menschen Einzug in ihre Welt hielt. Das erschwerte ihnen die Arbeit sehr. Sie mussten nun in einer dichteren Welt funktionieren und wieder ein Gleichgewicht herstellen, wo zunehmend alles aus dem Lot geriet.

Über Jahrhunderte und Jahrtausende hinweg hat sich die Last der negativen Gedanken, Worte und Taten des Menschen immer weiter aufgebaut. Doch die Naturgeister arbeiten heldenhaft daran, die vier Elemente - Feuer, Luft, Wasser und Erde - zu reinigen. Tag für Tag arbeiten sie daran, die Erde im Gleichgewicht zu halten. Wir möchten nun die vier Gruppen der Naturgeister zunächst näher betrachten und aufzeigen, was diese tatsächlich für uns tun.

Die Naturgeister, die auf der physischen Ebene dienen, werden "Gnome" genannt. Milliarden von Gnomen pflegen durch die Zyklen der vier Jahreszeiten hindurch die Erde und sorgen dafür, dass alles Lebendige entsprechend seinen täglichen Bedürfnissen versorgt wird. Sie verarbeiten auch den Abfall und die Abfallprodukte, die unabänderlich zu unserer täglichen Existenz dazugehören.

Mark Prophet sagte einmal: "Mir ist bewusst geworden, dass jede einzelne Manifestation in der Natur von den Elementarwesen gesteuert wird – dass nirgendwo eine Blume wächst, nicht ein Grashalm ist, der nicht von einem Elementarwesen behütet wird."

Menschen, die die Gabe der Hellsichtigkeit besitzen und hinter die materielle Welt "schauen" können, haben beschrieben, wie Naturgeister aussehen. Gnome, so sagen sie, sind oft klein und spitzbübisch, jedoch nicht immer. Sie können als rund acht Zentimeter große Elfen erscheinen, die im Gras spielen, oder als etwa 1 Meter große Zwerge bis hin zu riesenhaften Gnomen, wie sie in Griegs Musikstück "In der Halle des Bergkönigs" wahrgenommen werden können.

Neben der Aufrechterhaltung der Wachstumszyklen der Erde reinigen die fleißigen Gnome die Erde von Giften und Schadstoffen, die für die physischen Körper von Mensch, Tier und Pflanze gefährlich sind – u. a. auch von Giftabfällen, industriellen Dämpfen, Pestiziden, saurem Regen, atomarer Strahlung und jeglichem anderen Missbrauch der Erde.

Auf den geistigen Ebenen haben die Gnome sogar eine noch schwierigere Aufgabe. Sie müssen die Prägungen von Zwietracht und Negativität der Menschen beseitigen, die auf den energetischen Ebenen auf der Erde zurückbleiben. Kriege, Morde, Vergewaltigungen, Kindesmissbrauch, das sinnlose Abschlachten und Quälen von Tieren, Profitstreben zu Lasten der Umwelt sowie Hass, Wut, Streit, Klatsch – all dies erzeugt eine Ansammlung von negativ geladener Energie, die zu einer Belastung des Erdenkörpers und der Naturgeister wird.

Wie die Gezeiten des Meeres und die Strömungen der Luft, so bewegt sich auch Energie immer in einem rhythmischen Fluss. Muster des Energieflusses zwischen Menschen, verletzende oder zuträgliche, müssen früher oder später über den Planeten zurückgeführt werden. Im Verlauf dieses Prozesses werden diese Muster von den Naturkräften übernommen und ausgelebt.

Die Meeresgärten hegen

Die Naturgeister, deren Herrschaftsgebiet das Element Wasser ist, sind als "Undinen" bekannt. Diese schönen, geschmeidigen, nixenartigen Wesen sind in ihren Bewegungen behände und schnell und können ihre Gestalt rasch verändern.

Das Meer hat viele lebenswichtige Funktionen, die von den Undinen aufrechterhalten werden. Diese unterhalten die wundersamen Meeresgärten, kontrollieren die Gezeiten und haben viel mit dem Klima sowie mit der Sauerstoffversorgung und den Niederschlägen zu tun. Da drei Viertel der Erdoberfläche mit Wasser bedeckt sind, können Sie sich vorstellen, wie beschäftigt die Undinen sind!

Die Undinen reinigen auch Gewässer, die durch Abwässer, Industrieabwässer, Chemikalien, Pestizide und andere Substanzen vergiftet wurden. Sie arbeiten unablässig daran, die verschmutzten Meere zu heilen, indem sie das elektromagnetische Feld der Gewässer mit den Strömen des Heiligen Geistes wieder neu aufladen. Ihre Körper sind Leiter für den kosmischen Strom, der durch die Kammern der Unterwasserwelt widerhallt.

Die Undinen reinigen nicht nur die physischen Gewässer, sondern auch eben jenen Bereich des menschlichen Lebens, der sich auf das Wasserelement bezieht - unsere emotionale und unbewusste Welt. Sie tragen auf ihrem Rücken die Last der emotionalen Verschmutzung durch den Menschen - Gefühle, die nicht im Frieden sind, wie Wut, emotionaler Missbrauch, lieblose Worte, Egoismus, Angst und Maßlosigkeit.

Das Leben mit dem heiligen Atem anreichern

Die nächste Gruppe der Naturgeister sind die Sylphen. Sie hegen das Luftelement, lenken den Fluss der Luftströmungen und steuern die atmosphärischen Bedingungen. Sie reinigen die Atmosphäre und versorgen jede Zelle des Lebens mit dem heiligen Atem des göttlichen Geistes. Sie sind auch die Träger des "Prana" oder Atems des Lebens, der alles Lebendige nährt. Auf der feinstofflichen Ebene lenken die Sylphen die Ströme des göttlichen Geistes vom Himmel auf die Erde hinab.

Die Sylphen haben oft hauchdünne, ätherische Körper, die sich grazil in unzählige Formen verwandeln, während sie durch die Lüfte gleiten. Sylphen können sehr schnell große Strecken zurücklegen. Riesensylphen können den Himmel überspannen und die Erd-, Wasser-, und Feuerelemente durchdringen. Wie riesige Transformatoren leiten die Sylphen die Ströme des Geistes Gottes in den Geist des Menschen.

Eine weitere ihrer Aufgaben besteht darin, die Luft von Schadstoffen zu reinigen – von allem, angefangen bei Autoabgasen bis hin zu giftigen Dämpfen, die von Fabriken und anderen industriellen Verfahren stammen –, bevor diese das Wasser und die Erde verunreinigen können. Das Luftelement entspricht der geistigen Existenzebene. Die Sylphen haben folglich auch die Aufgabe, die geistige Ebene zu reinigen, die durch negative Gedanken verschmutzt werden kann, wie Hass, Wut, rassistische Vorurteile, religiöse Intoleranz, Groll, Stolz, Ehrgeiz, Gier, Neid und andere ähnliche Gifte.

Materie von den Feuern der Schöpfung durchwirken lassen

Die vierte Gruppe der Naturgeister arbeitet mit dem Feuerelement, dies sind die so genannten "Salamander". Ihre Aufgabe ist von großer Bedeutung, denn sie dienen auf der atomaren Ebene aller organischen und nicht organischen Lebewesen und flößen den Molekülen der Materie die spirituellen Feuer der Schöpfung ein.

Die Feuersalamander sind große, majestätische Wesen. Ihre Kleidung erscheint wie pulsierende Regenbogenfeuer, die das volle Spektrum der Regenbogenstrahlen aussenden. Die Salamander durchtränken die gesamte Schöpfung mit den Energien des Geistes, die nötig sind, um das Leben auf Erden aufrechtzuerhalten. Da sie die Macht über die stärksten Feuer des physischen Atoms sowie die reinigenden, spirituellen Feuer des Geistes haben, kontrollieren sie die spirituell-materielle Schwingung des Lichtes im Kern eines jeden Atoms.

Sei es in Form der Elektrizität, als Schein eines Feuers oder als Flamme einer Kerze – die Salamander sind beauftragt, dem Menschen die Feuer der feinstofflichen Welt für seinen täglichen Gebrauch zu übermitteln. Ohne den Lebensfunken, der von den Salamandern aufrechterhalten wird, beginnt alles Lebendige und die Materie zu zerfallen, zu korrodieren und sich aufzulösen.

Die Bürden, die auf den Salamandern lasten, reichen vom Gewicht des Hasses der Menschheit bis hin zum unverantwortlichen Einsatz von Atomenergie. Würden die Feuersalamander nicht die riesigen Zusammenballungen an Negativität über den Großstädten der Welt aufnehmen und umwandeln, wären Verbrechen und Dunkelheit schon viel weiter und schneller auf dem Vormarsch, als sie es heute sind.

Die Aufrechterhaltung des Lebens selbst – die Luft, die wir atmen, die Nahrung, die wir zu uns nehmen, das Wasser, das wir trinken – wird von den meisten von uns als selbstverständlich angenommen. Doch im Grunde sind wir vom selbstlosen Dienst der Naturgeister zutiefst abhängig.

Das Wunder des Lebens basiert auf der Wunderwelt der Gnome, Sylphen, Undinen und Salamander.

Das verlorene Paradies?

In vergangenen Zeiten arbeiteten Engel, Naturgeister und die Menschen in völliger Harmonie miteinander. Mark Prophet ließ uns einmal einen Blick auf diese Welt erhaschen, als er beschrieb, wie die Erde aussehen könnte, wenn die Elementarwesen nicht unter geistiger, emotionaler und materieller Verschmutzung, die sie enorm belastet, leiden würden. Er sagte:

"Wären wir dem göttlichen Plan gefolgt, so wären wir in der Lage, die Naturgeister zu sehen und mit ihnen befreundet zu sein. Wir müssten nicht mit kleineren oder größeren Stürmen kämpfen. Der Boden würde Tau liefern, um unsere Felder zu bewässern. Es gäbe keine Regenfälle, sondern es würde sich Tau in der Luft bilden.

Die Luft wäre überall auf der Erde genau im richtigen Maße mit Feuchtigkeit gesättigt, und die Wüsten würden blühen wie eine Rose. Es gäbe kein Übermaß an Luftfeuchtigkeit und auch keinen Mangel – es wäre für jedes Klima ideal. Wir hätten überall auf der Welt das herrlichste Wetter und die schönsten Blumen.

Es gäbe Nahrung in Hülle und Fülle, und wir würden feststellen, dass der Mensch nicht Tiere töten würde, um zu leben. Es gäbe Früchte im Übermaß. Viele Arten von Früchten, die dann entstehen würden, gibt es heute auf unserem Planeten noch gar nicht (...).

Wir würden mit den Elementarwesen kommunizieren und von den Engeln instruiert werden."

Wenn sich Mutter Natur schüttelt

Heute sieht das alles ganz anders aus. Stunde für Stunde, ja Augenblick für Augenblick, kämpfen die Elementarwesen tapfer darum, die Balance in einer Welt wiederherzustellen, die aus dem Gleichgewicht geraten ist. Wird die Belastung zu hoch, so werden sie müde und lustlos, ebenso wie wir auch, wenn wir überarbeitet sind.

Wenn die Elemente Erde, Luft, Wasser und Feuer von der Verschmutzung übersättigt sind und die Bürde, die auf den Naturgeistern lastet, zu schwer wird, als dass sie diese noch ertragen könnten, sind sie dazu gezwungen, sich förmlich zusammenzukrümmen, um das schwere Gewicht abzuschütteln. Dies kann zu Erdbeben, Überflutungen, Tornados, Hurrikans und in letzter Konsequenz zu weit reichenden Katastrophen führen. Genau das ereignete sich auch, als Pompeji unter Vulkanlava und Asche begraben wurde oder als vor Tausenden von Jahren Überschwemmungen den Kontinent und die Zivilisation von Atlantis verwüsteten.

Dies ist vergleichbar mit der Situation, wenn Ihre Liebste/Ihr Liebster nach Hause kommt und ganz plötzlich wie ein Vulkan ausbricht oder in einer Schimpftirade explodiert. Es kommt ganz unerwartet, und doch hat es sich schon lange Zeit vorher aufgestaut. Jene Person trug bereits eine gewisse Last, auch wenn diese für Sie vielleicht nicht sichtbar gewesen ist. Je länger die betreffende Person diese Last mit sich herumgetragen hat, desto mehr Druck hat sich aufgebaut.

Daher ist es weniger so, dass Mutter Natur "verrückt spielt", sondern dass sie vielmehr traurig und müde ist. Wie ein Spiegel reflektiert sie uns unsere eigene Verrücktheit, unsere eigene Tollheit, denn nur auf diese Weise kann sie unsere Aufmerksamkeit erlangen. Nur auf diese Weise kann sie uns wachrütteln, bevor es zu spät ist.

Es stellt sich nur die Frage: "Wie lange wird es noch dauern, bevor es zu spät ist?"

Niemand ist völlig isoliert

In sehr realistischer Weise sind folglich die Turbulenzen im Außen, die wir bei den Elementen feststellen, ein Spiegelbild dessen, was sich in der Menschheit abspielt. Die Elementarwesen besitzen eine gewisse Plastizität ihres Wesens, fast schon eine chamäleonhafte Eigenschaft, aufgrund derer sie die Schwingungen ihrer Umgebung annehmen. Sie ahmen die Menschheit nach und lassen sich von unseren Gedanken und Gefühlen – sowohl positiver als auch negativer Art – beeinflussen. Indem sie den Widerstreit unserer Gedanken und Gefühle nachahmen, die wir heute genauso hervorbringen wie in früheren Zeiten, können sie tosende Überflutungen, schneidende Winde, wilde Stürme und sengende Hitze verursachen.

Ein weiser Mann sagte einmal voraus, dass es auf Erden keine Kriege geben würde, wenn wir die Kriege in unserem Inneren auflösen würden. Die Kriege auf Erden und die inneren Schlachten zwischen unterschiedlichen Teilen unserer selbst können nur eine gewisse Zeit lang andauern, ohne ihren Tribut zu fordern. Jesus gab uns die Quintessenz, als er sagte: "Denn mit welcherlei Gericht ihr richtet, werdet ihr gerichtet werden; und mit welcherlei Maß ihr messet, wird euch gemessen werden."[10]

Niemand, weder Mann noch Frau, ist völlig isoliert. – Wer einen spirituellen Weg geht, weiß: Wir sind alle miteinander verbunden. Wenn wir an die Decke gehen oder uns wider besseren Wissens Klatsch oder Kritik hingeben, tragen wir zum planetarischen Schwingungsmoment von Wut, Klatsch und Kritik bei, die die Naturgeister und unsere Nachbarn nach unten ziehen.

In der Komödie "Ghostbusters 2" wurde auf lebendige Weise dargestellt, wie eben dies passieren kann. Am Anfang des Films entdecken die "Ghostbusters" einen Fluss mit pink-orangefarbenem Schleim, der durch einen verlassenen U-Bahn-Tunnel in Manhattan fließt. Sie beschließen, dass der Schleim materialisierte negative Emotionen der Menschen darstellt – Hass, Gewalt und Wut.

Der Schleim beginnt zu wachsen und sich zu vermehren und gewinnt an Masse, während die Bevölkerung weiterhin negative Energien erzeugt. Er beginnt, sich durch die Gehsteige nach oben zu drücken und droht, die Stadt einzunehmen und eine "Zeit des Bösen" einzuleiten. Der Bedrohung kann nur mit positiver Energie entgegengewirkt werden – mit Frieden, Liebe und guten Gefühlen.

Die Ghostbusters machen sich daran, die positive Energie der New Yorker plötzlich aktiv werden zu lassen. Sie laden die Freiheitsstatue elektrisch auf, so dass sie zum Leben erweckt wird und nach Manhattan hineinwatet. Die Menschen kommen hinaus auf die Straße und jubeln. Schließlich ist der Schleim besiegt, als die Menge singt: "Auld Lang Syne".

Es ist als Komödie verfasst, doch es illustriert eine Wahrheit: Die negative Energie, die wir aussenden, zieht mehr von ihrer Art an. Je länger wir es aufschieben, uns darum zu kümmern, desto mehr Gewicht bekommt sie. Irgendwann, irgendwie wird der Schneeball zur scheußlichen Lawine. Wenn wir nicht eine Auflösung suchen und finden, wird diese Energie gemäß dem Gesetz des Kreislaufs wieder zu uns zurückkehren. Hat sie sich einmal physisch manifestiert, können wir nur noch wenig gegen sie ausrichten.

Ehrerbietung für das Leben

Was können wir tun, um mit Mutter Natur Frieden zu schließen? Wie können wir die Not der Naturgeister lindern? Angesichts des hohen Verschmutzungsgrades in vielen Teilen der Erde und des Gewichtes des Weltenkarmas ist dies eine entmutigende Aufgabe. Doch es ist nicht unmöglich. Wir besitzen das Material und die spirituellen

Werkzeuge, die wir benötigen, um diese Aufgabe zu bewältigen. Auf der physischen Ebene müssen wir als Individuen und als Nationen natürlich schnell handeln, um alle möglichen Verschmutzungen zu bereinigen, die bereits vorhanden sind, sowie um zu verhindern, dass neue erzeugt werden. Jeder Einzelne von uns kann seinen Teil dazu beitragen, indem wir Abfälle recyceln, biologische Produkte einkaufen oder sauberere Methoden bei der Ölverbrennung fordern. Das Wassermannzeitalter ist ein Zeitalter der Gemeinschaft. Wir werden eine bisher nie da gewesene Kooperation eingehen und innere und äußere Ressourcen mobilisieren müssen, um die Waagschalen wieder zurück ins Gleichgewicht zu bringen.

Auf der persönlichen Ebene können wir die Verantwortung übernehmen, um unsere eigenen negativen Dinge zu meistern – unsere Gewohnheiten, die uns selbst und andere verletzen und eventuell zur geistigen, emotionalen und materiellen Verschmutzung der Erde beitragen.

Wir können den unsichtbaren Arbeitern hinter den sichtbaren Wundern der Natur unseren Dank bewusst entgegenbringen, sei es durch den Segen, den wir sprechen, bevor wir unsere Mahlzeiten zu uns nehmen, oder durch das Gebet, das wir murmeln, bevor wir unser Haupt nachts zum Schlaf niederlegen. Denn ohne den unermüdlichen Einsatz der Elementarwesen hätten wir keine Plattform im Materiellen, auf der wir leben könnten. Wir hätten keinen Ort, an dem wir an unserem Karma arbeiten oder spirituell wachsen könnten.

Wir können uns sowohl selbst als auch gegenseitig daran erinnern, die Natur, die materielle Welt und unsere physische Umgebung als einen Kelch für den göttlichen Geist zu ehren und zu respektieren. Denn, wie Albert Schweitzer einst gesagt hat: "Wenn ein Mensch seine Ehrfurcht vor irgendeinem Teil des Lebens verliert, wird er bald die Ehrfurcht vor dem ganzen Leben verlieren."

Ebenso wichtig ist die spirituelle Arbeit, die wir tun. Heute benötigen wir ein beschleunigtes spirituelles Werkzeug, das uns helfen kann, Verschmutzung zu bereinigen und das Karma, das ins Physische überzuschwappen droht, zu verwandeln. Dieses Werkzeug ist Saint Germains Antidot: die violette Flamme. In Kapitel 15 werden wir Gebete vorstellen, die Sie sprechen können, um insbesondere die Last, die auf den Naturgeistern liegt, abzumildern.

Viele Propheten haben von kommenden Erdveränderungen als Folge der ungeheuren Bürde gesprochen, die auf der Natur lastet. Auf den folgenden Seiten habe ich auszugsweise Prophezeiungen von den Hierarchen der Naturgeister und von Saint Germain aufgeführt. Sie sprechen von den heldenhaften Bemühungen der Naturgeister, die Balance hier auf Erden zu halten und warnen vor dem, was Mutter Erde gezwungenermaßen tun müsste, wenn wir auf demselben Kurs weitermachen wie bisher.

Mehr als Mutter Natur ertragen kann

"In vergangenen Zeiten, als Zwietracht, Tod und Krankheit, die der Mensch selbst geschaffen hatte, Ausmaße erreicht hatten, die das überstiegen, was die Elementarwesen ertragen konnten, hat sich die Natur selbst gekrümmt (...).

Die Sättigung der Erde und des Erdkörpers mit der Disharmonie, die durch Egoismus hervorgerufen wird, der sich auf jeder Ebene und Frequenz manifestiert hat, war in der Vergangenheit und könnte letztendlich gegenwärtig ebenfalls die Ursache für die Übersättigung der Elementarwelt mit mehr sein, als sage und schreibe Milliarden von ihren Körpern in einem gemeinschaftlichen, heldenhaften Akt der Anstrengung ertragen können.

Folglich werden wir nun erklären, dass, wenn die Zwietracht der Menschen den Grad erreicht, der das

Maß des Erträglichen der Elementarwelt übersteigt, der allmächtige Gott über seine Botschafter (...) das göttliche Edikt für eine teilweise oder völlige planetarische Katastrophe erlassen muss."

(Die Hierarchen des Erdelements, 6. April 1980)

Aufruhr im Herzen der Erde

"Es gibt mehr als eine Form der Erdkatastrophe, wie ihr gesehen habt (...) [Katastrophen sind ausgebrochen], um den Menschen zu zeigen, was an der Schwelle des Bewusstseins und unter der Oberfläche der Erde lauert. Dieses muss verwandelt und herausgefordert werden, dem muss man sich stellen (...).

Daher macht die Elementarwelt, die dann den Aufruhr im Herzen der Erde an die Oberfläche bringt, all denen, die das Menetekel selbst gesehen haben, klar, dass dieser Planetenkörper ein Restkarma geschmolzener Lava und Asche birgt, das ausgespien wird (...).

Folglich reagieren die Wesen der Elemente im Zorn und im Feuer vom Himmel. Und aus der Erde kommt die Botschaft und die Warnung, die bereits gekommen ist – dass, wenn nicht eine ausreichende Menge an violetter Flamme angerufen wird, die Elementarwelt die Last des Kreuzes des Planetenkarmas nicht mehr länger tragen wird und es in diesem Jahrzehnt zu einer bezeichnenden Veränderung auf der Oberfläche der Erde selbst kommen wird."

(Saint Germain, 1. Juni 1980)

128

Verteidigt die majestätischen Wale

"Gott gebe, dass die Mörder der mächtigen Wale die Majestät des Geistes Gottes und der Mutter Flamme erkennen mögen, die in diesen gesegneten Elementarwesen verankert ist, die die sieben Meere beherrschen und die Überbringer des kosmischen Lichtes und der kosmischen Strahlen zu allem Leben sind, das auf dem Planeten Erde wohnt (...).

Möge die Aktivität des heiligen Feuers der violetten Flamme den natürlichen Strom des Geistes und des Feuers des Geistes wiederherstellen, um die Alchemie der Verwandlung in den Meeren herbeizuführen, ohne die es keine Rückkehr zum Gleichgewicht geben kann (...).

Wenn die Söhne Gottes sich nicht zur Verteidigung der Elementarwelt und der Unversehrtheit des Erdkörpers erheben, werden bestimmte große Katastrophen nicht abgewendet werden."

(Die Hierarchen des Wasserelements, 27. April 1980)

Gefahren der atomaren Verseuchung

"Der Missbrauch nuklearer Energie und die Gefahren der Atomwaffen und Kernkraftwerke in den Händen derjenigen, welchen die Meisterschaft über die Elemente und die kosmischen Kräfte fehlt, werfen Probleme großen Ausmaßes auf (...).

Das derzeitige Verständnis der Wissenschaft, das der Mensch hat, gestattet es ihm nicht, die Wiederherstellung der Harmonie und die Neuordnung der Missstände und der Zwietracht zu beschleunigen, die sich aufgrund seines mutwilligen, ja rücksichtslosen Missbrauchs der natürlichen Ressourcen auf Erden bereits bei fast jeder Form von Materie eingeschlichen haben."

(Die Hierarchen des Luftelements, 20. April, 1980)

Heilige Plätze

"Wisset, dass die Berge Gottes auf Erden – die bedeutsamsten Berge, die heiligen Berge, die Heiligtümer und Zentren, die Refugien unserer Bruderschaft – Plätze sind, die die Pilger aufsuchen, um die innere Balance des Körpers zu erneuern und wiederherzustellen (...), um in kosmische Zyklen einzutreten. Folglich tragen die Luft selbst, die Sonne und das Feuer im Herzen des Berges zur Reinigung bei."

(Saint Germain, 1. Juni 1980)

Bitte um Kooperation mit den Naturgeistern

"Wir schicken die Warnung zu den goldenen Herzen, dass es, wenn es keine gewaltige Intensivierung der Sättigung des Erdkörpers mit der violetten Flamme gibt (...), in diesem Jahrzehnt zu großen planetarischen Umwälzungen, Veränderungen der Klimaverhältnisse und Erdbeben kommen wird, die zu einem großen Verlust von Leben sowie zu dauerhaften Veränderungen auf der geografischen Oberfläche der Erde führen werden.

Die gesegneten Wesen der Elemente haben alles in ihrer Macht Stehende getan und tun auch weiterhin alles Erdenkliche, um Naturkatastrophen abzuwenden. Ich wiederhole nochmals: Wir sprechen eine Warnung aus! Wenn die Avantgarde der Lichtträger nicht ihre Hand an den Pflug legt und sich (...) zugunsten der Diener Gottes und des Menschen in der Natur zusammentun wird, wird es heftige Veränderungen im Erdkörper geben.

Wir alarmieren euch, ihr Lieben, während ihr noch genügend Zeit und Raum habt, euch an das große Gesetz zu halten und für das nötige Gegengewicht in Form von Gottes Bewusstsein und in Form seines heiligen Feuers zu sorgen.

Wie Elektroden in der Erde werden eure dynamischen Dekrete, eure Gebete, die von einem reinen Herzen, das dem Geist des Herrn unterstellt ist, mit Kraft versehen werden, und eure Fiats an Gottes werden alles verzehrendes heiliges Feuer werden, wie das Einpflanzen von Stäben in die Erde durch den Herrn – energetische Wirbel, die die Zwietracht des Menschen durch die Flamme der Gnade verzehren und verwandeln werden.

Folglich ist es unsere Hoffnung, dass die Materialisierung des bevorstehenden Weltenkarmas durch die bewusste Zusammenarbeit von Elementarwesen, Meistern und inkarnierten Menschen eventuell noch einmal zurückgestellt werden kann."

(Die Hierarchen des Erdelements, 6. April 1980)

Die große Flutwelle des Lichtes

"Wissenschaftler und Laien, Bürger und Umweltschützer auf der ganzen Welt lesen die Schriftzeichen an der Wand, die Menetekel der Elementarwelt, die Verwerfungen und Spalten der Erde, anhand derer man einen Zeitplan für die Erdveränderungen ableiten könnte. Leider können nur wenige unter den inkarnierten Menschen die Hieroglyphen der 'Akashachronik'[11] lesen und daher von den wissenschaftlichen Meistern profitieren, die sich als Wächter der planetarischen Kraftfelder unter die Elementarwesen gemischt haben.

Dennoch spürt das Volk Gottes auf Erden die bevorstehenden Veränderungen. Hellseher haben sie öfter vorausgesagt, als sie eingetreten sind, während diejenigen, die mit den Feuersalamandern unserer Scharen zusammenarbeiten, das heilige Feuer in der alles verzehrenden violetten Flamme angerufen haben, damit es Ursache und Kern derjenigen Zustände gründlich beseitigen möge, die (...) verschiedene Formen von großen Katastrophen herbeiführen könnten – wenn sie nicht von der großen Flutwelle des Lichtes aufgehalten werden (...).

Mögen die Kinder des Lichtes aufhören, angesichts der Bedrohung durch eine bevorstehende Katastrophe oder gar vor dem Gesetz der planetarischen Entschädigung zu zittern und sich zu ängstigen. Mögen sie sich in Gott erheben, um Meister ihres Schicksals, ihrer Astrologie und ihrer feurigen Bestimmung zu werden. Mögen sie die violette Flamme einsetzen und nach Reinheit im Herzen streben (...).

Die violette Flamme ist das effektivste und intensivste Mittel, um die Fehler und Verletzungen der Vergangenheit zu löschen."

(Die Hierarchen des Feuerelements, 13. April 1980)

8. SO KOMMEN WIR DURCHS NADELÖHR

*»Wenn du am Ende des Weges angekommen
bist, verändere dich. – Wenn du dich verändert
hast, kommst du durch.«*

I Ching

Wenn ich vielerorts mit Menschen aus allen Schichten der Bevölkerung spreche, höre ich immer wieder die gleiche Geschichte: dass es immer härter und schwerer wird, mit dem Leben fertig zu werden. Dass sie sich wünschen, sie könnten ihr Leben einfacher machen. Dass die Dinge sich so schnell weiterbewegen, dass sie kaum noch mitkommen – und sie sind sich auch nicht einmal sicher, wohin der Strom sie treibt.

Warum scheint das Leben mit so viel mehr Herausforderungen (Chancen) an uns heranzutreten als je zuvor? Ein Grund dafür ist, dass wir in ein neues Zeitalter eingetreten sind. Mit dem Übergang zum Wassermann sind wir in eine neue Ära mit einer neuen spirituellen Schwingung eingetreten.

Ob wir es bewusst erkennen oder nicht – unsere Seelen spüren, dass uns eine absolut große Chance bevorsteht, wenn wir nur die Gegenströme unseres Karmas überwinden.

Spirituelle Zeitpläne

Spirituell gesprochen ist das Wassermannzeitalter dazu bestimmt, einen Anstieg auf eine neue Stufe der Meisterschaft darzustellen. Es ist, als würde Gott zu uns sagen: "Ihr müsst bestimmte Dinge meistern, bevor ihr weiter aufsteigen könnt, bevor ihr euch selbst als Zivilisation transzendieren könnt." Die Erde ist ein Klassenzimmer, und wir sind die Schüler, die die Abschlussprüfung bestehen müssen, bevor sie in die nächste Klasse vorrücken können. Bevor wir weiterrücken können, müssen wir beweisen, dass wir bestimmte Lektionen gelernt und unser Thema in gewisser Weise gemeistert haben.

Das bedeutet, dass wir die Lektionen, die wir nicht gemeistert haben, überprüfen und unsere Prüfungen nochmals wiederholen müssen. Ob man es nun als "Karma", "Lebenslektionen" oder "Pechsträhne" bezeichnet, die Herausforderungen, mit denen wir persönlich und kollektiv konfrontiert werden, sind ein großer Übergangsritus. Sie sollen uns über die Themen der Vergangenheit hinweghelfen und unser spirituelles Wachstum fördern.

Präziser formuliert erfordert unsere Abschlussprüfung, dass wir ungelöste Themen unseres Karmas nicht nur der letzten 2.000 Jahre, sondern der letzten 25.800 Jahre lösen. Warum 25.800 Jahre? Dies entspricht einem Umlauf um den Tierkreis. Die Erde braucht etwa 2.150 Jahre (ein astrologisches Zeitalter), um durch 30 Grad des Tierkreises (oder ein Tierkreiszeichen) zu ziehen, und etwa 25.800 Jahre, um sich durch alle astrologischen Zeichen zu bewegen.

Zur Zeit arbeiten wir also nicht nur an der Bereinigung unserer unerledigten Pflichten des Fischezeitalters, sondern auch an den der vorangegangenen elf Zeitalter. Darüber hinaus haben wir heute die einmalige Gelegenheit, nicht nur Pioniere des neuen Wassermannzeitalters, sondern eines komplett neuen Zyklus' von 25.800 Jahren zu sein. Es ist in der Tat ein bedeutsamer Wendepunkt in unserer spirituellen Geschichte.

Eine Vorschau auf unseren "Lebensrückblick"

Die archetypischen Initiatoren unserer Seelen, die unsere letzte karmische Prüfung am Ende dieses Zyklus von 25.800 Jahren abnehmen, sind die vier apokalyptischen Reiter – eindrucksvolle, Ehrfurcht einflößende Wesen.

Wie Paul Revere auf seinem Mitternachtsritt, kommen diese Reiter mit einem Weckruf. Sie warnen uns davor, dass wir im Wassermannzeitalter nicht so sein können, wie wir im Fischezeitalter waren.

Um uns voll und ganz in den neuen Zyklus zu begeben, müssen wir mit der Vergangenheit Frieden schließen und überholte Methoden, die uns bremsen, ablegen. Wir müssen unseren Extraballast abwerfen, damit wir durch das Nadelöhr passen. Es ist an der Zeit, so heißt es, die Verantwortung für unsere Handlungen in der Vergangenheit zu übernehmen und die Früchte unserer guten Taten zu ernten.

Diese beschleunigte Rückkehr unseres Karmas ist wie ein Vorblick auf unseren "Lebensrückblick".

Wie Dannion Brinkley – der drei Nahtoderfahrungen hatte und immer noch am Leben ist – berichtet, gehen wir am Ende unseres Lebens durch einen Lebensrückblick. Bei diesem Rückblick erfahren wir tatsächlich genau, wie sich unsere Mitmenschen gefühlt haben, wenn sie uns begegneten. Hatten wir ihnen Schmerzen zugefügt, so spüren wir ihren Schmerz. Schickten wir ihnen Liebe und versüßten ihnen den Tag, so spüren wir ihre Liebe. "Ihr werdet zu jedem einzelnen Menschen werden, dem ihr jemals begegnet seid", sagt Dannion, "und ihr werdet die direkten Folgen des Wechselspiels zwischen euch und der betreffenden Person spüren."

Auf gewisse Weise ist das Leben heute genauso. Mit immer höherer Geschwindigkeit begegnen wir den Gesichtern unseres Karmas – in den Menschen, in die wir hineinlaufen (und immer wieder hineinlaufen), bis wir den Schlüssel finden, der die Tür zu ihrem Herzen oder zu unserem Herzen öffnet, oder in unbequemen

Situationen, die unsere Aufmerksamkeit erfordern und angegangen werden müssen.

Unser Karma, das unsere Lebensumstände beeinflusst, ist die Folge der Ursachen, die wir in der Vergangenheit in Bewegung gesetzt haben. Das Gesetz des Karmas ist neutral und unpersönlich. Es bringt all das zu uns zurück, was auch immer wir jemals ausgesandt haben. Wenn wir jemanden beispielsweise in einem vergangenen Leben verletzt haben, so kann es sein, dass wir die betreffende Person wiedertreffen, damit wir ihr dieses Mal helfen können und sie nicht wieder verletzen. Oder Gott lässt uns, um unser negatives Karma auszugleichen, erfahren, wie es sich anfühlt, verletzt zu werden. Er lässt uns die gleiche Behandlung erfahren, die wir anderen haben zukommen lassen – als Vorgeschmack auf unseren Lebensrückblick.

Der Grund dafür, weshalb es wichtig ist, unser Karma der Vergangenheit zu bereinigen, liegt darin, dass das Karma uns ausbremst. Es verdeckt unsere Sicht und trübt die Gewässer. Es lässt nicht zu, dass wir klar sehen. Wenn wir nicht klar sehen, ist es viel schwerer, an unser Ziel zu gelangen.

Die vier apokalyptischen Reiter sind es, die dieses Karma zu uns zurückkehren lassen wie einen Bumerang, damit wir es bereinigen können. Wenn die vier Reiter persönliches und planetarisches Karma abliefern, sucht das Karma unbeirrbar sein Ziel – die Person oder die Personen, eine oder zehn Millionen, die es geschaffen haben. Die Wirkung kehrt zu ihrer Ursache zurück und sucht die Auflösung an ihrer Quelle.

Auf den unterbewussten und unbewussten Ebenen haben wir alle schon die vier Reiter galoppieren hören. Manche blenden den Klang ihrer Hufschläge aus und geben vor, alles sei bestens. Andere versuchen, sich zu verstecken. Die Weisen jedoch heißen sie willkommen, denn sie wissen, dass diese Botschafter den Schlüssel für die Katharsis und spirituelles Wachstum in Händen halten. Sie wissen, dass man die Reiter und das Karma, das sie mitbringen, nicht fürchten muss, da die Auflösung der Vergangenheit genau das ist, was uns den endgültigen Frieden bringen wird.

Eine neue Version der vier apokalyptischen Reiter

Was genau stellen die vier apokalyptischen Reiter eigentlich dar? Johannes schrieb seine mystische Vision der vier Reiter im Buch der Offenbarung nieder – eine Offenbarung, von der Johannes sagt, dass Jesus sie ihm enthüllte, "und er hat sie gedeutet und gesandt durch seinen Engel".[1] Die Offenbarung ist eine Studie der Psychologie der Seele und eine Prophezeiung der Prüfungen, die wir alle auf unserem Pfad zur Wiedervereinigung mit Gott meistern müssen. Im Kapitel 6 der Offenbarung schicken die vier "Tiere" – himmlische Wesen – vier Reiter auf vier verschiedenfarbigen Pferden aus.

1986 enthüllte Gott mir ein neues Verständnis dieser Reiter und ihrer Rolle. Die Interpretation, die ich Ihnen hier mitteile, ist nicht die einzige Möglichkeit der Betrachtung der vier apokalyptischen Reiter, denn es gibt in der Offenbarung des Johannes mehrere Bedeutungsebenen. Die Vision, die Gott mir schenkte, hat mir jedoch geholfen, das Gesetz der Kreisläufe und das Wesen des Karmas besser zu verstehen. Sie hat mir auch geholfen, dem, was in der Welt vor sich geht und was wir möglicherweise erwarten können, Sinn zu geben. Hier nun also, was mir gezeigt wurde:

Als die Vision sich auftut, höre ich zuerst den Hufschlag, bevor ich die Pferde und ihre Reiter sehe. Sie bewegen sich in einer geraden Reihe auf mich zu. Die, die mir am nächsten sind, bezeichnen das direkt bevorstehende Karma, diejenigen, die weiter entfernt sind, verkörpern das, was noch kommen wird.

Die vier Reiter sind in Mäntel gehüllt. Ich kann ihre Gesichter nicht sehen. Sie beugen sich über ihre Rösser. Mann und Ross sind förmlich eins, während sie durch die Nacht galoppieren. Der

Vollmond erleuchtet die Nacht. Seine magnetische Anziehungskraft und seine Wirkung auf die Emotionen symbolisiert die Verletzlichkeit des Menschen im Hinblick auf sein Karma. Obgleich es eine klare Nacht ist, zeichnen sich die Reiter als dunkle Silhouetten gegen ein Zeitalter spiritueller Finsternis ab. Das Zeitalter wird nur vom geliehenen Schein des Materialismus, der sinnlichen Vergnügen und einer Technologie erleuchtet, die die Menschen nicht beherrschen.

Eine Waage in der Hand

Als die Vision sich auftat, wurde mir gezeigt, dass die vier apo-kalyptischen Reiter die Vorboten des persönlichen und planetarischen Karmas sind. Sie tragen dieses Karma und sind förmlich seine Ver-körperung.

Das erste Ross, das ich sah, war schwarz. Es stand mehr als vier Meter von mir entfernt. Eine ungeheure, Ehrfurcht einflößende Kreatur. Der Mantel des Reiters schimmerte in einem schwarz-silbrigen Grün im Mondlicht. Hier sind die Worte, die Johannes zu diesem Ross und Reiter zu sagen hat:

"Und da es das dritte Siegel auftat, hörte ich das dritte Tier sagen: Komm! Und ich sah, und siehe, ein schwarzes Pferd. Und der darauf saß, hatte eine Waage in seiner Hand.

Und ich hörte eine Stimme unter den vier Tieren sagen: Ein Maß Weizen um einen Groschen und drei Maß Gerste um einen Groschen; und dem Öl und Wein tu' kein Leid!"[2]

Der Reiter des schwarzen Rosses wird als derjenige betrachtet, der der Erde die Hungersnot bringt. Warum? Johannes Beschreibung einer "Stimme unter den vier Tieren" erinnert an einen Marktschreier. Er verkauft unseren Weizen, unsere Gerste, unser Korn, unseren Lebensunterhalt: "Ein Maß Weizen um einen Groschen und drei Maß Gerste um einen Groschen ..."

Der "Marktschreier" nennt exorbitant hohe Preise, wie man sie während einer Hungersnot antreffen würde - das Acht- bis Sechzehnfache des Normalpreises. Die damit verbundene Andeutung eines Mangels an Handelsgütern weist darauf hin, dass der Wert der Arbeit des Menschen - und damit auch ihr Selbstwert - kompromittiert ist.

Die Stimme, die Johannes hört, fährt fort, uns zu warnen: "Und dem Öl und Wein tu' kein Leid!" Mir erschließt sich dies so, dass wir sowohl den Wein des Geistes (Vater) für unser spirituelles Leben als auch das Öl der Erde (Mutter) für unsere materielle Existenz brauchen, um das Getriebe der Zivilisation am Laufen zu halten.

Der schwarze Reiter mit einer "Waage in seiner Hand" ist ein Symbol für die göttliche Gerechtigkeit. Er wägt die Handelsgüter der Nationen und das Karma der Seelen ab, die in das Kaufen und Verkaufen involviert sind. Folglich besteht die Rolle dieses Reiters darin, das Karma für den Missbrauch der Wirtschaft zu überbringen - die Hungersnot. Hunger kann durch wirtschaftliche Probleme sowie durch widrige Wetterverhältnisse und unangemessene Nahrungsverteilung entstehen.

Von Zeit zu Zeit durfte ich im Jahr 1987 den schwarzen Reiter wiedersehen. An einem Abend im September, als ich eine Gebetswache zur Heilung der Wirtschaft abhielt, sah ich auf und erblickte den schwarzen Reiter direkt vor mir. Ich hob die rechte Hand und rief den allmächtigen Gott an, um das schwarze Pferd zu stoppen. Dann sah ich, wie das schwarze Ross auf die Hinterbeine stieg und in dieser Pose wie erstarrt blieb.

Nur Wochen später, als ich in den frühen Morgenstunden erwachte, sah ich das schwarze Pferd wieder. Es berührte mit seinen Vorderbeinen mehrmals den Boden und bäumte sich wieder auf.

Fünf Tage später sah ich mitten in der Nacht, wie das Pferd mit allen vier Hufen auf den Boden kam, um mich herumstob und hinter mir verschwand, wobei das weiße Ross hinter ihm her galoppierte. Beide waren nicht aufzuhalten, und ich wusste in meinem Herzen, dass dies die Niederkunft des Karmas der

Wirtschaft der Nationen bedeutete. Ich war verblüfft, ernüchtert und gespannt, was als Nächstes passieren würde.

Ich musste nicht lange warten. Es war der 19. Oktober 1987. Später an diesem Tag stürzte der Dow Jones Index auf 508 Punkte ab, dies war ein Abfall um 23 Prozent – der damals größte prozentuale Einbruch in der Geschichte der Börse.

Wenn das Karma auf uns herabkommt, löst es eine Kette von Ereignissen aus. Seit jenem "Schwarzen Montag" hat die Börse viele starke und viele schwache Konjunkturen erlebt. Wir haben die Auswirkungen der Krise der asiatischen Börse und die Abwertung der brasilianischen Währung erlebt. Und im neuen Millennium haben wir bereits Wirtschafts- und Finanzturbulenzen, Rettungsprogramme für die Banken, Abfindungen, Kürzungen von Sozial- und Rentenleistungen, Zwangsräumungen und steigende Arbeitslosigkeit. Manche Menschen sagen, dass die Wirtschaft der Vereinigten Staaten noch stark sei. Andere sind anderer Meinung. Doch was auch immer geschieht, in der heutigen, vernetzten Welt stehen wir nicht mehr allein da. Wir sind mit anderen Nationen und Völkern verbunden, in guten und in schlechten Zeiten.

Ein Spiegelbild

Jeder der vier apokalyptischen Reiter ist wie ein Spiegel, der der Menschheit ihren Bewusstseinsgrad widerspiegelt. Die Reiter sind wie der Guru, der sich einen Spiegel um den Hals hängte, so dass seine Schüler lernten, dass alles, was sie an ihrem Lehrer beobachteten, ein Spiegelbild ihres eigenen, nicht verwandelten Selbst war. Die vier Reiter sind die Inkarnation des kollektiven, nicht verwandelten Selbst unserer Menschheit. Alles, was sie mitbringen, alles, was sie tun, ist das Spiegelbild dessen, was die Menschheit selbst mitgebracht und einander angetan hat.

140

Die Reiter haben sowohl persönliche als auch planetarische Bedeutung. Das Karma, das sie mitbringen, entspricht dem Karma, das die Menschheit als Ganzes und wir selbst individuell auf jeder der vier Ebenen der Existenz geschaffen haben – Feuer (ätherisch), Luft (geistig), Wasser (astral) und Erde (körperlich). Diese vier Ebenen sollen wir als die Vehikel benutzen, um unser Höheres Selbst zum Ausdruck zu bringen, doch allzu oft werden sie mit unserem Ausdruck des niedrigeren Selbst verunreinigt.

Wenn wir die apokalyptischen Reiter auf diese vielfältige Weise betrachten, entspricht das schwarze Ross dem Karma, das auf der geistigen Ebene geschaffen wird – auf der Ebene des Verstandes und des Intellekts, wo das höhere Bewusstsein und das niedere Bewusstsein um die Gunst der Seele wetteifern. Wir können unseren Verstand einsetzen, um die Erleuchtung voranzubringen (und gutes Karma zu schaffen) oder diesen benutzen, um zu manipulieren und zu kontrollieren (und damit negatives Karma zu erzeugen).

Während der schwarze Reiter reitet, bringt er den Menschen das Karma zurück, das sie geschaffen haben, während sie ihren Verstand missbraucht haben – indem sie kritisch oder hinterlistig waren bzw. dem Diktat eines starren menschlichen Intellekts gefolgt sind statt beispielsweise den Impulsen eines Herzens voller Mitgefühl. Das Karma des Missbrauchs unseres Verstandes kann uns abbremsen. Es kann uns davon abhalten, zu den kreativsten und intuitivsten Kräften des Verstandes Zugang zu finden. Es kann den Fortschritt unserer Bemühungen hemmen oder wie eine schwarze Wolke der Verzweiflung über uns hängen.

Wen krönen wir?

In der Vision des Johannes ist der weiße Reiter mit Bogen und Krone ein mächtiger Eroberer:

*»Und ich hörte der vier Tiere eines sagen wie mit einer Don-
nerstimme: Komm!*

*Und ich sah, und siehe, ein weißes Pferd. Und der darauf
saß, hatte einen Bogen; und ihm ward gegeben eine Krone,
und er zog aus sieghaft, und dass er siegte.«[3]*

Traditionell symbolisiert der weiße Reiter den Sieg. In der Vision,
die ich erhalten hatte, stellt dieser Reiter auf planetarischer Ebene
(unter anderen Möglichkeiten) die Vereinigten Staaten dar, die in
kleine und große Kriege außerhalb ihrer Grenzen verwickelt sind.

Auf individueller Ebene ist das Herrschaftsgebiet des weißen Rosses
die ätherische Ebene der Wirklichkeit. Diese Existenzebene beinhaltet
die Blaupause für die Seele und unsere Mission im Leben. Sie beinhaltet
auch die Aufzeichnungen und das Gedächtnis aller Ereignisse.

Der weiße Reiter stellt die Perversion unseres Geistes dar. Der
Geist stellt unsere Berufung dar – welchem Thema wir unser Leben
widmen. Unser Geist wird in unserer heiligen Arbeit ausgedrückt, in
der Arbeit unserer Hände und in unseren Beiträgen zur Gemeinschaft.
Unser Geist ist dazu bestimmt, sich zu den Höhen des Heiligen
Geistes zu erheben. Die Pfeile des weißen Reiters attackieren unseren
Geist und können uns demoralisieren.

Die Farbe des weißen Rosses ist trügerisch. Weiß ist traditionell
die Farbe der "guten Jungs", doch das Weiß dieses Pferdes kaschiert
nur dessen ungeheure Täuschungskräfte. Seine Kriegsführung gegen
den Geist ist für die schlafende Bevölkerung nicht spürbar und unsichtbar.

Die Krone, die der Reiter trägt, ist aus falschen Lorbeeren
gewunden. Sie zeigt, dass wir als Bevölkerung die niedrigsten
Bedürfnisse und Leidenschaften gekrönt haben – und nicht die edlen
Bedürfnisse und Leidenschaften. Wer ist für viele in unserer Gesellschaft
der König? Derjenige, der den größten Sexappeal und das meiste
Geld hat. Wen verehren viele Menschen? Diejenigen, die jedes ihrer
Bedürfnisse unverfroren verfolgen, selbst auf Kosten anderer.

Die Macht, den Frieden von der Erde zu nehmen

In der Offenbarung wurde dem roten Reiter "ein großes Schwert" und die Macht gegeben, "den Frieden zu nehmen von der Erde".

> »Und da es das andere Siegel auftat, hörte ich das andere Tier sagen: Komm!
> Und es ging heraus ein anderes Pferd, das war rot. Und dem, der darauf saß, ward gegeben, den Frieden zu nehmen von der Erde und dass sie sich untereinander erwürgten; ihm ward ein großes Schwert gegeben.«[4]

Diese Beschreibung, im Zusammenhang mit der blutigen Farbe des Pferdes, zeigt uns, dass dieser Reiter den Krieg, Blutvergießen, Kämpfe und die Ansammlung von Armeen und Waffen verkörpert. Die Domäne des roten Rosses ist die astrale Existenzebene – die Ebene der Bedürfnisse, der Emotionen und des Unterbewusstseins.

Die Macht des roten Rosses, den Frieden von der Erde zu nehmen, stellt die Wiederkehr des Karmas wegen des Missbrauchs der Emotionen dar. Zweck der astralen – oder emotionalen – Ebene ist es, den Wunsch Gottes zum Ausdruck zu bringen. Unsere Gefühle – oder Emotionen – sollen positive Energie in Bewegung sein: innige Gefühle der Liebe, Freundlichkeit, Mitgefühl. Stattdessen sind Emotionen dazu benutzt worden, um Wut, Stolz, Eifersucht und Rache auszudrücken.

Die Ursachen für Kriege liegen in den Kämpfen in unserem eigenen Unterbewusstsein und in der Zerrissenheit unserer eigenen Psyche, die wir nicht gelöst haben. Der Apostel Paulus sprach über die Kämpfe in unseren "Gliedern", die wir alle schon einmal erlebt haben. Er sagt: "Und das Gute, das ich will, das tue ich nicht; sondern das Böse, das ich nicht will, tue ich."[5] Der rote Reiter wird keine Macht über die Menschheit haben und keinen Einzug

143

in unsere Welt finden, wenn wir diese Kämpfe in unserem Herzen, unserer Seele und in unserem Geiste bezwingen.

Schleichender, süßer Tod oder plötzliche Zerstörung

In der Offenbarung des Johannes ist das fahle Pferd ein Vorbote des Todes, dem die Macht über ein Viertel der Erde gegeben ist.

> »Und da es das vierte Siegel auftat, hörte ich die Stimme des vierten Tiers sagen: Komm! Und ich sah, und siehe, ein fahles Pferd. Und der darauf saß, des Name hieß Tod, und die Hölle folgte ihm nach. Und ihnen ward Macht gegeben zu töten den vierten Teil auf der Erde mit dem Schwert und Hunger und mit dem Tod und durch die Tiere auf Erden.«[6]

Ich betrachte dies als Prophezeiung für alle Dinge, Handlungen und Substanzen, die entweder zu einem schleichenden, süßen Tod oder zu plötzlicher Zerstörung führen, u. a. durch Hungersnot, Seuchen, Krieg, AIDS, Krebs, neue Viren, Selbstmord und den Missbrauch von Musik oder Drogen, Alkohol, Nikotin sowie durch andere schädliche Substanzen.

Das fahle Ross liefert das Karma, das wir durch den Missbrauch auf der physischen Existenzebene geschaffen haben. Unsere Körper und die Erde selbst sind die Geschenke Gottes, die Vehikel, die er uns für unseren Aufenthalt auf Erden gegeben hat. Ohne sie könnten wir unsere Mission im Leben nicht erfüllen und unser Karma nicht ausgleichen. Die Körper von Mann und Frau und der Körper der Erde sind heilig, wie Paulus uns erklärte, als er schrieb: "Wisset ihr nicht, dass ihr Gottes Tempel seid und der Geist Gottes in euch wohnt?"[7]

Wenn wir unseren Körper oder den Körper anderer Menschen nicht ehren und respektieren, wenn wir den Körper verletzen oder missbrauchen, wenn wir die Umwelt verschmutzen oder Tiere nicht schätzen, erzeugen wir physisches Karma. Wenn eine Nation sich an solchen Handlungen beteiligt oder darüber hinwegsieht, muss ihr Volk mit der Wiederkehr des entsprechenden Karmas rechnen.

Eine karmische Rennbahn

Mit Anbruch der 90er Jahre erschienen mir erneut die vier apokalyptischen Reiter, und mir wurde ein weiterer Aspekt ihres Rittes gezeigt. Dieses Mal ritten die Reiter auf einer großen Rennbahn.

Diese Rennbahn war so groß, dass sie über den Horizont galoppierten, wenn sie auf der anderen Seite waren. Während die Pferde auf der Rennbahn ihre Runden drehten, überholte jedes von ihnen in bestimmten Abständen die anderen, so dass es ein bestimmtes Bündel an Karma abliefern konnte, denn die vier Reiter befanden sich in einem kosmischen Zeitplan jenseits unseres Horizontes.

Ich erkannte auch, dass die vier Reiter im Laufe der letzten 2.000 Jahre ihr Päckchen des persönlichen und planetarischen Karmas für die 25.800 Jahre abgeliefert haben. Mir wurde offenbart, dass das gesammelte Karma, das von denjenigen geschaffen wurde, die während dieses Zyklus von 25.800 Jahren auf Erden gelebt haben, tatsächlich mit Anbruch des Fischezeitalters fällig wurde.

Dieses Karma wäre zu Beginn des Fischezeitalters mit voller Wucht hereingebrochen, wäre nicht Jesus eingeschritten, um dieses Karma in der Tradition der Adepten des Ostens abzumildern, wie Maitreya, Gautama Buddha und Sanat Kumara, die dieses Karma bereits vor ihm getragen hatten. Da Jesus beschloss, zu inkarnieren und seine Mission zu erfüllen, wurde es gestattet, dass dieses Karma in einer Reihe von Zyklen herabkommt, die das ganze Fischezeitalter

145

hindurch andauerten. Schließlich war ich bis zum Verständnis der vollen Bedeutung von Jesus, der "die Sünden der Welt trägt" vorgedrungen: Jesus erkannte die traurige Not der Menschen auf Erden und willigte ein, zu dieser entscheidenden Stunde der Erdgeschichte zu inkarnieren, um die volle Wucht des Karmas, das nach Plan herabkommen sollte, abzumildern.

Die Tatsache, dass er das Karma auf sich genommen hat, das mit voller Wucht herabkommen sollte, bedeutet nicht, dass wir, die das Karma geschaffen haben, nicht dafür verantwortlich wären.

Es bedeutet nicht, wie einige Christen es missverstanden haben, dass Jesus unsere Sünden (Karma) "hinweggewaschen" hat oder dass er unsere Seele "retten" wird, ohne dass wir einen Finger krumm machen müssen. Es bedeutet lediglich, dass Jesus uns Zeit erkauft hat. Er trug unser Karma für eine gewisse Zeit, um uns die Gelegenheit zu geben, die Meisterschaft über uns selbst zu erlangen, so dass wir besser mit jenem Karma umgehen könnten, wenn es herabkommt.

Wie andere spirituell fortgeschrittene Seelen, kam auch Jesus als Mentor, um einen Weg aufzuzeigen, wie man die Meisterschaft über sich selbst erlangen kann, so dass wir lernen können, mit unserem Höheren Selbst eins zu werden, wie auch er es tat. Er half uns, die Last unseres Karmas zu tragen, so dass wir stark genug werden konnten, sie selbst zu tragen. Genau das war unsere Aufgabe für das Fischezeitalter – spirituell stark, weise und liebevoll zu werden, unsere karmischen Schulden abzutragen und anderen zu helfen, das Gleiche zu tun.

Zeitzyklen, Karmazyklen

Ich erfuhr auch, dass die vier apokalyptischen Reiter, als sie auf ihrer Rennbahn ritten und unser Karma immer mehr verteilten, durch Zeitzyklen geritten sind. Diese Zyklen wurden immer kürzer und brauchten immer weniger Zeit, um vollendet zu werden.

Der erste Zyklus, der vor 2.000 Jahren begann, dauerte 1.305 Jahre bis zu seiner Vollendung. Der letzte Zyklus, der das Jahrzehnt zwischen 1990 und 2002 umfasste, dauerte nur 12 Jahre bis zu seiner Vollendung (siehe Abbildung). Während ihres ununterbrochenen Ritts von 20 Jahrhunderten zogen die vier Reiter also eine immer enger werdende Energiespirale um uns, die sich der physischen Ebene immer mehr annäherte.

Im Jahr 2 nach Christus begannen die vier Reiter, das Karma der Menschheit, das auf der ätherischen Ebene entstanden war, zu liefern. Die höhere ätherische Ebene ist die Himmelswelt des Planeten, die die perfekte Blaupause für das Leben enthält. Die niedrigere ätherische Ebene ist von den karmischen Mustern und von den Aufzeichnungen von Ereignissen auf Erden verunreinigt.

1307 begannen die Reiter, das Karma zu überbringen, das die Menschheit auf der mentalen Ebene geschaffen hatte - Karma, das mit dem Missbrauch des Verstandes und des Denkprozesses zu tun hatte. Am 23. April 1969 begannen sie, das Karma der Menschheit zu bringen, das auf der astralen Ebene durch den Missbrauch der Emotionen, der Begierden und des Unterbewusstseins erzeugt worden war.

Am 23. April 1990 begannen die vier Reiter, das Karma der Menschheit abzuliefern, das durch physische Handlungen auf der physischen Ebene entstanden war.

Daher war 1990 solch ein bedeutendes Jahr der Wende. Daher hatten die 90er Jahre auch einen Anstrich von Dringlichkeit - da die letzten Überbleibsel unseres Karmas geliefert wurden.

Und dieses Karma ist viel materieller als je zuvor. Hier folgt die Begründung:

Der Ritt der vier apokalyptischen Reiter

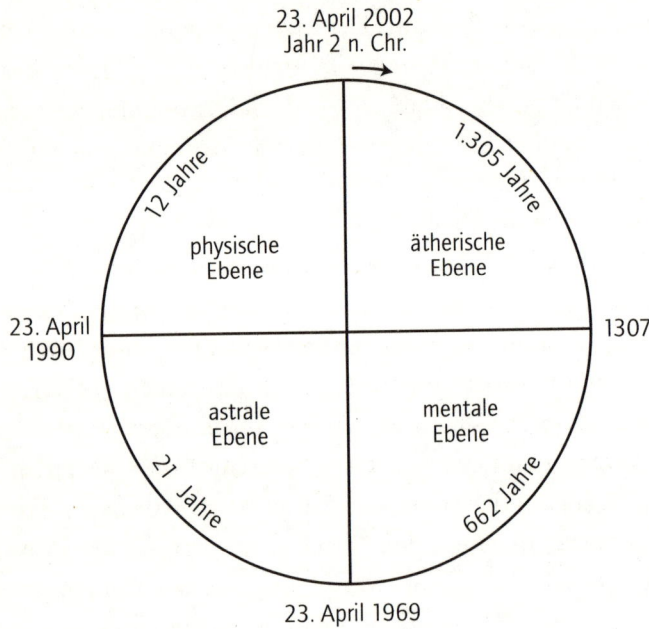

23. April 2002
Jahr 2 n. Chr.

1.305 Jahre

12 Jahre

physische
Ebene

ätherische
Ebene

23. April
1990

1307

astrale
Ebene

mentale
Ebene

21 Jahre

662 Jahre

23. April 1969

Die vier apokalyptischen Reiter liefern das negative Karma, das die Menschheit im Verlauf der letzten 25.800 Jahre geschaffen hat, auf jeder der vier Existenzebenen ab – Feuer (ätherisch), Luft (mental), Wasser (astral) und Erde (materiell). Sie begannen ihren Ritt im Jahr 2 nach Christus und beendeten ihn im Jahr 2002. Während sie sich durch die Zeit bewegten, gaben sie das Karma in Zyklen ab, und die Zyklen wurden immer kürzer und waren immer schneller vollendet.

Der Ritt der vier apokalyptischen Reiter

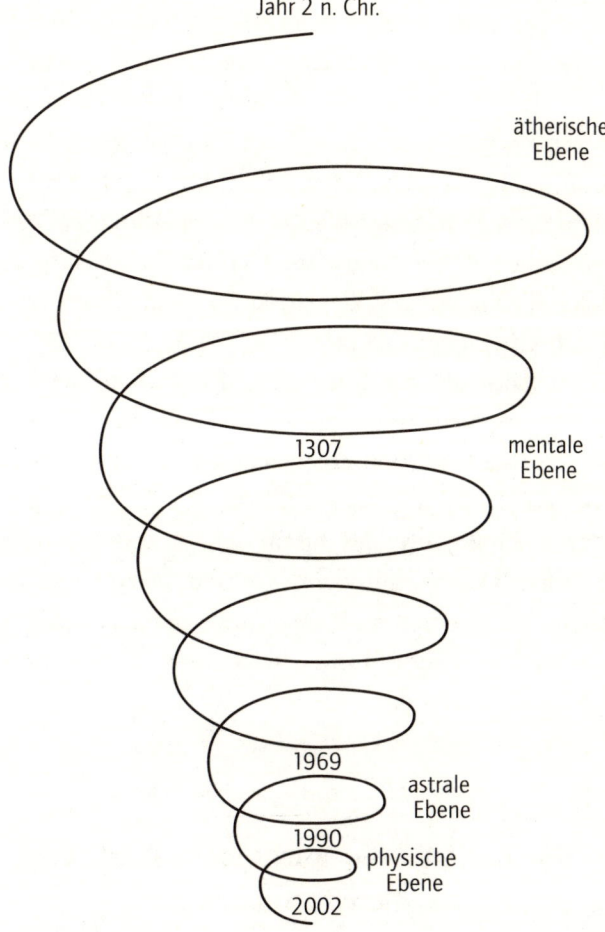

Erzeugt man Karma auf der ätherischen Ebene, so kehren 75 Prozent davon auf der ätherischen Ebene zu uns zurück und 25 Prozent auf der physischen Ebene. Erzeugt man Karma auf der mentalen Ebene, so kehren 50 Prozent auf der mentalen Ebene zu uns zurück und 50 Prozent auf der physischen Ebene. Erzeugt man Karma auf der emotionalen Ebene, so erhält man 25 Prozent davon auf der emotionalen Ebene zurück und 75 Prozent auf der physischen Ebene. Erzeugt man Karma auf der physischen Ebene, so erhält man 100 Prozent davon auf der physischen Ebene zurück. Das war das, was wir in den 90er Jahren und durch 2002 hindurch erhalten haben – die Menschheit erhielt Stück für Stück das physische Karma zurück, das sie im Verlauf dieses Zyklus von 25.800 Jahren erzeugt hatte.

Die Gleichungen des Karmas sind natürlich viel komplexer als diese grobe Vereinfachung, da die Zahl der Permutationen (Kombinationen) und Variablen nahezu unendlich ist. Aber als der Zyklus 2002 endete, wurde all das Karma, das wir während der letzten 2000 Jahre des Fischezeitalters nicht ausgeglichen hatten, übernommen, und damit wurden die Anfänge des neuen Wassermannzeitalters verunstaltet. Außerdem erzeugen viele Menschen tagtäglich neues Karma, und dieses Karma müssen sie dann ebenfalls aufarbeiten.

Wir besitzen die spirituellen Werkzeuge, die wir brauchen

Nun, bevor das Karma sich materialisiert, lässt es sich viel leichter umkehren. Man kann Krankheiten wie Krebs und AIDS viel leichter umkehren, wenn das Karma, welches verursacht, dass sie sich im physischen Körper manifestieren, noch auf den ätherischen, mentalen und astralen Ebenen unseres Seins deponiert ist. Sie können in einer Anrufung darum bitten, dass spirituelles Licht die Ursache und den Kern des betreffenden Karmas verzehrt, bevor es ins Körperliche wandert.

Eine der effektivsten Methoden, um Karma zu verzehren und die Ursache und den Kern einer Krankheit aufzulösen, bevor sie sich manifestiert, besteht in der Aktivierung der violetten Flamme.

Wird ein Leiden erst einmal körperlich, wird es zum Wettlauf mit der Zeit, ob es gelingt, dass die violette Flamme, die wir anrufen, die notwendigen Zyklen der Verwandlung rechtzeitig durchlaufen kann oder nicht.

Gleiches gilt für das Weltenkarma. Nostradamus, Edgar Cayce, Mutter Maria, Saint Germain und andere haben vor Krieg, Erdveränderungen und Seuchen in unserer Zeit gewarnt. Doch bevor sich eine Karma-Lawine wirklich entlädt, haben wir noch Zeit, sie zurückzulenken. Die Seiten unserer Zukunftsgeschichte sind noch nicht geschrieben. Wir schreiben sie Tag für Tag, Augenblick für Augenblick selbst.

Das Faszinierende an dem Ritt der vier apokalyptischen Reiter ist die unglaubliche Gnade, die Gott uns geschenkt hat. Uns wurde nicht nur unser Karma im Laufe der letzten 2.000 Jahre in wachsendem Maße zugeteilt – sondern als es fällig wurde, besaßen wir bereits auch die spirituellen Werkzeuge und die spirituelle Bewusstheit, erfolgreich damit umzugehen.

Das Prinzip des Magneten

Wir können unser persönliches negatives Karma so verwandeln, dass es nicht wie eine Tragödie über uns hereinbricht. Wir können die schlammigen Gewässer des Weltenkarmas durchschiffen, solange wir fest entschlossen sind, die inneren Kämpfe aufzulösen, die uns bedrängen.

Eine der besten Möglichkeiten, dies zu erklären, ist das Prinzip des Magneten. Stellen Sie sich vor, Sie würden einen Magneten um den Hals tragen. Plötzlich werden Eisenstücke in den Raum geworfen. Diese Stücke haben alle möglichen Größen und Formen, angefangen bei den feinsten Feilspänen bis hin zu großen Brocken. Je nach Größe des Magnets, den Sie tragen, werden Sie mehr oder weniger von diesen Bruchstücken anziehen. Besitzen Sie jedoch keinen Magneten, so kann es zwar sein, dass Sie sich im Bereich dieser Bombardierung aufhalten, doch nichts wird an Ihnen haften bleiben.

Jeder von uns trägt einen Magneten. Der Magnet ist die Verkörperung unserer negativen Seite – unsere Schwächen, unsere schlechten Angewohnheiten, unser negatives Karma. Der Schutt an Eisenfeilspänen, der auf uns zukommt, ist sowohl persönliches Karma als auch Weltenkarma.

Wo auch immer Sie in der Welt sind, gibt es eine besondere Substanz an Karma, die abgeliefert wird. Haben Sie einen Magneten in sich selbst, der dieser Substanz entspricht, so werden Sie diese Substanz anziehen. Ihr Magnet ist auch vergleichbar mit der elektrostatischen Aufladung Ihrer Kleider, wodurch Staub angezogen wird.

Die Lektion des Magneten lautet, dass wir, wenn wir Karma, das wir geschaffen haben, verwandeln, für das Weltenkarma nicht angreifbar sind, weil wir einfach keinen Magneten besitzen, der dieses anzieht. Ich wünsche mir, dass jeder von uns sagen kann: "Durch Gott in mir besitze ich keinen wunden Punkt in Bezug auf das Karma, das von den vier apokalyptischen Reitern überbracht wurde!"

Jesus erklärte seinen Schülern: "Denn es kommt der Fürst dieser Welt und hat nichts an mir."[8] Oder, wie es in der deutschen Einheitsübersetzung der Bibel heißt: "Denn es kommt der Herrscher dieser Welt. Über mich hat er keine Macht." Jesus wusste, dass wir für die Zeit bereit sein müssen, wenn das Planetenkarma herabkommt. Das Prinzip des Magneten wirkt auch umgekehrt. Nach dem gleichen Prinzip können wir auch zurück zu unserer göttlichen Quelle gezogen werden. Unser Höheres Selbst und unsere guten Schwingungsmomente sind wie ein Magnet, der uns zu höheren spirituellen Schwingungen emporzieht. Es stellt sich die Frage: Welcher Sog ist größer? Der Magnet unseres angesammelten negativen Karmas und unserer niederen Bedürfnisse oder der Magnet unserer höheren Bestrebungen und unserer höheren Bedürfnisse?

Schlagen Sie aus Ihren positiven Seiten Kapital

Ich habe die Prophezeiungen für unsere Zeit klar vor Augen. Dennoch glaube ich immer noch, dass wir durch das Nadelöhr gehen können. Ja, der Umgang mit unserem kollektiven Karma mag manchmal unangenehm, ja sogar schmerzhaft sein. Doch das Karma stellt die Anfangsschwierigkeiten dieses Wassermannzeitalters dar – eines Zeitalters voll strahlender Hoffnung, das viel verspricht.

Wenn Menschen, die von den Prophezeiungen hören, mich fragen: "Und was jetzt?", so erkläre ich ihnen Folgendes:

"Kommuniziert täglich mit Gott, ganz gleich, welches eure Religion oder euer spiritueller Pfad ist.

Geht mit intensiver Liebe in Kontakt mit dem göttlichen Funken, der in eurem Herzen wohnt. Sendet diese Liebe hinaus in die Welt. Betet um Frieden auf Erden, und bittet darum, dass die Engel Hoffnung in die Welt bringen mögen. Bittet Gott täglich darum, die violette Flamme zu schicken, um unser negatives Karma zu verwandeln und zu neutralisieren. Zieht dann hinaus und dient euren Mitmenschen mit ganzem Herzen – irgendwo und überall, wo ihr etwas verändern könnt."

9. DIE KÖNIGIN DER ENGEL REICHT UNS DIE HAND

*»[Marias Seher] sagen, dass (...) sich das Leben
auf der Welt verändern wird. Danach wird der
Mensch gläubig sein wie in alten Zeiten. Was
sich verändern wird und wie es sich verändern
wird – das wissen wir nicht.«*

Pater Tomislav Vlasic

Allein im 20. Jahrhundert wurde von mehr als
200 Marienerscheinungen - Erscheinungen der Mutter von Jesus -
in mehr als 30 Ländern berichtet. Einige Menschen behaupten,
dass Maria ihnen im Gebet erschienen sei. Andere sagen, dass sie
beobachtet haben, wie ihre Statue "geweint" hat, oder dass sie ihr
Abbild an der Wand oder im Fenster gesehen haben. Und wieder
andere berichten auch, dass Maria ihnen wichtige Botschaften und
Geheimnisse offenbart hat.

Maria hat ihre Botschaften äußerst ungewöhnlichen "Botschaftern"
anvertraut, also nicht Prälaten oder Päpsten, Präsidenten oder Po-
litikern, sondern Kindern und einfachen Leuten - harmlose
Menschen, die ihre Botschaften in Demut empfangen und sie in
unverfälschter Einfachheit weitergeben konnten.

In diesem Kapitel werden wir uns auf zwei von Marias Erscheinungen konzentrieren, die eine besondere Bedeutung für unsere

Zeit haben. In beiden Fällen beschloss Maria, ihre Prophezeiungen über Kinder weiterzugeben.

Ein Engel und eine schöne Dame

1917 wütete der Erste Weltkrieg in Europa. In Russland planten die Bolschewisten ihre Oktoberrevolution, und Portugal durchlebte einen steinigen Übergang mit einer Reihe von instabilen Regierungen. Vor dem Hintergrund dieser Tumulte enthüllte Maria drei Hirten-kindern außerhalb eines kleinen Dorfes in Portugal ihren Friedensplan. Doch zuerst schickte sie ihnen einen Engel.

Lucia de Santos, zehn Jahre alt, und ihr Cousin Francisco Marto, neun Jahre, sowie ihre Cousine Jacinta Marto, sieben Jahre, lebten in dem kleinen Dorf Aljustrel in der Nähe von Fátima. Gemeinsam hüteten sie die vereinten Schafherden ihrer Familien. Eines Morgens im Sommer, als die Schafe auf einem Feld am Gras knabberten und die Kinder in der Nähe spielten, verdunkelte sich der Himmel, und es kam ein starker Wind auf. Plötzlich sahen sie hoch über den Bäumen ein Licht, das sich auf sie zubewegte. Als das Strahlen näher kam, sahen sie ein Wesen, das einem 14- bis 15-jährigen jungen Mann glich. "Er war weißer als Schnee und durchsichtig wie Kristall, wenn die Sonne hindurchscheint", schrieb Lucia in ihren Memoiren.[1]

Als die Kinder ihn erblickten, waren sie zunächst sprachlos. "Fürchtet euch nicht", sagte er zu ihnen. "Ich bin der Engel des Friedens. Betet mit mir." Der Engel lehrte die Kinder zu beten und verschwand dann wieder. Er besuchte sie noch zwei weitere Male und forderte sie dabei auf, viel zu beten und Gott beständig Opfer zu bringen.

Am 13. Mai 1917 hatten die Kinder, als sie gerade ihre Herden hüteten, ein weiteres außergewöhnliches Erlebnis. Dieses Mal wurden sie von einem gleißenden Lichtblitz erschreckt. Da sie ihn für einen Gewitterblitz hielten, rannten sie los, um Schutz zu suchen. Ein zweiter Blitz ließ sie in eine andere Richtung jagen. Plötzlich blieben sie stehen. Vor ihnen, auf dem Wipfel eines kleinen Baumes, sahen sie eine Lichtkugel. In dieser Kugel befand sich eine schöne Dame.

Lucia schrieb später: "Die Dame war ganz in Weiß gekleidet. Sie leuchtete heller als die Sonne und schickte Lichtstrahlen aus, die klarer und stärker waren als ein Kristallglas, das mit hell funkelndem Wasser gefüllt ist und von den brennenden Strahlen der Sonne durchdrungen wird."[2]

Lucia sagte Jahrzehnte später in einem Interview, dass auf den Kleidern der Dame "keine Goldborte, keine Verzierung" zu sehen gewesen sei und dass sie "aus lauter Licht" zu bestehen schien.[3] Während die Kinder das Gefühl hatten, vom Engel "überwältigt" zu sein, sagte Lucia: "Mit Unserer Lieben Frau haben wir uns immer leicht und fröhlich gefühlt."[4]

Die schöne Dame erklärte den Kindern, dass sie vom Himmel gekommen sei. Sie bat sie, für die Bekehrung der Sünder zu beten und die Leiden anzunehmen, die Gott ihnen nach seiner Wahl zuteilen würde. Sie bat sie auch, jeden Tag den Rosenkranz zu beten, "um der Welt den Frieden und das Kriegsende zu bringen." Die strahlende Gestalt wies die Kinder an, in den folgenden fünf Monaten jeweils am 13. wiederzukommen, und versprach, ihnen ihre wahre Identität im Oktober preiszugeben.

Gekidnapped

Zunächst begegnete man den Erzählungen der Kinder von der Marienerscheinung mit Ungläubigkeit. Lucias Mutter schimpfte mit ihr, dass sie solch einen "Schwindel" verbreitete, und versuchte, sie dazu zu bewegen, diesen öffentlich zu widerrufen. Der örtliche

Pfarrer der Dorfkirche glaubte, dass die Besuche womöglich sogar das Werk der Teufels waren.

Die Kirchenoberhäupter in Portugal blieben reserviert und auf Distanz. Der oberste Patriarch von Lissabon ging sogar so weit, den Geistlichen zu verbieten, an jeglichen Versammlungen anlässlich der monatlichen Erscheinungen teilzunehmen. Trotz dieser Reaktion von Seiten der Obrigkeit kam eine immer größer werdende Schar von Pilgern, um den Ort der Erscheinungen zu besuchen oder um am 13. des Monats zu diesen anwesend zu sein.

Journalisten, die für die revolutionäre Regierung in Portugal arbeiteten, die die Kirche seit ihrer Machtübernahme 1910 verfolgt hatte, spotteten über die Erscheinungen. Sie behaupteten, die Erscheinungen seien eine organisierte Intrige, um das Volk gegen die Regierung aufzuwiegeln, und stachelten die Staatsbehörden an einzugreifen.

Maria erschien diesen drei Kindern 1917 bei Fátima in Portugal, um ihnen ihren Plan für den Weltfrieden zu offenbaren. Die drei Seher sind von links nach rechts: Jacinta, sieben Jahre alt, Francisco, neun Jahre, und Lucia, zehn Jahre alt.

Am 13. August, dem Datum, das für die vierte Erscheinung Marias angesetzt war, tat der Verwalter vor Ort genau dies. Er kidnappte die Kinder, nahm sie mit nach Hause und fragte sie aus. Als alle drei sich weigerten, die Geheimbotschaft, die sie von der Dame erhalten hatten, preiszugeben, sperrte er sie ins öffentliche Gefängnis und drohte ihnen, sie in Öl zu kochen.

Bei seinem letzten Versuch, das Geheimnis zu erfahren, hatte der Verwalter die Kinder einzeln zu ihrem vermeintlichen Tod geführt und jedem der Kinder erklärt, dass das Kind, das er vor ihm weggeführt hatte, getötet worden sei. Trotz alledem blieben die Kinder unerschütterlich und weigerten sich, das Geheimnis auszusprechen. Zwei Tage später brachte der Verwalter die Kinder wieder nach Hause.

Obgleich die Kinder nicht erwarteten, Maria vor dem 13. September wiederzusehen, ließ sie sich nicht davon abhalten, ihre Verabredung mit ihrem treuen Trio einzuhalten. Am 19. August erschien sie ihnen auf einem Feld etwa 1,5 Kilometer von Fátima entfernt, wo sie ihre Schafe hüteten.

In der Überzeugung, dass die Erscheinungen echt waren, reisten Tausende nach Fátima, um bei der Septembererscheinung anwesend zu sein. Am 13. September bat Maria die Kinder erneut, täglich bis zum Kriegsende den Rosenkranz zu beten. Sie versprach auch, dass sie während ihres letzten Besuches im Oktober ein Wunder vollbringen werde.

Das Sonnenwunder

Am Morgen des 13. Oktobers versammelten sich rund 70.000 Pilger, um das Wunder mit eigenen Augen mitzuerleben. Es war ein für die Jahreszeit ungewöhnlich kalter und verregneter Tag. Viele Menschen waren früh gekommen, hatten die vorangegangene

Nacht draußen im Regen verbracht und waren bis auf die Haut durchnässt.

Kurz nach der zugesagten Stunde am Mittag hörte der Regen auf, Maria erschien und sprach zu den Kindern. Lucia fragte sie: "Wer bist du, und was willst du von mir?" Die sanftmütige, mysteriöse Dame antwortete: "Ich bin die Dame des Rosenkranzes. Ich möchte, dass mir zu Ehren hier eine Kapelle errichtet wird. Betet weiterhin täglich den Rosenkranz. Die Menschen müssen ihr Leben richtigstellen und für ihre Sünden um Vergebung bitten."

Als sie ihre Rede beendet hatte, teilten sich die Wolken, und die Sonne erschien. Dann beobachteten die 70.000 Menschen sowie die Bewohner der benachbarten Dörfer, wie das Unerklärliche vor ihren Augen stattfand.

Lichtstrahlen in allen Farben des Regenbogens gingen von der Sonne aus und schweiften über den Himmel, verfärbten die Wolken, die Berge, die Bäume, ja sogar die nach oben gerichteten Gesichter der Menschenmenge. Dann begann die Sonne, sich wie ein großes Feuerrad zu drehen.

Dreimal hielt die kreisende Kugel inne und nahm sodann ihren wilden Tanz am Himmel wieder auf.

Doch das Schauspiel hatte erst begonnen. Plötzlich, als sei der Sonne von ihrem wilden Drehen ganz schwindelig geworden, begann sie im Zick-Zack-Kurs auf die Erde herabzukommen. Die Zuschauer schrien vor Schreck auf, nicht sicher, ob sie nicht vielleicht Zeugen des Endes der Welt waren.

Viele unter ihnen fielen im Schlamm auf die Knie. Dann kletterte die Sonne genauso abrupt wieder in ihre normale Position am Himmel zurück und wurde so hell, dass niemand sie mehr anschauen konnte. Die Menschen in der Menge, die vom Regen bis auf die Knochen durchnässt gewesen waren, waren völlig trocken ...

Fünf Jahre nach den Erscheinungen berief der Bischof von Leiria-Fátima eine Kommission ein, um sie erforschen zu lassen. 1930 bestätigte er nach siebenjähriger Forschungstätigkeit die Marienerscheinungen in einem Hirtenbrief und erklärte, dass sie es würdig seien, von den Gläubigen geglaubt zu werden.

Ein Geheimnis in drei Teilen

Während ihrer Erscheinungen warnte die "Königin der Engel", wie sie manchmal genannt wird, vor einer großen Strafe, die die Welt überkommen könnte, und legte ihren Plan für den Weltfrieden dar: tägliche Rezitation des Rosenkranzes, Hingebung an ihr unbeflecktes Herz sowie Reue. Am 13. Juli, während ihrer dritten Erscheinung, teilte sie den Kindern eine Geheimbotschaft mit. Zu diesem Zeitpunkt erzählten Lucia, Jacinta und Francisco niemandem die Details des Geheimnisses. Zehn Jahre später, 1927, enthüllte Lucia schließlich einen Teil des Geheimnisses.

Lucia beschrieb den ersten Teil als eine Vision der Hölle. Die Kinder waren von Schreck erfüllt, als sich ein Flammenmeer vor ihnen auftat. "Sogar die Erde selbst schien zu verschwinden", sagte Lucia, "und wir sahen eine große Menge von Teufeln und verlorenen Seelen in einem weiten, feurigen Ozean."[5]

Der zweite Teil des Geheimnisses war Marias Erklärung der Vision. Sie sagte zu den Kindern:

> "Ihr habt die Hölle gesehen, wohin die Seelen der armen Sünder kommen. Um sie zu retten, will Gott in der Welt die Andacht zu meinem unbefleckten Herzen begründen. Wenn man tut, was ich euch sage, werden viele Seelen gerettet werden, und es wird Friede sein."

Vergessen Sie nicht, während Sie den Rest dieser Prophezeiung lesen, dass damals, im Juli 1917, als Maria den Kindern diese Botschaft übermittelt hat, der Kommunismus noch keine große

Kraft war und die Gläubigen noch nicht verfolgt wurden. Maria fuhr fort:

> "Dieser Krieg [der Zweite Weltkrieg] wird ein Ende nehmen. Wenn die Menschen aber nicht aufhören, Gott zu beleidigen, wird unter dem Pontifikat von Papst Pius XII. ein anderer, schlimmerer beginnen.
>
> Wenn ihr eine Nacht von einem unbekannten Licht erhellt seht, dann wisst, dass dies das große Zeichen ist, das Gott euch gibt, dass Er die Welt für ihre Missetaten durch Krieg, Hungersnot, Verfolgungen der Kirche und des Heiligen Vaters bestrafen wird.
>
> Um das zu verhüten, werde ich kommen, um die Weihe Russlands an mein unbeflecktes Herz und die Sühnekommunion an den ersten Samstagen [des Monats] zu verlangen.
>
> Wenn man auf meine Wünsche hört, wird Russland sich bekehren, und es wird Friede sein. Wenn nicht, dann wird es seine Irrlehren über die Welt verbreiten, wird Kriege und Verfolgungen der Kirche heraufbeschwören. Die Guten werden gemartert werden, und der Heilige Vater wird viel zu leiden haben; verschiedene Nationen werden vernichtet werden.
>
> Am Ende aber wird mein unbeflecktes Herz triumphieren. Der Heilige Vater wird mir Russland weihen, das sich bekehren wird, und der Welt wird eine Zeit des Friedens gegönnt werden."[6]

Drei Monate später übernahmen die Bolschewisten in Russland die Macht. 1918 wurden der Zar und seine Familie hingerichtet, und bereits 1922 war die Sowjetunion etabliert.

1929 erschien Maria Lucia, die mittlerweile Nonne war, mit ihrer Bitte: "Der Moment ist gekommen, da Gott darum bittet, dass der Heilige Vater gemeinsam mit allen Bischöfen der Welt Russland meinem unbefleckten Herzen weiht und verspricht, es auf diese Weise zu retten."[7] Lucia schrieb die Botschaft gehorsam nieder und übergab sie ihrem Beichtvater, der sie an den Bischof weiterreichte. Wenig später wurde die Botschaft an den Papst übergeben. Sie wurde jedoch jahrelang nicht beachtet.

Das "unbekannte Licht"

Am Abend des 25. Januars 1938 wurde das "unbekannte Licht", das laut Marias Worten Krieg, Hungersnot und Verfolgung einläuten würde, Wirklichkeit. In jener Nacht erleuchtete ein unheilvolles rotes Glühen fünf Stunden lang den ganzen Himmel. Lucia konnte es von ihrem Klosterfenster aus sehen. Das Phänomen war über ganz Europa und in einem Teil von Amerika, Asien und Afrika hin sichtbar.

Wissenschaftler versuchten, das rote Glühen als außergewöhnliche Manifestation des Nordlichts zu erklären. "Ich glaube, wenn sie die Angelegenheit untersuchen würden", kommentierte Lucia, "so würden sie feststellen, dass es in der Form, wie es auftrat, aller Wahrscheinlichkeit nach kein Nordlicht gewesen sein kann."[8]

Nicht einmal zwei Monate später, am 12. März 1938, marschierte Hitler in Österreich ein. Am 1. September 1939 marschierte er in Polen ein. Großbritannien und Frankreich reagierten, indem sie den Krieg erklärten.

Seit 1942 haben mehrere Päpste verschiedene Segen erteilt. Erstaunlicherweise jedoch haben sie ihn nie genau so erteilt, wie Maria es beschrieben hat - indem der Papst und die Bischöfe Russland gemeinsam und gleichzeitig segnen -, obgleich Lucia wiederholt darauf drängte.

1984 weihte Papst Johannes Paul II. beispielsweise die Welt dem unbefleckten Herzen. Laut Lucia selbst jedoch erfüllte er damit

Marias Bitte nicht, denn "es nahmen nicht alle Bischöfe teil, und Russland wurde nicht erwähnt."[9]

Viele schreiben den daraufhin erfolgten Fall der Berliner Mauer und die Auflösung der Sowjetunion der Segnung von 1984 zu. Andere jedoch sagen, dass der Segen niemals wie gefordert erfolgt ist, und dass Russland daher immer noch eine Bedrohung für den Weltfrieden ist.

Das umstrittene "Dritte Geheimnis"

Der dritte Teil des "Geheimnisses", das Maria den Kindern während ihres Besuchs am 13. Juli mitgeteilt hat, ist in der Öffentlichkeit als "das Dritte Geheimnis" bekannt. Lucia schrieb dieses Geheimnis Ende 1943 oder Anfang 1944 nieder. Die Botschaft wurde versiegelt, in den Archiven des Bischofs von Leira-Fátima aufbewahrt und später nach Rom übersandt.

Lucia legte fest, dass das Geheimnis 1960 oder nach ihrem Tod geöffnet werden solle, was auch immer früher erfolgen sollte. Papst Johannes XXIII. las das Geheimnis, doch das Jahr 1960 kam und verging ohne ein Wort von ihm oder der Kirche über das Geheimnis. Die Botschaft, die nach Marias Wunsch der Welt offenbart werden sollte, blieb in geheimnisvolles Dunkel gehüllt. Mehr als vier Millionen Menschen haben den Papst in Bittschriften ersucht, Russland, wie von Maria angewiesen, ordnungsgemäß zu segnen. Viele andere drängten darauf, dass das Dritte Geheimnis öffentlich gelüftet werden sollte. Das eisige Schweigen des Vatikans über das Dritte Geheimnis führte natürlich zu vielen Spekulationen über dessen Inhalt.

1963 veröffentlichte die deutsche Zeitung "Neues Europa" einen angeblichen Auszug aus dieser Botschaft. Ihre Version der Botschaft sagt einen Atomkrieg, einen Holocaust oder zumindest große Veränderungen in der Welt voraus. Sie enthält auch eine scharfe Warnung, dass die Kirche und die Menschheit tief verwurzeltem Übel den Kampf ansagen müssen, wo immer es auftaucht. Ob diese Version nun das echte Geheimnis darstellt oder nicht – diese Warnungen stimmen mit dem Tenor von Marias Botschaften überein, die sie in Fátima und während ihrer Erscheinungen übermittelt hat.

Frère Michel de la Sainte Trinité (Bruder Michael der heiligen Dreifaltigkeit) führte eine vierjährige Tiefenstudie zu den Fátima-Prophezeiungen durch. Er glaubt, wie viele andere Sachverständige auch, dass die Hauptbotschaft des Geheimnisses vielmehr eine Glaubenskrise innerhalb der Kirche und weniger Voraussagen über Kriege oder eine Weltkatastrophe enthält. Bischof Cosme do Amaral, der Bischof von Leiria-Fátima, hat Lucia angeblich selbst zu den veröffentlichten Versionen des Geheimnisses befragt, die als echt geltend gemacht wurden. Er sagte: "Lucia bestätigte mir, dass dies alles erfunden sei und nichts mit dem Inhalt der Botschaft zu tun hat."[10] Der Bischof gab 1984 auch folgende Stellungnahme ab:

> "Beim Geheimnis von Fátima ist weder die Rede von Atombomben noch von nuklearen Sprengköpfen noch von SS 20-Raketen. Sein Inhalt betrifft ausschließlich unseren Glauben. Das Geheimnis mit Ankündigungen von Katastrophen oder einem nuklearen Holocaust zu identifizieren, ist eine Verzerrung der Bedeutung der Botschaft. Der Glaubensverlust eines Kontinents ist schlimmer als die Auslöschung einer Nation."[11]

Der Bischof mag durchaus Recht darin haben, dass Maria zu den Kindern über die Gefahr eines Glaubensverlustes gesprochen hat, doch was nannte sie als Folge davon? Wenn das Geheimnis nur um den Glaubensverlust ginge, warum verweigerten die Päpste dann so hartnäckig seine Freigabe?

Bei allem Respekt muss ich mich von der Geheimnistuerei der Päpste distanzieren, die diese Botschaft gelesen haben, insbesondere, da Maria angeordnet hat, es zu enthüllen. Prophezeiungen werden aus eben dem Grund gemacht, dass wir etwas unternehmen können und müssen, bevor es zu spät ist. Mutter Maria beabsichtigte, die Völker und Nationen dieser Welt mit ihrer Botschaft von Fátima wachzurütteln, auch mit ihrem "Geheimnis" von Fátima.

Laut Lucias Aussage hat Jesus ihr erzählt, dass er unglücklich darüber sei, dass die Päpste das Geheimnis zurückhielten. Sie schrieb: "In einem vertrauten Gespräch beklagte sich Unser Herr bei mir mit den Worten: 'Sie wollten meiner Bitte nicht stattgeben (...). Sie werden es bereuen und es dann auch tun, doch dies wird sehr spät erfolgen. Russland wird bis dahin seine Irrlehren bereits über die ganze Welt verbreitet haben und Kriege heraufbeschwören."[12]

Schwester Lucias eigene Worte zum Dritten Geheimnis geben vielleicht die besten Hinweise auf seinen Inhalt. Als sie zum Dritten Geheimnis befragt wurde, sagte sie: "Es steht im Evangelium und in der Apokalypse. Lest dort nach."[13]

In seiner Rede am Ölberg[14] prophezeit Jesus eine "große Drangsal", der vorausgeht, dass sich ein Volk gegen das andere erhebt und Hungersnöte, Seuchen und Erdbeben herrschen – Prophezeiungen, die von Nostradamus, Saint Germain, Edgar Cayce und Mutter Maria gleichsam wie im Echo wiederholt wurden. Die Apokalypse (Offenbarung des Johannes) enthält viele Prophezeiungen, darunter die Ausübung göttlicher Gerechtigkeit (d. h. die Wiederkehr des Karmas der Menschen) durch die vier apokalyptischen Reiter in Form von Krieg, Hunger und Seuchen sowie durch die sieben Engel, welchen befohlen wurde: "Gehet hin und gießet aus die Schalen des Zorns Gottes auf die Erde!"[15]

Am 26. Juni 2000 veröffentlichte die Kirche eine Publikation mit dem Titel: »Die Botschaft von Fátima. – Kongregation für die Glaubenslehre.« Dieses Dokument enthielt eine Abbildung von Lucias Originalbrief, den sie 1944 geschrieben hatte und der das dritte Geheimnis schilderte, sowie eine Übersetzung und Kommentare von Erzbischof Tarcisio Bertone und Kardinal Joseph Ratzinger, dem derzeitigen Papst Benedikt XVI.

In der Vision sah Lucia (die nun Schwester Lucia, eine Nonne des Karmeliterordens ist) zuerst einen Engel, der mit lauter Stimme: »Buße, Buße, Buße!« rief und dessen »Feuerschwert Funken sprühte« und von dem Flammen ausgingen, »als sollten sie die Welt anzünden; doch die Flammen verlöschten, als sie mit dem Glanz in Berührung kamen, den Unsere Liebe Frau von ihrer rechten Hand auf sie ausströmte.«

Danach beschreibt Lucia einen Bischof (von dem die Kinder die Ahnung hatten, dass er der Heilige Vater war) und andere Mitglieder der Kirche »einen steilen Berg hinaufsteigen, auf dessen Gipfel sich ein großes Kreuz befand«. »Bevor er dort ankam, ging der Heilige Vater durch eine große Stadt, die halb zerstört war, und halb zitternd mit wankendem Schritt, von Schmerz und Sorge gedrückt, betete er für die Seelen der Leichen, denen er auf seinem Weg begegnete. Am Berg angekommen, kniete er zu Füßen des großen Kreuzes nieder. Da wurde er von einer Gruppe von Soldaten getötet.« Genauso starben nach und nach die anderen Kirchenmitglieder. »Unter den beiden Armen des Kreuzes waren zwei Engel, ein jeder hatte eine Gießkanne aus Kristall in der Hand. Darin sammelten sie das Blut der Märtyrer auf und tränkten damit die Seelen, die sich Gott näherten.«

In seinem Kommentar schrieb Kardinal Ratzinger: »In der Schau können wir das abgelaufene Jahrhundert als Jahrhundert der Märtyrer, als Jahrhundert der Leiden und der Verfolgungen der Kirche, als das Jahrhundert der Weltkriege und vieler lokaler Kriege erkennen, die die ganze zweite Hälfte des Jahrhunderts ausgefüllt und neue Formen der Grausamkeit hervorgebracht haben ...

Die an ihrem Anfang so bedrückende Vision des dritten Geheimnisses schließt also mit einem Bild der Hoffnung: Kein Leiden ist umsonst ... Vom Leiden der Zeugen kommt eine Kraft der Reinigung und der Erneuerung.«

Erzbischof Bertone kommentierte die Freigabe der Botschaft in folgender Weise: »Die Entscheidung von Papst Johannes Paul II., den dritten Teil des ›Geheimnisses‹ von Fátima zu veröffentlichen, beschließt einen Zeitabschnitt, der davon gezeichnet ist, dass sich menschliches Wollen auf tragische Weise mit Gewalt und Bosheit verbinden kann. Gleichzeitig ist diese Zeit aber auch durchdrungen von der barmherzigen Liebe Gottes und von der Sorge, mit der die Mutter Jesu und die Mutter der Kirche über uns wacht.«

Die Publizierung des Textes durch die Kirche hat die Kontroverse über das dritte Geheimnis zu keinem Ende gebracht. Einige Autoren behaupten, dass der veröffentlichte Text nicht das wahre Geheimnis wiedergibt oder zumindest nicht in vollem Umfang. Der Vatikan behauptet weiterhin, dass der gesamte Text im Jahr 2000 offengelegt wurde. Schwester Lucia verstarb am 13. Februar 2005 im Alter von 97 Jahren in ihrem Kloster in Coimbra in Portugal.

Die Herausgeber

Sechs junge Seher

Heute findet eine der umstrittensten und berühmtesten Erscheinungen der Königin der Engel in dem kleinen Bauerndorf Medjugorje in Bosnien/Herzegowina im früheren Jugoslawien statt. Maria begann, im Juni 1981 sechs Jugendlichen zu erscheinen, und macht seitdem täglich ihre Besuche.

Warum erscheint Mutter Maria in Medjugorje? Vielleicht, weil ihre Bitten von Fátima bisher nicht erfüllt worden sind.

An jenem Sommertag 1981 sahen die Teenager etwas über dem Monte Podbrdo, das aussah wie ein Bildnis von Maria. Sie gab ihnen ein Zeichen und, wie von einer unsichtbaren Hand gezogen, stürmten sie den felsigen Berg hinauf. Als sie sich dem Bild näherten, hatten sie das Gefühl, auf die Knie geworfen zu werden und begannen zu beten. Die Seher sagen, dass Maria unglaublich schön war und sehr jung aussah, etwa 19 oder 20 Jahre alt. Ihre hellblauen Augen waren sanft und freundlich.

Nach etwa zehn bis fünfzehn Minuten verließ Maria sie mit den Worten: "Geht im Frieden Gottes." Sie kam am nächsten Tag wieder, und am dritten Tag umringte eine große Menschenmenge die Kinder, als sie mit Maria sprachen. Seitdem sind rund 20 Millionen Menschen zu diesem entlegenen Dorf gepilgert.

Wie die Erscheinungen in Fátima, so wurden auch diese Erscheinungen mit Skepsis und Verfolgung aufgenommen. Die Seher, die zwischen 10 und 16 Jahre alt waren, als Maria ihnen zu erscheinen begann, wurden von Vertretern der kommunistischen Regierung und der katholischen Kirche verhört. Einmal nahm die Gemeindepolizei sie in Haft, verlangte, dass sie ihre Behauptungen zurücknehmen sollten, und drohte, sie in ein Irrenhaus zu stecken. Der Gemeindepfarrer und andere Priester bezweifelten zunächst, dass die Erscheinungen echt waren, so dass eine der Seherinnen, Ivanka, schließlich feststellte: "Die Einzigen, die uns nicht glauben, sind die Priester und die Polizei!"[16]

Seit 1981 erscheint Maria sechs Jugendlichen in dem kleinen Bauerndorf Medjugorje in Bosnien/Herzegowina im früheren Jugoslawien. Die Jugendlichen sagen, dass sie jeden Tag kommt und ihnen Botschaften und "geheime" Prophezeiungen über das mitteilt, was in der nahen Zukunft geschehen wird.

Die Jugendlichen wurden medizinischen, psychologischen und psychiatrischen Untersuchungen unterzogen, um zu überprüfen, ob ihr Verhalten durch Drogen, Hypnose oder andere Dinge verursacht wurde. Jedes Mal stellten die Ärzte fest, dass sie normal und gesund waren. Sie wurden sogar im Zustand der Ekstase während der Erscheinungen untersucht. In einem Brief an den Papst sagte Pater Tomislav Vlasic, dass, wenn sie in der Gegenwart der Heiligen Mutter Gottes sind, wie die Katholiken sie oft nennen, "die Jugendlichen nicht auf Licht reagieren, keine Geräusche hören und nicht reagieren, wenn jemand sie berührt; sie haben das Gefühl, jenseits von Zeit und Raum zu sein."[17]

170

Ein Versteckspiel

Große Menschenmengen versammelten sich weiterhin auf einem Berg mit Blick auf Medjugorje, wenn die täglichen Erscheinungen stattfanden. Die kommunistische Regierung war über das Wiederaufleben der Religion alarmiert und nahm mehrere Priester und Nonnen fest. Sie untersagte für nahezu zwei Jahre jedem den Besuch des Orts der Erscheinungen. Eines Tages versuchte die Polizei, die Seher daran zu hindern, zu dem Berghang zu gehen. Die Jugendlichen flohen in die Gemeindekirche, und dort erschien ihnen dann im Pfarrhaus die Heilige Mutter Gottes. Die abrupte Veränderung der Situation hielt Maria nicht auf. Sie erschien den Kindern weiterhin täglich auf Feldern, in Wäldern, auf Straßen oder zu Hause bei den Jugendlichen oder anderen im Dorf. "Es war fast, als spielte Maria mit der Polizei Verstecken", schrieb eine Kommentatorin.[18]

Seit Januar 1982 ist Maria im Pfarrhaus, in der Sakristei und auf der Chorempore der Gemeindekirche erschienen. Wenn einer der Seher zum gewohnten Zeitpunkt der Erscheinungen nicht bei den anderen sein konnte, so erschien sie diesem dort, wo er oder sie sich gerade befand. "Wir sehen die Heilige Jungfrau genau so, wie wir jeden anderen auch sehen", sagen die Jugendlichen. "Wir beten zu ihr, wir sprechen mit ihr – und wir können sie anfassen."

Nachforschungen und Denunzierungen

Bischof Zanic von Mostar, der Diözese, zu der Medjugorje gehört, äußerte seine Zweifel an den Erscheinungen öffentlich. "Das Phänomen bei Medjugorje wird die größte Schande der Kirche im 20. Jahrhundert sein", sagte er. "Man kann sagen, dass es sich hierbei um Halluzinationen, Illusionen, Hypnose oder Lügen handelt."[19]

1986 kam die Kommission, die er einsetzte, um die Erscheinungen zu überprüfen, zu einer ähnlichen Schlussfolgerung. Offizielle Vertreter des Vatikans jedoch, die mit dieser Untersuchung nicht zufrieden waren, wiesen die Priesterschaft der Kirche in Jugoslawien an, eine zweite Untersuchung vorzunehmen, um festzustellen, ob die Visionen glaubwürdig waren.

1991 gaben die katholischen Bischöfe von Jugoslawien schließlich eine Stellungnahme zu den Erscheinungen ab. "Kraft der bisher angestellten Untersuchungen", so sagten sie, "ist es nicht möglich zu sagen, dass es sich um übernatürliche Erscheinungen oder Offenbarungen handelt."[20] Im August 1996 sagte der Vatikan, dass jeder sich auf eine private Pilgerschaft begeben und weiterhin Pilgerreisen nach Medjugorje organisieren könne, dass diese Pilgerreisen jedoch nicht als offizielle Bestätigung der Echtheit der Erscheinungen gesehen werden sollten.

Johannes Paul II. jedoch galt als Papst, der den Erscheinungen bei Medjugorje gewogen war. 1995 begab sich Vicka, eine der Seherinnen, als Übersetzerin für 350 verletzte und kriegsversehrte kroatische Soldaten, die eine Privataudienz beim Papst erhalten hatten, nach Rom. Er erkannte sie sofort und sagte: "Bist du nicht Vicka von Medjugorje?"

Dann betete er über ihr, segnete sie und sagte: "Bete du für mich zur Madonna. Ich bete für dich."[21] Rom bestätigte 1998 seine frühere Stellungnahme zu den Erscheinungen. Ein Brief von Erzbischof Tarcisio Bertone, dem Sekretär der Kongregation für die Glaubenslehre, wurde am 24. Juni 1998, am 17. Jahrestag der Erscheinungen, in Medjugorje empfangen. Er wiederholte Wort für Wort die Schlussfolgerung der Bischöfe des früheren Jugoslawiens von 1991.

Weitere Geheimnisse

Die Seher von Medjugorje behaupten, dass Maria ihnen nicht nur erscheint, sondern ihnen auch täglich Botschaften mit der Betonung auf Frieden, Bekehrung, Gebet, Fasten, Buße und ein heiliges Leben übermittelt. Mirjana, eine der Seherinnen, sagte: "Unsere Jungfrau bittet uns weiterhin, zu beten und zu fasten und sagt: 'Ihr habt vergessen, dass ihr durch Beten und Fasten Kriege abwenden und Naturgesetze aufheben könnt.'"[22]

Diese Botschaft war für diese Menschen, die in einem Staat leben, der durch Kämpfe entzweit wurde, so etwas wie ein Treffer ins Schwarze. Wie durch ein Wunder blieb Medjugorje während des Bürgerkriegs, der in der Aufspaltung Jugoslawiens endete, unversehrt. Gläubige sagen, dass Maria es beschützt hat. Einmal sagte ein serbischer Pilot, der gefangen genommen worden war, dass er, als er mit der Mission, es zu zerbomben, über das Dorf flog, weder ein Haus noch eine Kirche ausfindig machen konnte. Er konnte lediglich eine Art Lichtschicht erkennen, die das Dorf bedeckte. Also kehrte er wieder um.[23]

Zusätzlich zu ihren täglichen Botschaften an die Seher versprach Maria, jedem von ihnen zehn "Geheimnisse" mitzuteilen – Prophezeiungen von Ereignissen, die in der nahen Zukunft stattfinden würden. Die Seher sagen, dass Maria, wenn jeder von ihnen seine zehn Geheimnisse erhalten hat, aufhören wird, ihnen täglich zu erscheinen, und dass diese ihre letzten offiziellen Erscheinungen auf Erden sein werden. Bisher ist nur eines der Geheimnisse enthüllt worden: Maria hat versprochen, ein sichtbares Zeichen auf dem Berg, auf dem sie zum ersten Mal erschienen war, zu hinterlassen.

"Wenn das Zeichen kommt", sagte Maria, "wird es für viele zu spät sein."

Das Leben auf der Welt wird sich verändern

In einem Interview im August 1983 sagte Pater Vlasic, dass die Seher, aufgrund der Geheimnisse, die ihnen anvertraut wurden, sagen: "Das Leben auf der Welt wird sich verändern. Danach wird der Mensch gläubig sein wie in alten Zeiten. Was sich verändern wird und wie es sich verändern wird, wissen wir erst, wenn die Geheimnisse enthüllt werden."[24]

Am 30. November 1983 erklärte die Seherin Marija ihrem spirituellen Führer, Pater Vlasic, dass Maria wollte, dass der Papst und der Bischof "sofort von der Dringlichkeit und Wichtigkeit der Botschaft von Medjugorje in Kenntnis gesetzt werden". Wenige Tage später schickte Pater Vlasic einen Bericht an den Papst und den Bischof von Mostar. Darin erstattete er folgenden Bericht von einem Gespräch, das er mit einer anderen Seherin, Mirjana, geführt hatte.

Wie Sie sehen werden, stellen die Themen dieser Botschaft Wiederholungen der Prophezeiungen von Fátima dar. Am wichtigsten ist, so sagen sie uns, dass wir Katastrophen immer noch durch Gebete abwenden können. (Pater Vlasic sagte, dass es sich hier nicht um ein wortwörtliches Zitat handelt, sondern um die Essenz von Mirjanas Worten):

"Bevor der Menschheit das sichtbare Zeichen gegeben wird, wird die Welt drei Warnungen erhalten. Die Warnungen werden in Form von Ereignissen auf der Erde stattfinden. Mirjana wird Augenzeugin sein. Drei Tage vor jeder Warnung wird sie einen Priester ihrer Wahl davon in Kenntnis setzen. Mirjanas Zeugnis wird eine Bestätigung der Erscheinungen und ein Anreiz zur Bekehrung der Welt sein.

Nach den Warnungen wird am Platz der Erscheinungen in Medjugorje das sichtbare Zeichen für die gesamte Menschheit gegeben werden. Das Zeichen wird als Bekundung der Erscheinungen gegeben werden und die Menschen zum Glauben zurückrufen.

Das neunte und zehnte Geheimnis ist bedenklich. Sie beinhalten Strafen für die Sünden der Welt. Eine Bestrafung ist unumgänglich, denn wir können nicht erwarten, dass die ganze Welt bekehrt wird. Die Bestrafung kann durch Gebete und Reue abgemildert, jedoch nicht völlig umgangen werden.

Mirjana sagt, dass eines der Übel, das die Welt bedroht, nämlich dasjenige, das im siebten Geheimnis enthalten ist, dank Gebet und Fasten abgewendet wurde. Daher ermutigt die Heilige Jungfrau die Menschen weiterhin zum Gebet und zum Fasten: 'Ihr habt vergessen, dass ihr durch Beten und Fasten Kriege abwenden und Naturgesetze aufheben könnt.'

Nach der ersten Ermahnung werden die anderen in kürzeren Zeitabständen folgen. So werden die Menschen etwas Zeit haben, sich zu bekehren.

Dieser Zeitraum wird eine Zeit der Gnade und der Bekehrung sein. Nachdem das sichtbare Zeichen erschienen ist, werden diejenigen, die noch am Leben sind, nur noch wenig Zeit haben, sich zu bekehren. Aus diesem Grund ersucht uns die Heilige Jungfrau, uns dringend zu bekehren und auszusöhnen.

Die Bitte zum Gebet und zur Buße soll das Böse und den Krieg abwenden, vor allem aber Seelen retten."[25]

Laut Mirjana, fährt Pater Vlasic fort, "stehen uns die Ereignisse, die uns von der Heiligen Jungfrau vorausgesagt wurden, kurz bevor (...). Schnell, seid bekehrt. Öffnet eure Herzen für Gott. Dies ist eine Botschaft an die gesamte Menschheit."[26]

Die Seher sagen, dass die Geheimbotschaften sowohl gute als auch schlechte Dinge beinhalten und dass sie sich auf die Jugendlichen, auf die Kirche und auf die gesamte Menschheit beziehen. Mirjana, Ivanka und Jacov haben alle zehn Geheimnisse erhalten. Die restlichen drei Seher - Ivan, Marija und Vicka - haben neun Geheimnisse erhalten und warten auf ihr zehntes.

10. Marias Friedensplan

*»Vor allen Dingen müssen wir uns um eine
Welt des Friedens bemühen (...) eine Welt, in
der Frieden nicht nur ein Interludium zwischen
zwei Kriegen ist, sondern ein Anreiz für die
kreativen Energien der Menschheit.«*

John F. Kennedy

Marias Prophezeiungen und ihr Friedensplan
sind für jeden auf der Erde gedacht – egal, welcher Religion er
angehört, oder auch wenn er keiner angehört. Denn ihr Herz ist
ein universelles Herz, und ihr Ruf ist ein universeller Ruf.

Die Prophezeiungen, die sie in Fátima und Medjugorje übermittelt
hat, enthüllen die gleiche Botschaft. Die Warnung: Die Welt ist
zerbrechlich. Die "Sünden" der Menschheit (Karma) haben die
Erde in eine heikle Situation gebracht. Das Heilmittel: Betet und
leistet schnell Abbitte und macht es wieder gut, wenn ihr andere
verletzt habt.

"Der Weltfrieden befindet sich an einem kritischen Punkt",
erklärt die Königin der Engel der Welt durch die Visionäre in Medjugorje. "Ich brauche eure Gebete. (...) Ich kann der Welt ohne
euch nicht helfen."[1]

Maria hat ihren jungen Sehern auch aufgetragen, für die "Konvertierung" der Welt zu beten. Sie spricht nicht von einer

"religiösen", sondern von einer spirituellen Konvertierung, einer Konvertierung, deren Fundamente im Herzen und nicht in einer Lehre zu finden sind.

"Konvertieren" ist lateinischen Ursprungs und bedeutet "umkehren". Maria ruft uns dazu auf, unser Herz, unsere Seele und unseren Geist "umzukehren", um uns der Sonne unseres Höheren Selbst zuzuwenden, so dass die Schatten hinter uns liegen.

Wir können uns Maria als unsere Schwester vorstellen, die den Pfad vor uns gegangen ist, die die Meisterschaft über sich selbst erlangt hat und uns dabei helfen will, das Gleiche zu tun, ganz gleich, welchen Pfad wir gewählt haben. Sie ist auch eine Prophetin und eine mächtige Fürsprecherin, die uns angeboten hat, uns dabei zu helfen, einen Ausweg aus unseren schwersten karmischen Zwangslagen zu finden.

In Fátima beschrieb Maria drei spezifische Schritte, um den Weltfrieden herbeizuführen: Rezitation des Rosenkranzes, Hingabe an ihr unbeflecktes Herz und Buße. Vergessen Sie nicht, dass sie zu ihren kleinen Botschaftern in Fátima so gesprochen hat, dass sie sie verstehen konnten. Andererseits jedoch gehen diese drei Lösungen weit über die Grenzen des Katholizismus oder jedes anderen "-ismus" hinaus. Sie beschreiben die essenziellen Bestandteile jedes spirituellen Pfades: die Pflege eines inneren spirituellen Lebens (durch Meditation, innige Gebete und Hingabe) und die Führung eines praktischen spirituellen Lebens (indem man anderen hilft).

Wie durch ein Wunder dem Tod entronnen

In ihren vielen Erscheinungen auf der ganzen Welt hat Maria immer wieder betont, dass der Rosenkranz ein Schlüssel ist, um den Weltfrieden herbeizuführen. Eines der verblüffendsten Beispiele für die wundersame Kraft des Rosenkranzes stammt aus dem

Zweiten Weltkrieg. Als 1945 die Atombombe auf Hiroshima abgeworfen wurde, starben etwa 80.000 Menschen auf der Stelle. Jeder innerhalb eines Radius' von einer Meile starb an der sengenden Druckwelle – mit Ausnahme von acht Männern, die in der Nähe des Zentrums des gleißenden Atomblitzes wohnten. Andere, die sogar weiter weg wohnten, starben später an den Folgen der tödlichen Strahlung, nicht jedoch diese Männer.

Seitdem haben etwa zweihundert Wissenschaftler die acht Männer untersucht und vergeblich versucht herauszufinden, was sie vor dem Verbrennen geschützt hat. Einer der Überlebenden, Pater H. Shiffner, S. J. ("Societas Jesu") gab die spannende Antwort im amerikanischen Fernsehen: "In diesem Haus wurde jeden Tag der Rosenkranz gebetet. In diesem Haus lebten wir die Botschaft von Fátima."[2]

Ein Vorurteil überwinden

Ich wurde nicht als Katholikin erzogen und verstand nie, was der Rosenkranz wirklich ist oder was er bewirken kann – und, wie so viele, hatte ich ein Vorurteil gegen Maria, das mir seit meiner Kindheit eingebläut worden war. Ich hatte es nie infrage gestellt und auch nie für mich selbst logisch durchdacht. Wie alles, was uns in frühen Jahren beigebracht wird und was wir früh im Leben annehmen, war es einfach da und wuchs in mir. Es spitzte sich eines Tages alles unerwartet zu, als ich an der Universität von Boston studierte.

Ich machte gerade meinen Abschluss in Politikwissenschaften und bereitete mich darauf vor, mit Mark Prophet in Washington, D.C. zu arbeiten. Doch bevor ich Boston verließ, sollte ich noch eine der wichtigsten Erfahrungen auf meinem spirituellen Pfad machen. Dies lehrte mich mehr über mich selbst als ein jahrelanges Studium der Philosophie, der Logik oder der Psychologie unter den besten Professoren.

Vorher, als ich in Europa studiert hatte, hatte ich Pilgerreisen zu katholischen Kathedralen unternommen. Doch ich glaubte immer noch, wie mir gesagt worden war, dass die Katholiken Idole verehrten, dass Mutter Maria eine Art Göttin sei, die sich "Mutter Gottes" rufen ließ. Ich glaubte, die Menschen verehrten sie anstelle von Gott. Mir wurde gesagt, dass die Menschen sie mit Jesus Christus oder dem allmächtigen Gott selbst gleichsetzten oder gar noch über ihn stellten. Ich verstand nicht, warum ich über Maria gehen sollte, um zu Jesus gelangen und dann schließlich zu Gott.

Ich merkte, dass ich mit intensiven Gefühlen auf die Bilder und Ikonen von Mutter Maria in ganz Boston reagierte und auf eines ganz besonders: ein großes Wandgemälde an der Haltestelle der U-Bahn, die ich jeden Tag zur Universität von Boston nahm. Es trug den Titel: "Königin des Universums". Wenn sie so großartig war – warum erlaubte sie dann diese Blasphemie? Ich war wütend auf sie. Warum kam sie nicht angesichts all der anderen Probleme, die zur Spaltung und Verwirrung im Christentum beitrugen, herab und stellte alles klar?

Ich vermute, dass ich verwirrt war, denn tief in meinem Inneren wollte ich sie kennen lernen, wie sie wirklich war, nicht so, wie andere sie mir skizziert hatten. Genau in diesem Zustand der Unbewusstheit, der Ignoranz und der Feindseligkeit gegenüber Maria – fand sie zu mir.

Eine zauberhafte Begegnung

An einem sonnigen Tag wanderte ich fröhlich auf einem Gehweg inmitten der Menschenmengen und des Verkehrs der Mittagszeit dahin und dankte Gott für alles, was er mir geschenkt hatte. Ich freute mich bereits darauf, das nächste Kapitel in meinem Leben aufzuschlagen. Plötzlich blickte ich auf – und da war sie. Ich befand mich von Angesicht zu Angesicht mit der schönen Maria, einem großen Lichtwesen – einer übernatürlichen, schönen jungen Frau, die voller Wahrheit, Schönheit und Unbescholtenheit war.

Mein Körper wurde mit Licht aufgeladen, und es durchlief mich eine unbeschreibliche Freude, die von Kopf bis Fuß und wieder zurück wanderte und damit gleichsam einen "geschlossenen Stromkreis" bildete. Ich erinnere mich noch an die genaue Stelle auf dem Bürgersteig, an der ich stehen geblieben war – wie erstarrt und verwandelt. Sie hatte das Gesicht einer Jungfrau. Sie war Michelangelos Pietà – leibhaftig, schön und strahlend. Ihr Herz loderte von einer Energie, die sie bewusst und nach Belieben weiterleitete.

Sie befand sich über und vor mir in der Luft, so real, wie Sie und ich. Sie sah so aus, als könne man über alles mit ihr reden. Sie schien genau so zu sein wie ich, nur in einer anderen Dimension.

Nur dass sie in Wirklichkeit gar nicht so war wie ich ... Sie strahlte vom Licht Gottes, das sie angebetet hatte und zu dem sie geworden war. Sie hatte einen größeren Teil des Höheren Selbst verwirklicht als die meisten von uns überhaupt für möglich halten können.

Es war genügend von dem göttlichen Teil von ihr in mir und auch genügend von dem menschlichen Teil von mir in ihr, dass ich spürte, dass auch ich mehr von meinem Höheren Selbst verwirklichen könnte – wenn sie mir den Weg zeigte. Ich wollte so sein wie sie, und ich wusste, dass ich es konnte, wenn ich sie und ihren Weg in die Arme schließen und bereitwillig annehmen würde.

Eine Seele erwacht

Maria ist auf Erden gewandelt, sie hat die Versuchungen und Leiden ihrer Zeit erfolgreich überwunden und die Abschlussprüfung in der Erdenschule bestanden. Sie kann uns lehren, wie wir mehr zu unserem Höheren Selbst, wie wir eins mit Gott werden können. Sie ist jemand, der uns zeigen kann, dass, ebenso wie Gott die vielen Aspekte seiner Persönlichkeit in dem, was wir gewohnheitsmäßig nun "Vater", "Sohn", "Heiliger Geist", "Christus" oder "Buddha" nennen, zum Ausdruck gebracht hat, das Göttliche sich auch in das Gewand der Heiligen Mutter kleiden kann.

Mutter Maria gehört zu einer großen himmlischen Schar – zusammen mit Kuan Yin, Kali oder Tara im Osten –, die das weibliche Prinzip Gottes verstanden hat und gekommen ist, um es beispielhaft zu veranschaulichen. Sie verkörpern den fürsorglichen, liebevollen, tröstenden Aspekt Gottes, den wir "Mutter" nennen.

Als ich vor Maria stand, goss sie die Liebe ihres Herzens über mir aus. In der Gegenwart ihres ungeheuren Mitgefühls fühlte ich mich in das wallende Gewand ihres Verständnisses eingehüllt. Maria war meine Freundin. Im Inneren meiner Seele hatte ich sie immer geliebt, doch mein äußerer Verstand war programmiert gewesen. Wie konnte solch eine Spaltung in einem Menschen existieren?

Ich war so angetan von Mutter Maria, dass ich zur nächsten katholischen Kirche nicht gelaufen, sondern gerannt bin. Ich ging auf dem Mittelgang nach vorne. Ich kniete vor ihrer Statue in der vollen Bewusstheit nieder, dass ich vor einer Repräsentantin der göttlichen Mutter kniete. Ich verehrte nicht die Statue und auch nicht Mutter Maria. Ich verneigte mich in Dankbarkeit vor dem Licht in ihr, das Licht des Einen Gottes, das sich mir als die Mutter gezeigt hatte, zu der Maria geworden war. Ich konnte spüren, wie ihre Liebe zu mir floss und ihre Vergebung alle Missverständnisse auflöste.

Die Weiblichkeit pflegen

Seit diesem Moment spüre ich ständig die Gegenwart von Mutter Maria bei mir, die mich lehrt, dass wir alle lernen müssen, den weiblichen Aspekt unseres Seins zu fördern. "Dies ist das Zeitalter, in dem uns Gott als Mutter bewusst wird", sagt uns Maria. Zu "bemuttern", wie Gott es tun würde, bedeutet, alles Leben auf Erden zu nähren. Wenn wir unser weibliches Potenzial erkennen, werden auch wir imstande sein, das Leben zu nähren – zuerst in uns selbst – und dann im Außen.

Das Wassermannzeitalter ist das Zeitalter der Mutter und des Heiligen Geistes. Es ist das Zeitalter, in dem wir den mütterlichen Aspekt Gottes erfahren und zum Ausdruck bringen sollen. Wenn wir an den Punkt kommen, dass wir diesen weiblichen Aspekt Gottes verstehen, kann dies die kreative weibliche Energie in uns – ob Mann oder Frau – freisetzen, die Energie von Schönheit und Kreativität, von Intuition und Inspiration.

Die Vorstellung von Gott als "Mutter" ist der spirituellen Tradition des Ostens nicht neu. Die Hindus meditieren auf die Mutter in der Gestalt der Göttin Kundalini. Sie beschreiben sie als das weiße Licht oder die gewundene Schlange, die sich vom Basischakra oder Wurzelchakra bis zum Kronenchakra hochschlängelt und die Ebenen des spirituellen Bewusstseins in jedem der Chakren (spirituellen Zentren) aktiviert, durch die das Licht auf seinem Weg fließt.

Ob wir Mann oder Frau sind, wir sollen dieses heilige Licht in unserem innersten Wesen, das tief in uns schlummert, erwecken. Der Schlüssel, um diese Energie, die Kundalini, zu erschließen, ist die Verehrung des Mutterprinzips.

Mutter Maria hat mir versichert, dass die Erweckung der Kundalini in der Tat zur Tradition des Westens gehört. Daher erschien sie auch mehreren Heiligen und lehrt sie die sichere und wirkungsvolle Methode, das Mutterlicht über das Rosenkranzgebet zu erwecken. Die Heiligen werden stets mit einem weißen Lichtkranz oder Heiligenschein um den Kopf herum dargestellt, da sie die Kundalini erweckt und ihr Kronenchakra geöffnet haben. Sie haben Zugang zur Glückseligkeit in Gott gefunden. Wir wissen, dass die großen christlichen Mystiker, wie Johannes der Täufer, die heilige Therese von Lisieux und Pater Pio, alle dieses innere Erlebnis gehabt haben – sie sind mit der göttlichen Leidenschaft, der Glückseligkeit des Geliebten so erfüllt worden, dass es unseren Verstand übersteigt.

Ein neues Rosenkranzgebet

Als ich im Herbst 1972 gerade meditierte, kam Mutter Maria und diktierte mir ein Gebet, das sie das "spirituelle Rosenkranzgebet für das neue Zeitalter" nannte. Dies ist ein überkonfessionelles Ritual. Maria sagte, sie wollte, dass es als universelle Verehrung des Mutterprinzips Gottes von Menschen aller Glaubensrichtungen benutzt wird. Später übermittelte sie mir eine Reihe von kürzeren, 15-minütigen Versionen des Rosenkranzgebetes. Diese Rosenkranzgebete geben uns die Möglichkeit, jeden Tag 15 Minuten darauf zu verwenden, mit Mutter Maria zu sprechen und ihr unsere persönlichen Belastungen und die Bürden der Welt zu übergeben.

In Marias Rosenkranzgebet für das neue Zeitalter unterscheidet sich das "Ave-Maria" von der traditionellen katholischen Version. Sie ersetzte das Wort "Sünder" durch "Söhne und Töchter Gottes" und die Worte "jetzt und in der Stunde unseres Todes" mit "jetzt und in der Stunde unseres Sieges über Sünde, Krankheit und Tod". Sie sagte, dass es wichtig sei, nicht beständig den Stempel eines "Sünders" auf sich zu fühlen, sondern unsere wahre Identität als siegreiche Söhne und Töchter Gottes zu bekräftigen.

Daher lautet das Ave-Maria im neuen Rosenkranzgebet folgendermaßen: "Gegrüßet seist du, Maria, voller Gnade, der Herr ist mit dir. Gesegnet seist du unter den Frauen, und gesegnet ist die Frucht deines Leibes, Jesus. Heilige Maria, Mutter Gottes, bete für uns, Söhne und Töchter Gottes, jetzt und in der Stunde unseres Sieges über Sünde, Krankheit und Tod."

Maria, Königin der Engel und Königin des Friedens

Maria erklärte mir, dass "Gegrüßet seist du, Maria" oder "Ave-Maria" bedeutet: "Gegrüßt seist du, Mutterstrahl". Mit diesem Gebet verehren wir nicht die Person Maria, sondern begrüßen das weibliche Prinzip der Göttlichkeit, den "Mutterstrahl". Das Ave-Maria, fügte sie an, ist die sichere, sanfte Möglichkeit, mit der ihre Anhänger des Westens die Energien der Kundalini erwecken können, um das volle Potenzial ihrer Seele zu entfalten.

185

Würden genügend Menschen täglich den Rosenkranz beten, so sagte Mutter Maria, dann würde dies "jedem Herzen Stärke verleihen" und "viel der Vernichtung menschlichen Lebens in den Tagen, die vor uns liegen, vermeiden". Wenn wir Marias Rosenkranz beten, so nehmen wir an der ersten Stufe ihres Planes teil, der Welt den Frieden zu bringen. Im letzten Teil dieses Buches findet sich ein Anhang mit einem von Marias neuen Rosenkranzgebeten.

Spiritueller Austausch über das Herz

Die zweite Stufe von Marias Friedensplan, den sie in Fátima offenbarte, ist die Hingabe an ihr unbeflecktes Herz. Anhänger von Maria sagen, dass dieses Rezept für den Frieden ihre Länder gerettet hat. In einer spektakulären Zeremonie in Portugal beispielsweise weihten alle Bischöfe ihr Land Marias unbeflecktem Herzen. Viele ihrer Bürger glauben, dass sie dies vor den Verwüstungen des benachbarten spanischen Bürgerkriegs verschont hat.

Außerdem war die einzige spanische Stadt, die von jenem blutigen Krieg, dessen ausufernde Zerstörung und maßloses Töten in der spanischen Geschichte einzigartig war, unversehrt geblieben war, Sevilla – die einzige Diözese in Spanien, die offiziell dem unbefleckten Herzen geweiht worden war.

Was ist das "unbefleckte Herz der Maria"? Auf den Statuen der Heiligen Maria findet man ihr Herz entweder mit Rosen umgeben (als Zeichen für ihre Tugenden), von Schwertern durchbohrt (als Darstellung der Trauer, die sie als die Mutter Jesu erlitt) oder von Dornen umgeben (als Zeichen ihrer Trauer über den Egoismus des Menschen und seinen Undank gegenüber Gott).

Für mich steht das Bild von Marias Herz im Schmerz symbolisch für Gottes Trauer um all seine Kinder, die gekreuzigt werden – angefangen bei den verhungernden Kindern in Nordkorea und im südlichen Sudan bis hin zum einsamen Herzen eines Teenagers mit Selbstmordgedanken. Marias Herz erinnert uns daran, dass, obgleich wir selbst vielleicht nicht leiden mögen, viele andere es sehr wohl tun, und dass diese unsere innigen Gebete und unsere Unterstützung brauchen.

Was bedeutet eigentlich "Hingabe" an das unbefleckte Herz? Hingabe bedeutet nicht, dass wir Maria als Idol "verehren". Sowohl in der spirituellen Tradition des Ostens als auch in der des Westens ist die Hingabe ein spiritueller gegenseitiger Austausch, ein Transfer von Energie, eine Ermächtigung.

Wenn wir unsere Aufmerksamkeit auf Maria (oder ein anderes spirituelles Wesen) richten, erzeugen wir einen Strom von unserem Herzen zu deren Herzen in Form der Zahl 8.

Wir schicken unsere Liebe an Maria, und mit dem Rückstrom schickt sie uns und denjenigen, die in Not sind, eine Ladung spiritueller Energie zurück. Diese spirituelle Ladung stärkt unser Herz, so dass wir besser imstande sind, andere zu bestärken, zu trösten und aufzubauen.

In einer ihrer Botschaften, die Maria durch die Seher von Medjugorje übermittelt hat, sagte sie: "Ich bitte euch: Schenkt mir euer Herz, so dass ich es aufladen kann. Euer Herz wird dann wie meines werden."[3] Durch die Hingabe an das Herz eines Heiligen oder eines Aufgestiegenen Meisters – sei es das Herz von Maria oder Jesus, Gautama Buddha, Padma Sambhava oder Kuan Yin – erzeugen wir ein heiliges Band zum Himmel, ein Rettungsseil, das uns durch die Prüfungen unseres persönlichen Karmas und des Weltenkarmas ziehen kann. In anderen Botschaften, die sie durch die Seher übermittelte, sagte Maria:

"Ich rufe euch zur Liebe auf (...). Heute lade ich
euch dazu ein, mit der Arbeit an euren Herzen zu
beginnen (...). Reinigt eure Herzen mit Liebe (...). Mit

der Kraft der Liebe könnt ihr sogar die Dinge tun, die euch unmöglich erscheinen."[4]

Lasst die Flamme in eurem Herzen wachsen

Als Gott uns erschuf, setzte er eine spirituelle Flamme in unser Herz. Diese Flamme ist der Teil in Ihnen, der göttlich ist. Christliche Mystiker nennen diese Flamme den "göttlichen Funken", Kabbalisten bezeichnen sie als "neshamah" und die Hinduisten verehren sie als "Atman".

Während wir auf unserer spirituellen Reise voranschreiten, lassen wir diese Herzensflamme wachsen und sich verstärken. Die Verstärkung des Lichtes in Ihrem Herzen ist eine Weise, auf die Sie mithelfen können, negative Prophezeiungen zu neutralisieren. Denn während sich das spirituelle Licht verstärkt, vertreibt es die Finsternis: Wo Licht ist, gibt es keine Finsternis.

Warum brauchen wir jemanden wie Mutter Maria, um uns zu helfen, unser Herz zu entfalten? Es ist der gleiche Grund, aus dem wir zu einem Herzspezialisten, einem Architekten oder einem Experten in irgendeinem beliebigen Bereich gehen, nur dass wir in diesem Fall spirituellen Sachverstand suchen.

Manchmal haben wir aufgrund von Traumata oder Schmerz in der Vergangenheit Teile unseres Herzens stillgelegt. Oft braucht man einen "Experten", der uns dabei hilft, die Türen zu unserem Herzen wieder zu öffnen. Wenn wir uns in den Fluss der 8 mit Marias unbeflecktem Herzen begeben, können wir enorme Heilung empfangen, da unsere spirituellen Adern von tief sitzender oder unterdrückter Wut, von Groll oder Angst gereinigt werden. Dies ist deshalb so wichtig, weil wir, wenn unser Herz gereinigt und gestärkt ist, imstande sind, viele, viele andere mit dem Licht unseres Herzens zu nähren und aufrechtzuerhalten.

Ein weiterer Vorteil der Hingabe an Marias Herz ist, dass sie uns helfen kann, unseren Weg im Leben zu finden, da sie das "unbefleckte" oder reine, makellose Bild unserer Seele für uns bereithält – das göttliche Ebenbild, nach dem uns Gott erschaffen hat. Sie sieht den großen Plan für unser Leben und glaubt wie eine Mutter, dass wir unser höchstes Potenzial erfüllen können.

Wir praktizieren Hingabe an das unbefleckte Herz, wenn wir uns über Marias Rosenkranzgebet mit ihr verbinden und Affirmationen sprechen wie "Auf das unbefleckte Herz von Maria vertraue ich!" oder "ICH BIN das Licht des Herzens" (siehe Seiten 311). Wenn wir sagen "Auf das unbefleckte Herz von Maria vertraue ich", bekräftigen wir: "Maria ist hier bei mir. Sie passt auf mich auf. Ich übergebe ihr meine Bürden und setze mein ganzes Vertrauen in sie, weil ich weiß, dass sie über mich wachen wird."

Während Sie Affirmationen und Gebete zu Maria sprechen, können Sie visualisieren, wie Licht von Ihrem Herzen in Marias Herz und von deren Herz zurück zu Ihrem eigenen Herzen fließt. Sie können ihr Herz so visualisieren, wie es traditionell bei Statuen der gesegneten Mutter dargestellt ist, oder Sie können es sich als schönen, glitzernden Diamanten vorstellen, der Gottes Licht reflektiert und die Finsternis weglenkt.

Karmische Schulden begleichen

Die dritte Stufe von Marias Plan, um den Weltfrieden zu erreichen, ist die Buße. Was im christlichen Sprachgebrauch "Buße" genannt wird, bedeutet schlichtweg: Wiedergutmachungen für unsere Missetaten oder unser Karma aus der Vergangenheit leisten – unsere karmischen Schulden begleichen. Buße bedeutet, die Verantwortung für unsere Handlungen zu übernehmen und nicht andere für unsere Lebensumstände verantwortlich zu machen. Es bedeutet zu lernen, positiv zu handeln – und nicht, uns selbst in der Opferrolle zu sehen.

Francisco, eines der Kinder, denen Maria in Fátima erschienen ist, spürte die Belastungen, die der Mensch Gott und seinen Mitmenschen aufbürdet, sehr heftig, und er sah klar die Notwendigkeit, eine Wiedergutmachung zu leisten. Eines Tages fragten ihn seine Freunde: "Was tust du denn da, während du so lange niederkniest?" Der kleine Junge, der regelmäßig mehrere Rosenkranzgebete am Tag sprach, erwiderte, dass er an Gott dachte, der so traurig war. "Ach, wie sehr ich mir wünsche, ich könnte ihn trösten!", jammerte Francisco. Ein anderes Mal sagte er: "Ich liebe den guten Gott so sehr! Aber er ist so traurig wegen der vielen Sünden! Oh, wir dürfen nicht mehr sündigen."[5]

Wie können wir Marias Bitte nach "Buße" und der Ausgleichung unserer karmischen Schulden erfüllen? Wir sollten natürlich immer, wenn es möglich ist, versuchen, die Dinge mit den betreffenden Menschen direkt zu bereinigen, die wir in irgendeiner Weise verletzt haben. Wir können Karma auch ausgleichen, wenn wir unsere tägliche Arbeit mit Liebe verrichten und freiwillig anderen dienen, die weniger vom Glück bedacht sind als wir.

Um die Wucht des wiederkehrenden Karmas abzumildern, das für unsere Zeit prophezeit wird, benötigen wir eine beschleunigte Form der "Buße" – die Kombination guter Handlungen mit Gebeten, insbesondere mit Gebeten, mit denen wir die violette Flamme anrufen. Ein guter Anfang ist es, um Vergebung für sich selbst und all diejenigen zu bitten, die uns verletzt haben mögen.

Durch Ihre Gebete können Sie die violette Flamme der Vergebung zu jedem schicken, dem Sie jemals Unrecht getan haben, und jedem, der Ihnen jemals Unrecht getan hat (siehe Seite 312 ff).

Dann können Sie Ihre Gebete ausdehnen und die violette Flamme zu jedem und allen senden, die eine Last tragen. Indem Sie Gebete zur violetten Flamme sprechen, gleichen Sie nicht nur Ihre eigenen karmischen Schulden aus, Sie dienen damit auch Ihrem Nächsten.

Herausforderungen in Chancen verwandeln

Als den drei Kindern in Fátima der Engel des Friedens erschien, bat er sie, Gott Gebete und Opfer für andere Menschen entgegenzubringen. Als Lucia fragte: "Wie sollen wir Opfer bringen?", antwortete der Engel: "Macht aus allem, soweit ihr könnt, ein Opfer und bringt es Gott als Akt der Sühne für die Sünden, durch die er verletzt ist, dar (...). Ihr werdet auf diese Weise den Frieden in euer Land holen."[6] Im übertragenen Sinne bedeutet dies, dass man seine Herausforderungen in Chancen umwandeln soll.

Wenn etwas in unserem Leben schief läuft, wundern wir uns oft, warum. "Warum ich? Ist es mein Karma oder Schicksal oder einfach jemand, der im Machtrausch ist und mich reinlegen will?"

Widrigkeiten mögen sehr wohl die Folge unseres Karmas sein. Es kann auch sein, dass Gott uns auf den Prüfstand stellt. Oder es kann sich um eine Einladung handeln, eine Herausforderung in eine Chance zu verwandeln und ein Opfer zu bringen.

Wenn wir etwas durchmachen, was wir nicht mögen, wenn wir mit etwas konfrontiert werden, was wir lieber nicht tun möchten, denken Sie an die Worte des Engels: "Macht aus allem, soweit ihr könnt, ein Opfer und bringt es Gott dar." Wir können unsere Arbeit mit einem Gebet im Herzen verrichten: "Ich tue dies mit Freude und biete es als Opfer für die an, die diese Vorgehensweise nicht kennen. Engel des Lichtes, befreit sie von allen negativen Einflüssen, die sie dazu bringen, anderen Schaden zuzufügen."

Im Lauf der Jahre ist Mutter Maria zu Mark Prophet und mir mit Botschaften gekommen, um spirituell Suchende aller Pfade zu trösten und ihnen Licht zu bringen. Sie möchte, dass wir alle wissen, dass es spirituelle Lösungen für unsere persönlichen Probleme und für die Probleme der Welt gibt. Nachfolgend habe ich einige Auszüge ihrer wichtigsten Lehren zu Prophezeiungen, zur Kraft des Gebets und zum Rosenkranz sowie darüber aufgeführt, wie die Hingabe an ihr Herz uns mit Kraft erfüllen kann.

Prophezeiungen abwenden

"Ihr fragt euch, weshalb die Aufgestiegenen Meister ihre Prophezeiungen nicht deutlicher ausgedrückt haben. Es ist der gleiche Grund, weshalb diese auch – teilweise – jenen Kindern [in Fátima und Medjugorje] im Geheimen mitgeteilt wurden. Ihr Lieben, wir geben niemals den vollen Blick auf das preis, was das Karma mit sich bringen könnte, bis seine Stunde wirklich gekommen ist, weil wir bis zu dieser besagten Stunde vor dem Thron des Vaters knien und um Fürbitte und Begünstigung bitten.

Oh, ihr Lieben, erkennt, dass, solange nicht die rechte Hand Gottes herabfährt, solange nicht das letzte Körnchen Hoffnung im Stundenglas verronnen ist, eine Chance besteht und Begünstigung in einem solch großen Maß möglich ist, dass die ganze Welt erhöht werden kann, dass alles sich mit einem Wimpernschlag verändern kann (...).

Es wird nicht ausgesprochen, was die Erde überkommen könnte (...), es sei denn, dass die Zahl derjenigen, die die Dekrete der violetten Flamme beten, enorm ansteigt."

(11. Mai 1987)

"Bereitet euch auf das 'Morgen' vor und verwandelt eure 'Gestern', damit diese nicht euer Morgen mit den Fußabdrücken eines Karmas der Vergangenheit beschmutzen, das eure Seele zu Fall bringen und sogar eure Lebenserwartung verkürzen wird, wenn ihr nicht aufpasst (...).

Schafft tiefen Frieden mit Gott. Seid unberührt, wie auch immer die nächste Wendung in eurem Leben ausfällt. Haltet an mir fest.

Ich bin eine Mutter der Meere, des Landes und der Lüfte. Ich bin eine Mutter im Feuer und im Herzen des Atomkerns (...). Ich gebe mein ganzes Herz, um diese bestimmten karmischen Umstände, die auf euch herabkommen könnten, zu verhindern.

Sie wurden abgemildert. Dort, wo sie nicht abgemildert wurden, wurden sie einfach zurückgehalten. Dies ist deshalb geschehen, weil es auf der Erde immer noch diejenigen gibt, die Dekrete sprechen, diejenigen, die die violette Flamme anrufen."

(22. August 1992)

Ermächtigung durch Gebete und den Rosenkranz

"Ich lebe mit der Prophezeiung von Fátima. Ich lebe mit ihrer Botschaft. Und ich gehe von Tür zu Tür und von Herz zu Herz und klopfe an, um nach denjenigen zu fragen, die kommen und mit mir beten möchten – zur violetten Flamme oder den Rosenkranz oder die Anrufungen an Erzengel Michael. Doch vor allem eines – beten. Denn durch euer Gebet bleibt die Tür weiterhin offen, und die Engel treten durch den Schleier, um Unheil und Katastrophen zu verhindern."

(9. Dezember 1984)

"Wir sind göttliche Helfer, die imstande sind, euch zu helfen, die Last zu tragen, die manchmal so plötzlich und manchmal so grausam auf euch herabkommt. Mit der violetten Flamme und dem Lichtstrahl der Heilung hauchen euch meine Engel neues Leben und neue Stärke ein (...). So groß wird eure Kraft sein, wenn ihr nur daran denkt, euer Herz mit meinem Herzen im Rosenkranzgebet zu verbinden."

(31. Oktober 1987)

"Ihr Gesegneten, darf ich euch dann die wissenschaftliche Bedeutung des Rosenkranzgebets und aller Dekrete erklären? Es ist ein Aufbau von Licht im Körper, so dass ihr selbst womöglich als ein (gemeinsamer) mystischer Körper Gottes die herannahende Finsternis weglenken könnt.

Wenn einige Männer in einem Haus in Japan nach einem atomaren Holocaust heil daraus hervorkommen konnten, werdet ihr dann nicht euren Glauben auf die göttliche Mutter, auf meine Fürbitte und vor allem auf den allmächtigen Gott richten? Wollt ihr nicht verstehen, dass ihr täglich in diesem spirituellen Licht, in dieser spirituellen Flamme Auftrieb bekommen müsst?"

(11. Mai 1987)

"Ich werde euch, die ihr jeden Tag das Rosenkranzgebet sprecht, niemals verlassen. Ich kann euch nicht verlassen, denn ihr habt durch eure Hingabe meine Gegenwart um euch herum manifestiert."

(10. Oktober 1992)

"Ich habe mich immer Kindern gezeigt, um sie zu lehren, zu beten und den Rosenkranz zu beten, denn im Rosenkranz steckt wahrhaftig ein Anheben des Lichtes der göttlichen Mutter. Und wo alles andere versagt, ist es wahrhaftig das Mutterlicht, das die Hoffnung im Wesen selbst, in der Seele und im Bewusstsein des Einzelnen aufrechterhält. Gesegnete Herzen, die Botschaft von Fátima hat sich nicht verändert. Das müsst ihr begreifen."

(1. März 1998)

"In dem Maße, in dem ihr gebt, gebe ich mich selbst euch und Millionen von Menschen hin, die ich durch euer Herz erreichen kann, wenn ihr regelmäßig den Rosenkranz betet."

(22. August 1992)

"Ich bin die Königin der Engel. In diesem Amt darf ich euch eine besondere Gnade oder einen Dispens, eine Begünstigung erteilen. Ich bitte euch, darüber nachzudenken (...) und dann zu beschließen, um welche besondere Gnade ihr mich bitten möchtet (...).

Lasst nicht vom Rosenkranzbeten ab (...). Und wenn ihr wegen einer Gnade an die Tür meines Herzens klopfen solltet, werdet ihr - da bin ich mir sicher - um eine Gnade bitten, die euch dazu befähigt, zu dem zu werden, der ihr seid, eure Mission zu erfüllen und anderen zu dienen."

(22. August 1992)

Das unbefleckte Herz kann komplizierte Probleme lösen

"Wenn es bei einem komplizierten Problem auf der Weltbühne, zu Hause oder in der Kirche keine Antwort oder Lösung gibt (oder keine Entscheidung gefällt wird), dann bitte ich euch, zu meinem Herzen zu beten. Denn mein unbeflecktes Herz hat die Original-Blaupause für jedes Ereignis und für jede Möglichkeit, die aus der Schöpfung Gottes entstehen könnten."

(21. April 1987)

"Der Vater hat mich als Vermittlerin der göttlichen Ganzheit geschickt. Da es mir erlaubt wurde, mich der Erde mehr zu nähern, sogar bis zu dem Punkt, dass meine Tränen auf meinen Statuen und Bildern sichtbar sind[7], mögt ihr verstehen, dass ihr durch mein Herz wahrhaftig eine tägliche Einheit mit eurem Christusselbst [Höheren Selbst] erreichen könnt (...).

Doch ich sage euch: Die Kraft des Grußes an mich 'Gegrüßet seist du, Maria! Gegrüßet seist du, Mutterstrahl!' und die Kraft des Mantras 'Auf das unbefleckte Herz von Maria vertraue ich!' sind groß. Diese, kombiniert mit der Wissenschaft vom gesprochenen Wort und der Ausübung dieser, indem ihr die violette Flamme des Heiligen Geistes anruft, beschleunigen eure Fähigkeit enorm, das Band zu meinem Herzen und damit das Band zu eurem [Höheren] Selbst aufrechtzuerhalten und zu stärken.

Wisset, ihr Lieben, dass meine Mission 24 Stunden am Tag darin besteht, diese Einheit, die so nötig ist, beim Kind von Gottes Herzen wiederherzustellen (...).

Gesegnet seid ihr, die ihr eine gewisse Schwungkraft in eurem Gebet und eurem Dienst am Nächsten sowie in den Dingen Gottes aufgebaut habt, denn eure Schwungkraft bewirkt, dass eure täglichen Gebete wieder und wieder vervielfacht werden."

(11. Oktober 1988)

"Wo ich weine, weine ich aus vielen Gründen. Ich weine wegen der Unwissenheit. Ich weine wegen der verhärteten Herzen (...). Denn ich trage das unbefleckte Herz für alle Religionen und alle Völker (...).

Ich weine für die, die nicht einmal die Erleuchtung oder die Liebe besitzen, das Rosenkranzgebet für das mächtige Lichtgitter zu sprechen, das sich um sie und den Planeten herum bildet, wenn sie das Rosenkranzgebet sprechen – das jedes Mal, wenn sie es sprechen, verstärkt wird."

(22. August 1992)

"Wisset, dass ich in den Momenten, da ihr ungestört, unberührt und im Einklang mit meinem unbefleckten Herzen den Rosenkranz betet, in euch eintreten, mit euch eins werden und für euch die notwendigen Handlungen der betreffenden Stunde übernehmen kann. Ich kann euch Heilung, Anweisung und Führung sowie Trost in der Stunde eurer Prüfung zuteil werden lassen kann."

(10. Oktober 1992)

Frieden im Herzen kann einen Krieg abwenden

"Es ist die lebendige Flamme des Friedens in euren Herzen und in den Herzen all derjenigen, die durch meine Erscheinungen bekehrt wurden, die den Krieg abwenden wird, so, wie ein Diamantenherz ihn ablenkt."

(11. Mai 1987)

"Ich gebe euch mein Herz zum Pfand, ihr Lieben. Und ich frage euch, ob ihr nicht auch euer Herz dafür hergeben mögt, dass die Waage zugunsten des Lichtes ausschlägt. Möge es zählen und ein Ausgleich für alle Völker dieser Nation sein. Lasst es dann die Grenzen der Nation überschreiten und Kontakt zu allen Herzen des Lichtes aufnehmen."

(31. Oktober 1987)

"Wenn alles andere fehlschlägt, ihr Lieben, ist es das Feuer des Herzens, das euch über die Schwierigkeiten hinweghelfen wird. Verstärkt es daher, solange Frieden in der Welt herrscht, solange ihr einen Staat habt, in dem ihr weder durch Hunger noch durch Krieg oder die Brutalitäten bedrängt werdet, die ihr in Sarajevo sehen könnt. Meine Gesegneten, diese Umstände auf der Erde sind nur eine Vorahnung auf die Prophezeiungen, die ich gegeben habe."

(22. August 1992)

Gott steht über allen Religionen

"Der Geist ist eins (...). Mögen die Tempel der einzelnen Menschen, die Tempel der Welt und die verschiedenen Religionen der Welt lernen, diese Grundwahrheit zu verstehen – damit sie mit ihren Bekriegungen aufhören und beginnen, universelles Mitgefühl auszudrücken."

(3. September 1972)

"Vor allem sollten die Menschen das Gesetz der Bruderschaft verstehen, anwenden und bei ihren Urteilen übereinander nicht so voreilig sein. Denn in vielen Fällen sind genau dann, wenn wir versucht haben, eine ganz spezielle Unterstützung für jemanden, der durch seine Gebete diese Hilfe hervorgerufen hat, einzurichten, dessen eigener Dogmatismus und dessen Ergebenheit gegenüber herkömmlichen Glaubensüberzeugungen der Feind aller Wahrheit geworden, der ihn daran hindert, dass wir uns für ihn einsetzen (...).

Es ist fast so, als hätten die Menschen die religiösen Lehrmeinungen, denen sie anhängen, selbst geschaffen. Es ist, als würde ihre Hörigkeit gegenüber ihren eigenen Glaubenssätzen ganz allmählich ihre Ergebenheit gegenüber Gott übertreffen. Doch Gott steht über der Religion des Menschen."

(30. Juli 1972)

"Die größten Tragödien des Lebens sind aus den Dogmen erwachsen, die den wahren Realitätssinn des

199

Menschen über die Jahre hinweg verkümmern lassen haben – beispielsweise Gedanken, die ein Gefühl von Misstrauen, Zweifel und Angst erzeugen (...).

Wenn ich die Anzahl der Kriege betrachte, die ausgefochten wurden, sowie die Konflikte, die von sterblichen Menschen zur Verteidigung von politischen oder religiösen Idealen eingegangen wurden, bete ich dafür, dass mehr Männer und Frauen eine Charakterstärke entwickeln mögen, die ihnen eine höhere Toleranzschwelle bezüglich ihrer Ansichten untereinander beschert; sie haben ein Recht, diese zu behalten. Ich bete, dass die Menschen folglich einen Zustand des Friedens auf Erden bewirken und alle einander gut behandeln."

(24. September 1972)

Begegnet dem menschlichen Bedürfnis mit göttlicher Liebe

"Ich ersuche nun um die Vermeidung von Härte im menschlichen Leben. Wie viel Leiden herrscht in der Weltordnung aufgrund von menschlichem Egoismus und einem mangelnden Verständnis der Menschen untereinander! Und, oh Menschheit der Erde, wie viel Leiden geschieht tagtäglich in den verschiedenen Ländern der Welt einfach aufgrund von Achtlosigkeit und menschlicher Grausamkeit.

Wenn die einzelnen Menschen nur das Gesetz [des Karmas] kennen würden! Denn es ist unmöglich, jemandem Schaden zuzufügen, ohne das letzte Quäntchen Vergeltung zu bekommen, sei es in dieser Welt oder in der Welt, die kommen wird. Es ist Torheit zu glauben, dass der Mensch den Folgen seiner eigenen Handlungen entkommen kann. Aufgrund der Beständigkeit des kosmischen Gesetzes ist es auf ewig wahr, dass der Mensch das ernten wird, was er sät (...).

Ich ersuche die Menschheit leidenschaftlich, bevor es zu spät ist und die karmischen Schalen über die Erde geleert werden, sich darum zu bemühen, die Härte abzumildern, sie in all ihren Formen abzulehnen, indem sie ihre Gedanken aktiv und kraftvoll auf Gott konzentriert. Denn die Unmenschlichkeit des Menschen gegenüber seinen Mitmenschen und seine Unfähigkeit, die menschlichen Bedürfnisse mit göttlicher Liebe zu erfüllen, wann und wo auch immer eines aufkommt, sind oft die Folge von Härte im Herzen (...).

In eurem Inneren – in jedem von euch – ist Licht."

(10. September 1972)

Nimm' meine Hand

"Ich bin nicht nur eure Mutter, sondern auch eure ganz persönliche Freundin. Ich bitte euch, meine Hand zu nehmen, mich mit zu euch nach Hause zu nehmen, mich als eure Freundin und nicht als Gottheit aus grauer Vorzeit, als Ikone oder als ein Objekt zu sehen, vor dem man Ehrfurcht hat, sondern einfach als die Magd des Herrn. Wessen Herrn? Eures Herrn.

Ich bin die Dienerin des Herrn, der in euch lebt. Ich bin jemand, mit dem ihr euch wohlfühlen könnt. Ich werde an eurem Küchentisch sitzen und mit euch eine Tasse Tee trinken. Ich werde entgegennehmen, welche Gabe für euch auch immer wertvoll ist. Ich werde sie mir ans Herz legen und sie euch mit dem ganzen Segen meiner Liebe zurückgeben.

Ich werde euch bei euren täglichen Aufgaben helfen. Bittet mich um Beistand bei euren Problemen, bei euren Fragen, wie ihr dies oder das tun sollt, und ich werde alles anwenden, was ich in meinem Kausalkörper mit mir trage in Bezug auf das Verständnis von Wissenschaft, Technologie, Ordnung, Organisation, Verwaltung, Handhabung von Haushaltskonten, eure Versorgung, und die Heilmethoden, die ihr für die Erhöhung eures Tempels braucht (...).

Nun nehmt mich doch zu Herzen und sprecht mit mir, denn ich könnte euch so oft behilflich sein, doch ich werde vernachlässigt und spüre, dass ihr mich nicht in eurem Haus haben wollt. Daher gehe ich und wandle die Straße hinab und spiele mit den kleinen Kindern. Sie freuen sich immer sehr, wenn ich komme, denn sie kennen mich alle, jedes einzelne, da ich bei ihrer Geburtsstunde Patin stand (...).

Daher hüpfen die ganz Kleinen auch ausgelassen herum, wenn ich komme. Sie lachen, wenn ich mit ihnen schaukle. Wenn sie mich auf der Wippe sehen, wenn ich drei oder fünf von ihnen schaukle, machen sie sich über mich mit meinen Kleidern lustig, genauso wenn ich Seil springe und alle möglichen Spiele mit ihnen spiele. Wisst ihr, wie wenige Erwachsene im wahren Geiste der Kindheit und Unschuld mit Kindern spielen?

Ich bin eure Freundin und die Freundin jedes Staatsoberhauptes, jedes Kongressabgeordneten und derjenigen, die von Überheblichkeit ergriffen werden.

Meine Lieben, ich besitze die Lösung für viele Probleme. Wenn mich nur jemand fragen würde, ich würde es ihm sagen.

Vielleicht solltet ihr für euren Präsidenten, für sein Kabinett und all die anderen fragen. Denn so viele eurer Vertreter sind der Fürbitte der (...) Mutter beraubt, weil ihre Religion nicht an der Mutterschaft Gottes teilhat.

Es ist wahr, dass viele verzweifelt sind und nicht wissen, wie sie die Probleme dieser Nation lösen sollen – und je mehr Probleme aufkommen, desto mehr Probleme werden auch als Lösungen für Probleme eingesetzt. Ihr wisst nur zu gut: Ein Problem ist nicht die Lösung für ein anderes, ein neuer Fehler merzt einen alten Fehler nicht aus."

(31. Dezember 1977)

Lasst die Barrieren fallen

"Meine Lieben, ich bin genau die Frau der Stunde, und ich möchte euch lehren, wie ihr (...) die Energien Gottes zur Lösung jedes Bereichs des Lebens fließen lassen könnt. Lasst uns nun sehen, wie viele von euch meinen Dienst wertschätzen und ein Gefühl dafür haben, dass ich wahrhaftig eine von euch bin, dass ich euch sehr ähnlich bin in meiner Evolution (...).

Ob ihr mit einem Gesicht von Tibet, China, Indien, Afrika oder Amerika kommt – ihr möget mit dem Verständnis gesegnet sein, dass alle aus der Schar des Lichts eure Freunde sind, dass die Heiligen jeder

Religion die Freunde der Verehrer Gottes in jedem Glauben sind. Dies ist mein Wunsch, und ich sage, lasst die Barrieren fallen. Ich hebe meine rechte Hand und sage: Lasst die Barrieren fallen."

(31. Dezember 1977)

11. Saint Germain und eine Kette von Prophezeiungen

»Hinter den Dingen musste tief im Verborgenen etwas stecken.«

Albert Einstein

Das Ende des 18. Jahrhunderts markierte das Ende einer alten Ordnung in Frankreich. Ein Mann versuchte, den Übergang so sanft wie möglich zu gestalten. Es war der Graf von Saint Germain, der in ganz Europa als der "Wundermann" bekannt war.

Seine Kunststücke sind in den Tagebüchern aller Berühmtheiten des 18. Jahrhunderts durchweg mit Ausrufezeichen notiert. Er versetzte die Aristokratie und die Königshöfe mit Verjüngungstrünken, Juwelen und magischen Meisterstücken in Staunen, um ihre Aufmerksamkeit für einen ernsthafteren Zweck zu gewinnen – nämlich, um sie vor der drohenden Revolution und dem Blutbad zu warnen, die folgen würden. Gleichzeitig benutzte er seine Kräfte, um wissenschaftliche Erkenntnisse zu verbreiten.

Er wird in den Briefen von Friedrich dem Großen, Voltaire, Horace Walpole und Casanova erwähnt und erscheint sogar in der damaligen Tageszeitung – in der "London Chronicle" ("Londoner Chronik") vom Juni 1760, in der Florenzer Zeitung "Le notizie del Mondo" ("Notizen aus aller Welt") vom Juli 1770 und in der "Gazette" der Niederlande.

Er genoss das langjährige Vertrauen derer, mit welchen er am Hof zu tun hatte und wurde mit den Staatsgeheimnissen mehrerer Länder betraut. Er wurde von Ludwig XV., der einer der Ersten war, die Geheimdiplomatie einsetzten, auf Verhandlungsmissionen geschickt. In den Archiven Frankreichs finden sich Zeugnisse darüber, dass englische, holländische und preußische Staatsmänner seiner Zeit den Grafen als Kapazität in vielen Bereichen betrachteten.

In den höfischen Memoiren von Madame de Pompadour, Prinz Karl von Hessen und Madame d'Adhémar wird er als "L'homme extraordinaire" – "der außergewöhnliche Mann" – gewürdigt. Er wurde als schlank, aber wohlproportioniert, mittelgroß, mit angenehmen Gesichtszügen beschrieben und hatte faszinierende Augen, die den Beobachter, der die Gelegenheit nutzte, diese zu studieren, fesselten.

Der Mann, der nie starb

Eines der bemerkenswertesten Merkmale am Grafen war die Tatsache, dass er nicht zu altern schien. 1767 fragte ihn die Gräfin de Georgy: "Hätten Sie die Freundlichkeit, mir mitzuteilen, ob Ihr Vater um das Jahr 1710 in Venedig war?"

"Nein, Madame", erwiderte der Graf ziemlich unbeteiligt. "Ich habe meinen Vater schon viel früher verloren. Ich selbst habe jedoch Ende des letzten und zu Beginn dieses Jahrhunderts in Venedig gelebt. Ich hatte damals die Ehre, Sie zu hofieren ..."

"Verzeihung, aber das ist unmöglich. Der Graf von Saint Germain, den ich damals kannte, war mindestens 45 Jahre alt, und sie sind heute allerhöchstens in diesem Alter."

"Madame", erwiderte der Graf lächelnd, "ich bin sehr alt."

"Aber dann müssen Sie ja fast 100 Jahre alt sein."

"Das ist nicht unmöglich", antwortete Saint Germain.

1789 sagte Madame d'Adhémar nach einem Treffen mit ihm: "Er war es höchstpersönlich (...). Ja! Mit dem gleichen Gesicht wie 1760, während meines mit Furchen und Zeichen der Hinfälligkeit übersät war."[1]

Die Geburt, der Tod und die wahre Identität des Grafen verlieren sich in den Nebeln des Mystischen. Er wurde als großer Philosoph, Diplomat, Wissenschaftler, Heiler, Künstler und Musiker bewundert. Er kannte sich in der Geschichte so gut aus, dass es den Anschein hatte, als hätte er die Ereignisse, von welchen er erzählte, selbst erlebt. Madame de Pompadour, die einflussreiche Mätresse von Ludwig XV., erinnerte sich daran, dass er "manchmal Anekdoten vom Hof der Valois [französisches Königshaus von 1328 bis 1589] oder von Prinzen erzählte, die noch älter waren, mit so präziser Genauigkeit in jedem Detail, dass er fast den Eindruck erweckte, als ob er selbst Augenzeuge dessen, wovon er erzählte, gewesen sei."

Der "Wundermann Europas"

Das Wissen des Grafen erstreckte sich nicht nur zurück in die Vergangenheit, sondern auch rund um den ganzen Globus. "Er hatte die ganze Welt bereist", schrieb de Pompadour, "und der König lieh den Erzählungen von seinen Reisen über ganz Asien und Afrika, ebenso wie seinen Geschichten über die Höfe von Russland, der Türkei und von Österreich, ein williges Ohr."

Er sprach mindestens zwölf Sprachen so fließend, dass er als Einheimischer akzeptiert wurde. Dazu zählten Französisch, Deutsch, Englisch, Italienisch, Spanisch, Portugiesisch, Russisch und die östlichen Sprachen. "Die Gebildeten und die östlichen Gelehrten haben das Wissen des Grafen von Saint Germain nachgewiesen", schrieb eine Gräfin am Hof von Ludwig XV. "Erstere fanden ihn in den Sprachen von Homer und Vergil geschickter als sie selbst. Mit Letzteren sprach er Sanskrit, Chinesisch und Arabisch in einer Weise, die ihnen bewies, dass er einen längeren Aufenthalt in Asien gehabt hatte."

Der Graf von Saint Germain

Er war 1755 mit General Clive in Indien, wo er nach eigenen Aussagen lernte, Juwelen zu schmelzen. Von 1737 bis 1742 zeigte Monsieur de Saint Germain am Hofe des Schahs von Persien seine Fähigkeiten im Manifestieren und Vervollkommnen wertvoller Edelsteine, insbesondere von Diamanten.

Der Graf reiste auch nach Japan, wie er Madame d'Adhémar erzählte. Es gibt keine Zeugnisse darüber, wo er noch hinreiste, denn er erschien immer wieder unerwartet überall in Europa. Doch es stand hinter allem, was der Wundermann tat, ein Plan. Zudem gingen seine Wunder weit über bloße Genialität hinaus.

Er verfügte über Fachwissen auf dem Gebiet der Heilkunst und der Anwendung medizinischer Kräuter. Einige mutmaßen, dass Saint Germains Verwendung der Kräuter in Verbindung mit seinen einfachen Essgewohnheiten der Grund für sein langes Leben waren. Prinz Karl von Hessen schrieb: "Er besaß ein profundes Wissen über Kräuter und Pflanzen und hatte Arzneien erfunden, die er beständig selbst einnahm. Diese bescherten ihm sein langes Leben und seine Gesundheit."

Der Graf war ein Virtuose sowohl am Klavier als auch auf der Violine und auch ein perfekter Maler, Dichter und Künstler. Wo auch immer er hinreiste, war er als Gelehrter, Staatsmann und guter Erzähler herzlich willkommen. Er gründete Geheimgesellschaften und war eine Leitfigur der Rosenkreuzer, Freimaurer und Ritter des Templerordens der damaligen Zeit. Er verfasste den okkulten Klassiker "Die allerheiligste Trinosophie", wobei er sich einer Mischung aus modernen Sprachen und alten Hieroglyphen bediente.

Ein Meister der Alchemie

Monsieur de Saint Germain hatte die Angewohnheit, nie etwas zu bestätigen oder zu dementieren, was über ihn gesagt wurde.

Stattdessen antwortete er stets mit einem Lächeln oder einem geübten Ablenkungsmanöver. Seine Begabung als Alchemist wurde von Ludwig XV. hochgepriesen, der ihm ein Labor und eine Residenz am königlichen Schloss Chambord zur Verfügung stellte. Seinen alchemistischen Vorführungen fehlte es laut Aussagen seiner Chronisten nicht an Wundersamem.

Der Graf war nicht nur ein Alchemist, sondern auch ein Adept des Ostens. Er führte Yogaübungen vor, meditierte im Lotossitz und beruhigte mit seinem lodernden Geist die Tiere. Ein Holländer, der ihn verehrte, J. van Sypesteyn, schrieb: "Manchmal fiel er in eine Trance. Wenn er dann wieder zu sich kam, sagte er, er sei während der Zeit, da er bewusstlos dalag, in ferne Länder gereist. Manchmal verschwand er für eine beträchtliche Zeitspanne, erschien dann plötzlich wieder und gab zu verstehen, dass er in einer anderen Welt mit den Toten kommuniziert hatte."

Prinz Karl von Hessen beschrieb ihn als "den Freund der Menschheit, der sich Geld nur wünschte, um es den Armen geben zu können. Er war ein Tierfreund, und sein Herz war nur auf das Glück der anderen ausgerichtet."

"Wo auch immer er persönlich bekannt war, hinterließ er einen guten Eindruck sowie die Erinnerung an viele gute und manchmal auch viele edle Taten. Er unterstützte insgeheim viele arme Familienväter und viele wohltätige Vereinigungen", schrieb van Sypesteyn.

Der unvermeidliche Niedergang der alten Ordnung

Warum all diese Extravaganz am Hofe? Was versuchte Saint Germain zu beweisen? Er versuchte, um es genau zu sagen, ein Zeitalter wachzurütteln - mit Witz und Humor sowie mit seiner prophetischen, meisterhaften Gegenwart - angesichts der Tatsache, dass die alte Ordnung unumgänglich weichen musste. Sein

Aktionsplan bestand darin, die Vereinigten Staaten von Europa zu gründen, bevor die Reißleine der blutigen Französischen Revolution gezogen und diese nichts Schlechtes oder Gutes mehr von den Königshäusern Europas zurücklassen würde.

Ein weiteres Ziel von Saint Germain war die Beschleunigung des Fortschritts von Wissenschaft und Technik, so dass die Menschheit genügend Zeit bekam, ein größeres spirituelles Bewusstsein anzustreben. Manchmal spielte er die Rolle des Schutzpatrons der industriellen Revolution.

Graf Karl Cobenzl bezeugte, dass er Techniken zur Massenproduktion entwickelt hatte. Dazu zählten das Bleichen von Flachs, so dass er italienischer Seide glich, das Färben und Präparieren von Tierhäuten "die jedes Saffianleder der Welt übertrafen und das perfekteste Gerbverfahren; das Bleichen von Seide in einer bis dato unbekannten Perfektion, ebenso wie das Färben von Wolle. Das Färben von Holz in den brillantesten Farben, die den Werkstoff durch und durch durchdringen (...) und dies mit den einfachsten Zutaten und folglich zu einem sehr moderaten Preis."

Die Monarchen, die seine wundersamen Errungenschaften bewunderten, betitelten diese als "interessant". Sie waren zwar stets geneigt, sich von ihm unterhalten zu lassen, jedoch war es keineswegs leicht, sie zu Handlungen anzuspornen. Als es darum ging, seinen Rat zu befolgen, ignorierten sie ihn höflich – und ihre Minister, die neidisch waren bis ins Mark, verachteten ihn.

In seinem Bemühen um einen sanften Übergang von der Monarchie in eine neue Regierungsform versuchte Saint Germain, Ludwig XVI. und Marie Antoinette davor zu warnen, dass eine Revolution am Gären war. Leider wurden seine Bemühungen vereitelt. Monsieur de Saint Germain ließ nicht ab, Briefe an die Königin zu schreiben, um sie vor der drohenden Katastrophe zu warnen, doch als die Krise erst einmal einen bestimmten Punkt erreicht hatte, konnte er nichts mehr tun, um die Revolution, die sich aufgebaut hatte, abzuwenden.

211

Die Lektion wird weise und schmerzhaft gelernt: Ein weiser Mann mit einem hohen Grad an Meisterschaft, der nur die besten Absichten hat und die Lösung für globale Probleme sowie den Auf- und Niedergang von Nationen kennt, muss sich dem freien Willen der Sterblichen beugen. Er darf Ratschläge erteilen, jedoch keine Befehle. Wenn er ignoriert wird, ist er gezwungen, sich zurückzuziehen.

Als letzte Hoffnung auf die Gründung einer vereinten Gemeinschaft in Europa unterstützte Saint Germain Napoleon. "Le Petit Caporal" ("Der kleine Gefreite") übernahm Saint Germains Macht, jedoch nicht seinen Rat, und trachtete danach, diese zur eigenen Bereicherung zu nutzen. Dabei überging er die Anweisungen seines Meisters. Wieder war Saint Germain gezwungen, sich zurückzuziehen und den ehrgeizigen, verwegenen Napoleon seinem Waterloo zu überlassen.

Ein neues Experiment zur Freiheit

Saint Germain, der sich dem Thema "Weltfreiheit" verschrieben hatte, hatte an vielen Fronten unermüdlich gearbeitet. "Da es mir nicht gelungen war, die Aufmerksamkeit des Hofes von Frankreich und anderer gekrönter Häupter Europas zu gewinnen", sagte er, "habe ich mich der Perfektionierung der gesamten Menschheit zugewandt.

Ich habe erkannt, dass es viele gibt, die nach Gerechtigkeit hungern und dürsten und in der Tat von dem Gedanken einer perfekten Vereinigung erfüllt werden könnten, der sie dazu inspirieren würde, die Herrschaft über die 'Neue Welt' zu erlangen und eine Union der souveränen Staaten zu bilden. Folglich wurden die Vereinigten Staaten als Kind meines Herzens geboren, und die amerikanische Revolution war das Mittel, um die Freiheit in all ihrem Glanze von Ost bis West zur Manifestation zu führen."

Schon vor der Auflösung in Frankreich war Saint Germain intensiv damit beschäftigt, eine perfektere Vereinigung der dreizehn Kolonien zu bilden. Laut Überlieferung inspirierte er am 4. Juli 1776 einen der Unterzeichner der Unabhängigkeitserklärung mit einer flammenden Rede, die die Beteiligten aufforderte: "Unterzeichnet dieses Dokument!"

Saint Germain erschien im späten 19. Jahrhundert erneut, um die Meister M (El Morya), K. H. (Koot Hoomi) und Serapis Bey bei der Begründung der theosophischen Gesellschaft durch Helena Blavatsky zu unterstützen. Sein Name, der wörtlich "Sanctus Germanus" lautete, bedeutet einfach "heiliger Bruder".

In den 30er Jahren des 20. Jahrhunderts nahm Saint Germain Kontakt zu Guy und Edna Ballard auf und übermittelte ihnen die Lehren, die sie in den Büchern "Unveiled Mysteries" (Entschleierte Geheimnisse"), "The Magic Presence" ("Die magische Gegenwart") und "I AM Discourses" ("Die ICH BIN-Reden") veröffentlichten. 1958 begann Saint Germain, mit Mark L. Prophet über das "Summit Lighthouse" ("Der Leuchtturm oder das Lichthaus auf dem Gipfel") zu arbeiten, um die aktuellen Lehren der Aufgestiegenen Meister zur praktischen Spiritualität zu veröffentlichen.

Heute tritt Saint Germain als Mentor des Wassermannzeitalters auf. Er spielte viele Rollen in vielen Leben, so wie wir alle. Der Faden, der durch sie alle läuft, ist der rote Faden der Prophezeiung.

Saint Germain war schon immer ein Visionär gewesen, der die Freiheit des Denkens und des Geistes rühmte und beispielhaft lebte. Er war schon immer mit Einfallsreichtum darum bemüht, unser unveräußerliches Recht zu schützen, unser Leben gemäß dem höchsten Plan Gottes zu leben. Denn er hat gesagt, dass kein Recht, so grundlegend es auch sein mag, gesichert sein kann, wenn es nicht von der Spiritualität untermauert ist, die einen barmherzigen Gebrauch dieses Rechtes mit sich bringt.

Um die Mission dieses Meisters besser zu verstehen, wollen wir einige seiner Inkarnationen in der Vergangenheit näher betrachten.

Eine Warnung wird beachtet und damit eine Prophezeiung abgewendet

Als Prophet Samuel des 11. Jahrhunderts, der letzte und bedeutendste der Richter der zwölf Stämme Israels, versuchte Saint Germain, die Israeliten von der Knechtschaft der korrupten Priester, von den Söhnen von Eli und den Philistern, zu befreien. Damals ging die Aufgabe der Richter Israels weit darüber hinaus, nur Streit zu schlichten. Einige waren charismatische Führer, von welchen man glaubte, sie hätten direkten Zugang zu Gott, und sie ermutigten die Stämme Israels, ihre Kräfte gegen die Unterdrücker zu vereinen.

Samuel übermittelte den widerspenstigen Israeliten eine Prophezeiung, die seinen modernen Botschaften von heute entspricht – beide untrennbar mit dem Karma und dem freien Willen verbunden. Er sagte ihnen, dass sie, wenn sie nicht aufhörten, "fremde Götter" anstelle des einen wahren Gottes zu verehren, eine Niederlage erleiden würden. "So ihr euch mit ganzem Herzen bekehret zu dem Herrn, so tut von euch die fremden Götter und Astharoth", tadelte Samuel sie. "Richtet euer Herz zu dem Herrn und dienet ihm allein, so wird er euch erretten aus der Philister Hand."

Die Mahnungen des Propheten rüttelten die Bewohner des gesamten Landes auf, ihre falschen Götter aufzugeben und ihre Spiritualität neu auszurichten. Unter der Führung von Samuel versammelten sich alle Israeliten. Sie fasteten und weihten sich Gott. Sie gestanden, dass sie gesündigt hatten und flehten Samuel an, er möge sich für sie bei Gott einsetzen, um sie vor dem Feind zu retten. Als Folge von Samuels Gebeten und davon, dass sie sich wieder Gott zugewandt hatten, "wurden die Philister gedämpft und kamen nicht mehr in die Grenze Israels."[2]

Wie die Geschichte von Ninive, die im Buch Jona berichtet wird, ist dies ebenfalls eine wichtige Lektion, die lehrt, dass Prophezeiungen nicht in Stein gemeißelt sind. Dies zeigt uns, dass ein Volk, das die Worte der Propheten beachtet und seine spirituelle

Ausrichtung neu bekräftigt, von den Folgen seines Karmas verschont werden kann.

Als Samuel in die Jahre kam, forderten die Israeliten einen König "wie alle Heiden ihn haben". Er warnte sie davor, dass ein König zum Tyrann werden und sich ihrer Freiheit bemächtigen könnte, doch vergebens. Gott beugte sich ihrem freien Willen und wies Samuel an, einen König zu ernennen. Gott sagte zu Samuel: "Sie haben nicht dich, sondern mich verworfen, dass ich nicht soll König über sie sein."[3] Der Prophet gehorchte und salbte Saul zum König. Später, als Saul ungehorsam gegenüber Gott wurde, befreite Samuel das Volk von seiner Tyrannei und salbte David zu ihrem neuen König.

Ein Ruf des Propheten in der Wüste des Mittelalters

Im 13. Jahrhundert inkarnierte Saint Germain als Roger Bacon, der wahrscheinlich der begabteste Mann jenes Jahrhunderts war. Er wird als Vorläufer der modernen Wissenschaft betrachtet und war ein Mann, der in die intellektuelle und wissenschaftliche Wüste des mittelalterlichen Großbritanniens hineinrief. In einer Zeit, in der weder die Theologie noch die Logik noch beide die Parameter der Wissenschaft bestimmten, propagierte er die experimentelle Methode, erklärte seine Überzeugung, dass die Erde rund sei, und prangerte die Engstirnigkeit der Gelehrten und Wissenschaftler seiner Zeit an.

Er war auch ein Prophet der modernen Technologie. Er prophezeite den Heißluftballon, eine Flugmaschine, die Brille, das Teleskop, das Mikroskop, den Aufzug und mechanisch angetriebene Schiffe und Wägen – und schrieb über diese, als hätte er sie tatsächlich gesehen. Bacon war auch der erste Westliche, der die genaue Anleitung niederschrieb, wie man Schießpulver herstellt.

Doch er hielt die Formel geheim, so dass sie nicht dazu benutzt werden konnte, um anderen Schaden zuzufügen.

Woher glaubte Bacon, sein faszinierendes Wissen zu nehmen? "Wahres Wissen stammt nicht von der Kapazität anderer, auch nicht von einer blinden Unterwürfigkeit gegenüber veralteten Lehren", sagte er. Seine Biografen schreiben, dass er glaubte, "Wissen" sei eine höchst persönliche Erfahrung – ein Licht, das über die neutralen Kanäle allen Wissens und aller Gedanken nur der innersten Privatsphäre des Individuums kommuniziert wird."[4]

Experimente mit den Magnetkräften der Liebe

Bacon, der Lehrbeauftragter in Oxford und an der Universität von Paris gewesen war, beschloss, seine Wissenschaft in seiner Religion zu suchen und zu finden. Als er in den Franziskanerorden der "Minderen Brüder" eintrat, sagte er: "Ich werde meine Experimente zu den Magnetkräften des Magnetsteines an eben demselben Schrein durchführen, an dem mein Wissenschaftskollege, der heilige Franziskus, seine Experimente zu den magnetischen Kräften der Liebe vollzogen hat."[5]

Die wissenschaftliche und philosophische Weltsicht des Mönchs, seine unverhohlenen Angriffe auf die Theologen seiner Zeit sowie sein Studium der Alchemie, der Astrologie und der Magie führten zu Beschuldigungen der "Ketzerei und der Neuerungen". Dafür wurde er 1278 von seinen Franziskanerbrüdern ins Gefängnis gebracht. Sie hielten ihn 14 Jahre lang in Einzelhaft und entließen ihn erst kurz vor seinem Tod. Obgleich die Uhr seines Lebens abgelaufen und sein Körper gebrochen war, wusste er, dass seine Bemühungen nicht ohne Auswirkung auf die Zukunft bleiben würden.

Die folgende Prophezeiung, die er seinen Studenten machte, zeigt die bedeutenden, revolutionären Ideale des unbezähmbaren Geistes der Freiheit – des unsterblichen Fürsprechers für unsere wissenschaftliche, religiöse und politische Freiheit:

> "Ich glaube, dass die Menschheit das Prinzip, für das ich mein Leben geopfert habe, als Axiom für ihr Verhalten übernehmen wird – das Recht auf Forschung. Es ist das Credo des freien Mannes – diese Möglichkeit auszuprobieren, dieses Privileg, sich zu irren, dieser Mut, erneut zu experimentieren.
>
> Wir Wissenschaftler des menschlichen Geistes werden experimentieren und experimentieren – auf ewig experimentieren. Durch Jahrhunderte des Versuchens und Scheiterns hindurch, durch Qualen der Forschungsarbeiten (...), lasst uns mit Gesetzen und Gewohnheiten, mit Geldsystemen und Regierungen experimentieren, bis wir den einen wahren Kurs einzeichnen können – bis wir unsere eigene optimale und majestätische Bahn finden, so, wie die Planeten über uns ihre Umlaufbahnen gefunden haben (...). Dann endlich werden wir uns alle gemeinsam in der Harmonie unserer Atmosphären unter dem großen Impuls einer einzigen Schöpfung bewegen – einer Einheit, eines Systems, eines Planes."[6]

Die Bühne bereiten

In der Person von Francis Bacon (1561-1626), dem größten Geist, den der Westen je hervorgebracht hat, katapultierten Saint Germains mannigfache Errungenschaften die Welt auf jedem Gebiet in einen Zustand, der den Weg für die Kinder des Wassermannzeitalters bereiten sollte. In diesem Leben besaß er die Freiheit, die Arbeit, die er als Roger Bacon begonnen hatte, zur Vollendung zu bringen.

Gelehrte haben die Ähnlichkeit der Gedanken der beiden Philosophen und sogar ihrer beiden Werke, Rogers "Opus Majus" und Francis' "De Augmentis" und "Novum Organum", festgestellt. Dies ist umso erstaunlicher, da Rogers "Opus" zu dessen Lebzeiten nie veröffentlicht worden war. Es geriet in Vergessenheit und erschien erst mehr als einhundert Jahre nach Francis' "Novum Organum" und "De Augmentis".

Francis Bacon ist als der Vater des induktiven Beweises und der wissenschaftlichen Methode bekannt, die mehr als alle anderen Beiträge für das Technologiezeitalter verantwortlich sind, in dem wir heute leben. Er wusste damals bereits lange im Voraus, dass nur die angewandte Wissenschaft die Massen von der menschlichen Misere und der Plackerei des reinen Überlebens befreien konnte, so dass sie sich um eine höhere Spiritualität bemühen konnten, die sie einst gekannt hatten.

Universelle Erleuchtung

Sein nächster Schritt bestand darin, nichts Unverfroreneres als die universelle Erleuchtung selbst zu sein. "Die große Instauration" (Wiederaufbau nach dem Niedergang, dem Zusammenbruch oder Verfall), so lautete seine Formel, um "die ganze weite Welt" zu verändern. Sie entstand erstmals, als Bacon ein Junge im Alter von 12 oder 13 Jahren war und fand 1607 ihren Niederschlag in seinem gleichnamigen Buch. Sie setzte in der Tat mit der Hilfe von Francis' sanfter, fürsorglicher Persönlichkeit die englische Renaissance in Gang.

Im Laufe der Jahre scharte er eine Gruppe von berühmten Persönlichkeiten um sich, die u. a. für nahezu die gesamte Literatur der elisabethanischen Zeit verantwortlich war: Ben Jonson, John Davies, George Herbert, John Selden, Edmund Spenser, Sir

Walter Raleigh, Gabriel Harvey, Robert Greene, Sir Philip Sidney, Christopher Marlowe, John Lyly, George Peele und Lancelot Andrewes.

Einige von ihnen gehörten einer "Geheimgesellschaft" an, die Francis gemeinsam mit seinem Bruder Anthony gegründet hatte, als die beiden Jurastudenten in "Gray's Inn" waren. Diese Gruppe von Grünschnäbeln, die sich "Die Ritter des Helmes" nannten, hatte zum Ziel, die Bildung durch die Verbreitung der englischen Sprache und die Begründung einer neuen Literatur voranzubringen, die nicht in lateinischer Sprache, sondern in Worten verfasst war, die ein Engländer verstehen konnte.

Francis organisierte auch die Übersetzung der King James Version der Bibel, fest entschlossen, das gemeine Volk in den Genuss zu bringen, die Heilige Schrift selbst zu lesen. Manche behaupten sogar aufgrund von Chiffren, die in den Drucktypen der Originaldrucke der Shakespeare-Folios eingebettet sind, dass Francis Bacon der wahre Autor der Theaterstücke sei, die dem Mann aus dem Dorf Stratford-upon-Avon[7] zugeschrieben werden.

Bacon steckte auch hinter vielen der politischen Gedanken, auf die sich die westliche Zivilisation gründet. Thomas Hobbes, John Locke und Jeremy Bentham nahmen Bacon als Ausgangspunkt für ihre Ideologien. Seine revolutionären Prinzipien sind der Motor, der unsere Nation (die Vereinigten Staaten von Amerika) heute noch antreibt. Sie sind die Quintessenz der Einstellung, dass man das, was man sich in den Kopf gesetzt hat, auch erreichen kann. "Die Menschen sind nicht Tiere, die aufrecht gehen", behauptete Bacon, "sondern unsterbliche Götter. Der Schöpfer hat uns Seelen geschenkt, die in der ganzen Welt gleich sind – und dennoch nicht einmal mit einer ganzen Welt zufrieden sind."[8]

Francis Bacon propagierte die Kolonisierung der "Neuen Welt", denn er wusste, dass seine Ideen dort die tiefsten Wurzeln schlagen und zur vollen Blüte kommen konnten. Er überzeugte

219

James I., Neufundland zu erwerben. Er war Vorstandsmitglied in der "Virginia Company", die die Besiedlung von Jamestown, der ersten permanenten englischen Kolonie in Amerika, finanziell unterstützte. Er gründete auch die Freimaurerloge, die sich der Freiheit und der Erleuchtung der Menschheit verschrieb und deren Mitglieder bei der Gründung der neuen Nation eine große Rolle gespielt haben.

Nachdem er mit fingierten Beweisen wegen Bestechlichkeit angeklagt wurde, legte Bacon seinen Posten als Vorstandsmitglied nieder. Er starb als Verfolgter, der für seine vielfältigen Talente nie die volle Anerkennung erhalten hatte. Doch er hatte über Umstände gesiegt, die schwächere Menschen zerstört hätten. Was ihn betrifft, so haben diese Herausforderungen bewiesen, dass hier ein Aufgestiegener Meister kurz vor der Vollendung stand.

Am 1. Mai 1684 vereinte sich Saint Germain durch das Ritual des Seelenaufstiegs wieder mit Gott und wurde zum Aufgestiegenen Meister. Da er sich über alles danach sehnte, Gottes Volk zu befreien, bat er Gott um eine Sondererlaubnis, um wieder in einem physischen Körper zur Erde zurückzukehren. Einer solchen Bitte wird selten entsprochen, doch sie wurde gewährt, und er erschien wieder als der Graf von Saint Germain.

Meister der Seelenbefreiung

Die Vorstöße, die Saint Germain im Bereich der Bildung, der Spiritualität, der Wissenschaft und der Regierungsführung über die Jahrhunderte hinweg gemacht hat, legten den Grundstein für das Wassermannzeitalter. Saint Germain ist der Meister der Seelenbefreiung par excellence. Während all seiner Inkarnationen hat seine Seele das innere Licht der Freiheit verinnerlicht. Seine spirituelle Verwirklichung und die Resonanz seiner Seele mit der heiligen Qualität der Freiheit, seine aufrichtige Liebe zur Menschheit und die Tatsache, dass er sich hingebungsvoll der Bewahrung unserer Freiheit verschrieben hat, damit wir den von uns gewählten Pfad auch verfolgen können, hat ihm die Rolle des Mentors des Wassermannzeitalters eingebracht.

Das Wassermannzeitalter ist ein Zeitalter, in dem wir unser Verständnis der Freiheit und Liebe weiterentwickeln und diese Qualitäten zum Ausdruck bringen sollen, damit unsere Seele voll erblüht. Saint Germain, der Meister der Alchemie, lehrt uns, wie wir die Energien der Liebe meistern und selbst zu Alchemisten werden können, während wir unsere Experimente zur Selbsttransformation durchführen. Er ist der Verfechter des Rechts unserer Seele, das zu werden, was wir wirklich sind.

Meine erste Erfahrung mit Saint Germain in diesem Leben machte ich im Alter von 18 Jahren. Ich schlug ein altes Buch über die Aufgestiegenen Meister auf, das in der Bibliothek meiner Eltern stand, und sah mich seinem Bild gegenüber. Ich schaute ihm in die Augen und erkannte in ihm einen alten, alten Freund. Das veränderte mein Leben. Ich sagte mir: "Diesen Meister muss ich finden."

Im April 1961 besuchte ich ein Treffen des "Summit Lighthouse" in Boston, wo ich dessen Leiter Mark L. Prophet begegnete. Mark widmete sich hingebungsvoll der Veröffentlichung der Lehren der Aufgestiegenen Meister als ihr Botschafter, als ihr Sprecher. Er sollte später sowohl mein Lehrer als auch mein Ehemann werden. Mark war der spirituellste Mensch, den ich jemals kennen gelernt hatte. Er war zutiefst eins mit Gott, empfand absolutes Mitgefühl und war ein wunderbarer Tutor meiner Seele und der Seelen vieler Suchenden.

Kurz nachdem ich Mark begegnet war, kam ich in eine Phase strengen spirituellen Trainings. 1964 salbte mich Saint Germain zu seiner "Sendbotin". Ein "Sendbote" ist sowohl ein Sprecher als auch ein Sekretär der "Aufgestiegenen Meister" - derjenigen, die ihr Leben auf Erden gemeistert, die Vereinigung mit Gott erreicht haben und aufgestiegen sind, wie Jesus es tat. Durch den Heiligen Geist dazu bevollmächtigt, verbreite ich ihre Lehren und schreibe sie nieder.

Viele Wege führen zum Gipfel

Es gibt ein altes arabisches Sprichwort, das besagt: "Gott hat jedem Volke in seiner eigenen Sprache einen Propheten gegeben." Aus seiner großen Liebe und seinem Mitgefühl heraus hat Gott stets einen Botschafter oder Propheten geschickt, der seinen Kindern, die sich vorübergehend auf der Erde aufhalten, seine Worte auf eine Art und Weise vermittelten konnte, die sie verstehen konnten. Seine Rolle besteht darin, zu lehren, zu warnen, zu trösten und den Menschen zu zeigen, wie sie die Vereinigung mit Gott erreichen können.

Gott sprach durch die alten Propheten, um die Israeliten zu führen und zu warnen. Im ersten Jahrhundert sandte Jesus seine Engel auf die Insel Patmos, um Johannes das Buch der Offenbarung zu übermitteln. Der buddhistische Adept Asanga erhielt die direkte Lehre des Bodhisattva Maitreya im vierten Jahrhundert. Im siebten Jahrhundert offenbarte Erzengel Gabriel Mohammed die Worte des Koran. Im 14. Jahrhundert diktierte Gott, der Vater, der heiligen Katharina von Siena seine Lehren, und der Bodhisattva Manjushri inspirierte Tsongkhapa, der daraufhin dem Buddhismus in Tibet eine neue Richtung gab.

Über seine Botschafter in den verschiedenen Weltreligionen enthüllt Gott verschiedene Aspekte seines Selbst, so dass die Menschen unterschiedlicher Kulturen die verschiedenen Attribute seiner göttlichen Persönlichkeit verstehen - und aufnehmen - können. Denn es führen viele Wege zum Gipfel des Seins, um die universelle Quelle zu erreichen. Jeder Pfad bietet eine andere

Ansicht des Gipfels – eine neue Möglichkeit zu verstehen, wer Gott ist und wer wir sind.

Heute hat Gott seine Aufgestiegenen Meister ausgesandt, um Prophezeiungen und Offenbarungen zu enthüllen, um uns auf das Wassermannzeitalter vorzubereiten und um uns zu zeigen, dass wir dazu bestimmt sind, unseren eigenen Weg der Selbstmeisterung zu gehen. In diesem und im letzten Jahrhundert haben die Meister ihre Lehren u. a. durch Helena Blavatsky in der "Theosophischen Gesellschaft", durch Mary Baker Eddy in der "Bewegung der Christlichen Wissenschaft", durch Guy und Edna Ballard im "I AM-Movement" ("ICH-BIN-Bewegung") und durch Nicholas und Helena Roerich in der "Agni Yoga-Society" ("Agni-Yoga-Gesellschaft") überliefert. In jüngster Zeit haben die Meister ihre Lehren durch Mark L. Prophet und mich übermittelt.

Als Sendbote zu dienen ist ein großes Privileg und eine große Ehre. Es ist ein Geschenk Gottes. Ein Sendbote des Wortes Gottes ist kein Meister, sondern nur das Werkzeug des Meisters. Folglich betrachte ich mich als Dienerin des Lichtes Gottes in allen Menschen, ganz gleich, auf welchem spirituellen Pfad sie wandeln.

Die Aufgestiegenen Meister unterbreiten uns einen Pfad und eine Lehre, die uns helfen können, unser Höheres Selbst kennen zu lernen und eine persönliche Beziehung zu Gott zu entwickeln. Sie lehren uns auch fortgeschrittene spirituelle Techniken, die wir einsetzen können, um die Kraft und Liebe unserer Herzen zu beschleunigen, um unsere persönliche Verwandlung und die Verwandlung der Welt herbeizuführen. Im nächsten Kapitel folgen wir dem roten Faden der Prophezeiungen von Saint Germain für das Wassermannzeitalter und seiner Formel, um dieses in ein goldenes Zeitalter zu verwandeln.

12. Prophezeiungen sind nicht in Stein gemeisselt

> »Die Zukunft heißt 'vielleicht', weil dies die einzige Möglichkeit ist, um die Zukunft zu benennen. Und das Wichtige dabei ist, nicht zuzulassen, dass uns das in Panik versetzt.«
>
> Tennessee Williams

Mit dem wahren Auge eines wahren Propheten sieht Saint Germain die Zukunft als nicht vorhersagbar – nicht vorhersagbar deshalb, weil wir jeden Augenblick verändern, wie die Zukunft aussehen wird.

Saint Germain nimmt kein Blatt vor den Mund. Er konfrontiert uns mit der aktuellen Realität. Dann zeigt er uns Wahrscheinlichkeiten und Möglichkeiten, so dass wir eine weise Wahl treffen können. Er sieht das Potenzial für Frieden und Erleuchtung, ebenso wie das Potenzial für Verfall und Auflösung. Er betont, dass unsere täglichen Entscheidungen und unser gemeinsames Handeln drastische Folgen haben werden. Doch was auch immer geschieht, so sagt er, die Dinge werden nicht so bleiben, wie sie sind.

Die Botschaften, die ein Prophet überbringt, sind nicht auf Warnungen beschränkt. Entgegen der volkstümlichen Meinung ist Prophezeiung nicht Wahrsagen, keine Kristallkugelschau und keine hellseherische Voraussage. Da Prophezeiungen widerrufen werden können, verkündet ein Prophet nicht nur Gottes Wort, sondern muss auch bei seinen Zuhörern, eine tiefe, anhaltende Veränderung im Herzen entfachen. Wie Paulus den frühen Christen schrieb, ist die Prophezeiung für Erbauung, Ermunterung und Trost gedacht[1] – mit anderen Worten: Ein Prophet versucht, zu erleuchten, zu ermutigen und zu trösten.

Saint Germain weist nicht nur den Weg zum Ziel, sondern zeigt uns auch, wie man es erreicht. Mit Liebe, Entschlossenheit und Ausdauer bietet er die Lösung für unser karmisches Dilemma: eine hochfrequente spirituelle Energie, die als "violette Flamme" bekannt ist. Saint Germain nennt sie den "kosmischen Radiergummi".

In Teil II "Spirituelle Lösungen" erklären wir, wie man die violette Flamme durch Gebete und Meditation auf persönliche Zustände und die Weltsituation anwendet. In diesem Kapitel offenbaren wir Saint Germains Prophezeiungen. Wir haben auch eine wenig bekannte Vision angefügt, die George Washington hatte, während er im Winter 1777 in Valley Forge kampierte.

Saint Germain

Keine Garantie für ein goldenes Zeitalter

Saint Germain erklärt uns, dass die Anfangsjahre des neuen Jahrhunderts von grundlegender Bedeutung sind, weil das, was wir jetzt tun, jahrhundertelang nachklingen wird:

"Ich habe euch bestimmte Vorzeichen der Astrologie der Gegenwart und der Zukunft präsentiert, so dass ihr verstehen könnt, dass allein die Tatsache, dass die kosmische Uhr sagt, dass wir in das Wassermannzeitalter eintreten, nicht garantiert, dass es ein goldenes Zeitalter sein wird (...).

Ihr steht auf der Bühne! Und ihr werdet eure Rollen spielen, wie ich meine Rolle (und viele Rollen) auf der Weltbühne gespielt habe. Ja, heute sind es eure Entscheidungen – die Entscheidungen, die ihr trefft, meine Lieben –, die den Kurs dieser Zivilisation bestimmen werden (...).

Ich werde euch dann immer wieder sagen, dass das, was ihr in meinen Prophezeiungen gehört habt (...) nur ein Omen der Dinge ist, die auf uns zukommen. Ich werde euch erklären, dass ihr noch niemals in eurer Geschichte, seitdem ihr erstmals euren Fuß auf diesen Planeten und diesen Boden gesetzt habt, vor solch einer Herausforderung gestanden habt, wie vor der, mit der ihr heute konfrontiert seid und mit der ihr und eure Nachkommen noch in den nächsten 200 Jahren konfrontiert sein werdet."

(2. März 1996)

"Es gibt ein Potenzial für eine absolute Weltkatastrophe und ein Potenzial für ein absolut goldenes Zeitalter."

(7. April 1996)

"Mein Entschluss, diesen Sieg zu erringen, ist felsenfest – und meine Vision reicht unermesslich weit. Möge eure genauso weit reichen. Wenn dann der Augenblick gekommen ist, um das goldene Zeitalter einzuführen, gebt auf keinen Fall auf. Wenn notwendig, so klopft Tag und Nacht an die Himmelstore und bittet um Dispens, das wird mir helfen, den Traum von Himmel und Erde zu erfüllen und das goldene Wassermannzeitalter in Erfüllung gehen zu lassen."

(2. März 1996)

Das karmische Konto

Die Menschen fragen: "Warum werden Weltkatastrophen und Erdveränderungen vorausgesagt?" Meine Lieben, sie werden aufgrund des unausgeglichenen Karmas der Menschheit vorausgesagt, das (...) seit Tausenden und Abertausenden von Jahren auf dem Konto liegt. Daher hat der allmächtige Gott zur Menschheit der Erde gesprochen und gesagt: 'Bis hierher und keinen Schritt weiter!'"

(2. März 1996)

229

"Die Sinuswelle der Jahrhunderte setzt sich ungeachtet des Kommens und Gehens der Menschheit fort. Sie ist unabänderlich. Sie kann ebenso wenig angehalten werden wie der Aufgang und der Untergang der Sonne oder die Rotation der Erde um die Sonne (...).

Damit die Menschheit über ihr zurückkommendes negatives Karma, das sie seit 25.800 Jahren angesammelt hat, den Sieg erringt, muss sie sozusagen kollektiv stromaufwärts rudern.

Ja, die Menschheit muss den Strom ihres niedergehenden Karmas umdrehen, so dass sie jenes Karma durch ihre Dekrete zur violetten Flamme möglichst verwandeln kann, bevor es sich in der physischen Oktave kristallisiert. Denn wenn sich das negative Karma der Menschheit erst einmal auf der Erde, in den vier niederen Körpern der Menschen und in allem Leben – ob beseelt oder unbeseelt – kristallisiert, wird es einer enormen Anstrengung von Seiten der Erleuchteten der Erde bedürfen, um die Welt von ihren menschlichen Ausdünstungen zu reinigen."

(2. März 1996)

Der schnellste Weg, um karmische Schulden auszugleichen

Hier erklärt Saint Germain, dass uns die violette Flamme helfen kann, ausstehende karmische Schulden abzugelten, deren Existenz uns nicht einmal bewusst ist:

"Stellt euch sodann vor, ihr wäret – was euch heute nicht bewusst ist – vor 8.000 Jahren Mitglied einer Räuberbande gewesen – schlechte Seelen, die nur Leben gequält, Leben zerstört haben. Stellt euch das vor, meine Lieben. Stellt euch vor, ihr wäret vielleicht für den Niedergang einer ganzen Nation verantwortlich. Stellt euch vor, ihr befändet euch in solch einer Rolle (...).

Vielleicht hattet ihr eine Erfindung gemacht, die schädlich für die Menschheit war, selbst wenn dies nicht eure Absicht war. Stellt euch vor, wie viele Menschen dann aufgrund dieser Erfindung gelitten haben könnten, obwohl ihr gute Absichten hattet. Folglich habt ihr Karma mit den Menschen, die belastet wurden (...).

Die einzige Möglichkeit, wie ihr in diesem Leben unter Umständen euer Karma ausgleichen könnt, wäre durch die Verstärkung eurer Anrufungen der Dekrete zur violetten Flamme."

(9. Oktober 1995)

"Während ihr diese violette Flamme durch die Kraft Gottes in euch anruft, werdet ihr eine planetarische Veränderung feststellen. Ich fordere Millionen auf, in die Anrufung an die violette Flamme mit einzustimmen (...).

Ich bitte euch zu erkennen, wie diese violette Flamme, die von euch ausgeht, all denen, die euch begegnen, helfen und eure Anführer dabei unterstützen wird, die richtigen Entscheidungen zu fällen, sowie das Volk erleuchten wird, so dass es ebenfalls seine Stimme richtig einsetzt."

(27. April 1991)

"Wenn ihr, die ihr es besser wisst, euch nicht ernsthaft für den Ausgleich des Karmas einsetzt und kraftvolle 'Fiats' [kurze, dynamische Befehle oder Affirmationen] zur Verwandlung der Welt an die violette Flamme sprecht, könnt ihr sehr wohl erleben, dass diese Weltkatastrophe, die schon so lange vorausgesagt worden ist, auch hereinbricht. Wenn diese hereinbricht, könnte es unter Umständen Tausende von Jahren erfordern, um die Fortschritte, die die Zivilisation bis zu dieser Stunde erreicht hat, erneut zu erarbeiten, je nach Ausmaß der Erdveränderungen. Es könnte sein, dass Kontinente gespalten und Staaten geteilt werden."

(2. März 1996)

Lasst euch von der Hochkonjunktur nicht in Sicherheit wiegen

Saint Germain übermittelte die folgende Botschaft mehrere Monate vor dem Börsencrash von 1987, der als "Schwarzer Montag" bekannt ist, als der Aktienmarkt um 508 Punkte einbrach – bis dahin der größte Sturz in Prozenten. Saint Germain hat uns damals schon gewarnt, uns nicht von der Hochkonjunktur in Sicherheit wiegen zu lassen, weil wirtschaftliche Konjunkturrückgänge genau dann eintreten können, wenn wir sie am wenigsten erwarten, es sei denn, wir tun unsere spirituelle Arbeit.

"Ein wirtschaftlicher Zusammenbruch ist absehbar. Bereitet euch vor. Die Rückschläge werden plötzlich eintreten. Lasst euch von der Hochkonjunktur nicht in Sicherheit wiegen. Viele Notlösungen sind nur 'Heftpflaster' für die Wirtschaft, das Geldsystem, die Großbanken. Diese werden den Zusammenbruch von Staaten und Banken nicht verhindern, die auf dem Sand von menschlicher Gier, Machtstreben und der Manipulation des Lebensnervs des Volkes Gottes gebaut sind (...).

Der abmildernde Faktor beim Zusammenbruch der Wirtschaft, beim Atomkrieg, bei unbeschreiblichen Seuchen und Tod ist der Kern der Lichtträger und der Anteil an heiligem Feuer, das sie entfachen (...). Wir haben folglich ein Dreigestirn von Krieg, wirtschaftlichem Zusammenbruch und Weltkatastrophe. Jedes dieser drei Pulverfässer könnte jederzeit platzen.

Wir sind entschlossen. Ihr müsst entschlossen sein. Wenn wir alles in unserer Macht Stehende tun, um euch zu helfen, müsst ihr erkennen, wie dringend dieser Augenblick und diese Stunde sind – wie groß die Notwendigkeit ist zu reagieren."

(27. November 1986)

Ein Wiedersehen mit Atlantis und Lemurien

Ebenso wie Edgar Cayce erklärt uns auch Saint Germain, dass wir mit den gleichen Herausforderungen konfrontiert sind, die die alten Zivilisationen Atlantis und Lemurien zu Fall gebracht haben – und auch mit den gleichen Möglichkeiten, das goldene Zeitalter wiederzuerlangen, das wir einst kannten.

"Nicht einmal oder zweimal, sondern viele Inkarnationen lang wandelte ich auf der Erde, wie ihr es heute tut, in den sterblichen Rahmen und in die Begrenzungen der dreidimensionalen Existenz gezwängt. Ich war auf Lemurien, und ich war auf Atlantis. Ich habe erlebt, wie Zivilisationen aufgestiegen und untergegangen sind. Ich habe die Wellenbewegungen des Bewusstseins der Menschheit gesehen, als diese von goldenen Zeitaltern in primitive Gesellschaften überging.

Ich habe die Wahlmöglichkeiten gesehen und ich habe gesehen, wie die Menschheit durch falsche Entscheidungen die Energien von 100.000 Jahren wissenschaftlichen Fortschritts vergeudet und sogar Stufen kosmischen Bewusstseins eingebüßt hat, die das überstiegen, was von den Mitgliedern der am weitesten fortgeschrittenen Religionen von heute erreicht wird."

(27. Juli 1975)

"Einige unter euch sind in diese materielle Zivilisation geraten, und es hat euch etwas gekostet. Denn ihr wurdet in diese und jene Richtung getrieben, habt auf Äußerlichkeiten geachtet und vergessen, dass ihr einst die Flamme auf dem Altar des Herzens gekannt und gehegt habt."

(4. Juli 1996)

"Ach, es ist spät in den Jahrhunderten, und einige, die gekommen sind, um hier wiedergeboren zu werden und Amerika in diesem und im letzten Jahrhundert aufzubauen, haben ihren Lebenssinn nicht erfüllt. Denn einige sind in die gleichen alten [atlantischen] Spiralen des Betruges, des Missbrauchs von Macht und Geld geraten und haben das, was in Amerika bis heute tatsächlich ein goldenes Zeitalter hätte werden können, ins Gegenteil verkehrt."

(14. Oktober 1991)

234

"Ich erinnere euch daran, dass bestimmtes Karma des alten Lemuriens auf den meisten Schülern lastet, die sich als die 'Avantgarde des neuen Zeitalters' bezeichnen, die einen Weg verfolgen, der abseits der konventionellen Traditionen der großen Weltreligionen liegt.

Da ihr am negativen Karma von Lemurien beteiligt wart, könntet ihr alle miteinander, wo auch immer ihr auf Erden lebt, zum Erfolg der violetten Flamme beitragen (...).

Ihr lebt in einem Moment – und es ist ein bedeutsamer Moment in der Geschichte des Kosmos' – da ihr durch die Anwendung der Dekrete zur violetten Flamme viel Karma und daher viel Elend in der Zukunft beseitigen könnt (...).

Viele haben in den Tempeln der violetten Flamme von Atlantis gelernt. Viele kannten die Effektivität dieser Flamme für die physische Heilung des Körpers und für die Veränderung der Weltsituation. Jetzt seid ihr wieder an den Platz zurückgebracht, an dem ihr mit eurem Einsatz [der violetten Flamme] sogar noch höher aufsteigen könnt."

(1. Mai 1991)

"Wundert euch nicht, dass viele von euch vor mehr als 12.000 Jahren auf Atlantis wissenschaftliche Entdeckungen gemacht haben, die ihr im Wassermannzeitalter erneut hervorbringen müsst. Unter meiner fürsorglichen Aufsicht werdet ihr diese Erfindungen zur Perfektion bringen. Wenn ihr diese dann freimütig auf den Altar der Menschheit legt und das Volk davon profitieren lasst, könnt ihr

möglicherweise am Ende dieses Lebens euren Seelenaufstieg erlangen."

(2. März 1996)

"Tatsächlich habe ich über Zehntausende von
Jahren an dem Ziel gearbeitet, das Bewusstsein der
Menschen dieser Hemisphäre zu heben.

Erkennt, dass ich euch schon lange, lange Zeit
begleite – das geht bis zu der Zeit von Atlantis und
Lemurien zurück. Wir sind gemeinsam zu dem Kno-
tenpunkt gelangt, an dem die Konstellation von Licht
und Finsternis es unseren Seelen gestattet, durch das
Nadelöhr zu gehen und diese Zivilisation wieder in
vergessene Höhen des Ruhmes zu heben."

(10. März 1996)

Prophezeiungen sind niemals endgültig

Eines der großen aufrüttelnden Mottos von Saint Germain
lautet: "Prophezeiungen sind nie in Stein gemeißelt." Der Meister
der Alchemie sagt, dass eine große Katastrophe abgewendet
werden kann, wenn wir auf die Warnungen der Propheten
reagieren und die spirituellen Lösungen anwenden, die sie uns
vorlegen.

"Jona ging nach Ninive und warnte die Menschen
davor, dass sich ein großes Unglück ereignen würde,
wenn sie ihre Verschwendung der Lebenskraft durch
den Vergnügungskult nicht beenden würden. Zu seiner
großen Enttäuschung zeigte das Volk Reue. Es hörte

auf die Stimme Gottes, die durch ihn sprach, und die Stadt wurde verschont.

Daher beklagte sich Jona beim Herrn: 'Sie werden mich für einen falschen Propheten halten, weil das Unglück nicht über die Stadt hereingebrochen ist.' Folglich kann Gott die Stadt verschonen, so, wie er auch die Flamme der Wiederauferstehung selbst durch einen verdorrten Baum schicken kann, an dem der Prophet möglicherweise sehr hängt.

Ihr Lieben, versteht die Bedeutung dieser Dinge – nämlich, dass die Prophezeiung, die in der Offenbarung und im Alten und Neuen Testament geschrieben ist, die im Sand und im Äther geschrieben ist, wie man vielleicht merken wird, nicht endgültig ist! Dies ist mein Ruf an dieses Zeitalter! (...) Karma kann verwandelt werden!"

(28. Mai 1986)

"Betrachtet das Menetekel: Das herabsteigende Karma, die letzten sieben Seuchen, die vier apokalyptischen Reiter – alle liefern sie der Erde pünktlich persönliches Karma und Planetenkarma. Doch Gott hat bereits lange vorher, vor undenklichen Zeiten, dafür gesorgt, dass der Macht der Finsternis Einhalt geboten wird, dass sie durch das Licht des Herzens und durch das heilige Feuer verwandelt wird."

(6. Juli 1985)

Einige wenige können viel bewirken

"Eure Möglichkeiten, an der Veränderung des Planeten mitzuwirken, sind unendlich. Ich habe gesagt: unendlich! Euch steht die unbegrenzte Macht Gottes zur Verfügung, mächtiger als alle Atomkraft und alle Kernwaffen.

Dies ist weder eine Theorie noch eine metaphysische These. Es ist ein Gesetz, das ihr durch das spirituelle Feuer, das im Kelch des Seins schmilzt, physisch machen könnt. Möge niemand jemals gezwungen sein, auf dieses Jahrhundert zurückzublicken und zu sagen: 'Was wäre gewesen, wenn ...'"

(22. Februar 1987)

"Bemerkenswert, meine Lieben, ist die Tatsache, dass in allen Krisen und Endzeitkatastrophen nur wenige Lichtträger nötig waren, um die Situation zu retten, und auch nur wenige, die für die Menschen alles verdorben und ruiniert haben. Versteht also, dass Schlüsselfiguren heute ihre Rolle spielen, vergleichbar mit Schachfiguren auf dem Spielbrett des Lebens (...). Erkennt, dass in euch das Licht dominiert (...).

Eure Handlungen, Entscheidungen, taktischen Schachzüge und Beschlüsse werden wahrhaftig das Schicksal der Erde sowie ihre Bestimmung für die kommenden Jahrhunderte beeinflussen."

(21. Oktober 1987)

"Ich verlange von euch, dass ihr keinerlei Verurteilung eurer Person duldet, die euch glauben lässt, dass, weil ihr diese Marotte, diese Eigenart, dieses Problem habt, ihr einfach nicht zählt. (...) Nun, ich sage euch: Ihr zählt sehr wohl!"

(4. Juli 1996)

"Runter mit euch von der Couch!"

(1. Mai 1983)

Ein Freund auf dem Pfad

"Ich nahm den Namen Saint Germain an, denn das bedeutet 'heiliger Bruder'. Möget ihr mich stets als euren Freund und Bruder betrachten, der euch auf dem Weg begleitet. Ihr solltet auch wissen, dass ich nicht in eure Welt eindringen darf, um für euch einzuschreiten, außer ihr ruft meinen Namen im Namen Gottes und bittet darum.

Sagt daher zu jeder Stunde des Tages oder der Nacht: 'Im Namen des allmächtigen Gottes, Saint Germain, hilf mir jetzt!' Ich verspreche euch, dass mit Lichtgeschwindigkeit eine elektronische Gegenwart meiner selbst neben euch stehen wird.

Wenn ihr eure Fähigkeit, meine Unterstützung zu erhalten, erhöhen möchtet, dann beginnt mit Anrufungen an die violette Flamme und seht, wie eure Aura sich tatsächlich violett verfärbt (...).

Oh, ihr Lieben, lasst mich euch helfen! Nehmt mich jetzt für immer als euren Freund an."

(7. Februar 1987)

"Ich bin gekommen, um eure Seele und die Feuer eures Herzens für den Sieg des Wassermannzeitalters in Anspruch zu nehmen. Ich habe das Muster für die Einweihung eurer Seele festgelegt. Ich bin gekommen, um euer Lehrer zu sein. Und das Wort des Herrn ist mir in diesem Zeitalter übertragen worden (...).

Dies sind also die Worte, die ich spreche. Ich habe eine Botschaft. Leiht mir euer Ohr, Kinder des einen Gottes! Es ist eine Botschaft der Freiheit, der Gelegenheit, euch tatsächlich zu dem zu erheben, wozu ihr, wie die Sterne, bestimmt seid. Ich werde euch dabei helfen, den göttlichen Plan eures Lebens zu erfüllen. Ich werde zu euch kommen und in eurem Herzen sprechen."

(27. Juli 1975)

"Ich bin die Wache eurer Seelenbefreiung im Wassermannzeitalter."

(17. August 1975)

Technologie für den Frieden, nicht für den Krieg

Saint Germain und andere Meister haben die Entwicklung der Technologie unterstützt, so dass wir die Freiheit haben, mehr Zeit für die Entwicklung unserer Seele, die Erleuchtung der Menschheit und die Verbesserung der Bedingungen auf Erden zu verwenden. Leider haben manche dieses Geschenk der Wissenschaft dazu benutzt, um eher den Materialismus zu fördern als die Spiritualität.

Heutzutage ist dieses Risiko höher als je zuvor. Zum Beispiel kann die gleiche Technologie, die unsere Vernetzung und Kommunikation beschleunigt – das Internet –, auch für den "Informationsterrorismus" ausgebeutet werden, den Austausch von Informationen zur Ausführung eines Terroraktes. Isaac Asimov sagte einmal: "Unser Leben könnte das letzte sein, das in einer technologischen Gesellschaft ausgelebt wird." Folglich richtet Saint Germain die dringende Bitte an uns, die Technologie für den Frieden und nicht für den Krieg einzusetzen:

"Die Entwicklungen, die ich in meiner Eigenschaft als der Sponsor der modernen Wissenschaft gefördert habe, meine Lieben, wurden wahrhaftig dazu benutzt, um eine Kriegsmaschinerie zu bauen, die seit den alten Zeiten ihresgleichen nicht mehr gekannt hat. Möget ihr daher jene Wissenschaft aus der Bewegung, die für den Krieg eintritt, herausnehmen und sie für den Frieden einsetzen.

Friede ist der Sinn und Zweck der Technologie - genauso wie das Wachstum des menschlichen Geistes. Wo Menschen die Wissenschaft zu ihrem Gott machen, haben sie keinen Zufluchtsort, wenn jene Kräfte der Finsternis, die stärker sind als sie selbst, fusionieren und sich erheben."

(27. April 1991)

"Dies ist unser Ziel für euch, unsere Lieben: Möge es auf Erden keinen Krieg mehr geben - keinen Krieg in euch und auf dem Planetenkörper. Ihr bewegt euch darauf zu, meine Lieben. Mögt ihr es in diesem Leben erreichen, so dass die, die nach euch kommen, keinen Schritt mehr zurück gehen müssen."

(4. Juli 1998)

Die große Chance des 21. Jahrhunderts

An den folgenden Auszügen können wir ablesen, dass Saint Germain kein Schwarzmaler ist. Obgleich er unsere Herausforderungen realistisch einschätzt, lautet seine Vision der Zukunft, dass sich die Menschheit in ein goldenes Zeitalter der Erleuchtung, des Friedens und der spirituellen Transzendenz hineinbewegt.

> "Das 21. Jahrhundert wird die Tür für alle öffnen, damit sie die alten Bindungen erneuern, sowohl positive als auch negative, so dass alle ihr Karma mit diesem und jenem begrüßen, das Negative ausgleichen, die positiven Dinge betonen und das Ziel absoluter karmischer Freiheit am Ende dieses Lebens erreichen können.
>
> Dies ist in der Tat ein erstrebenswertes Ziel!"
>
> (2. März 1996)

> "Ich sehe, dass ein neuer Tag anbricht (...). Herrliche Lichtwesen (...) feuern uns zu diesem Sieg an. Ich sage euch: Macht es möglich, handelt. Ihr habt die Fähigkeit dazu.
>
> Macht es möglich! Tut es! Packt es an! Und wir werden sehen, was für ein goldenes Zeitalter sich vor unseren Augen auftun wird."
>
> (7. April 1996)

> "Durch euren gewissenhaften Einsatz der violetten Flamme könnt ihr nicht nur die Weltkatastrophe abwenden, sondern auch die Erleuchtung der Welt beschleunigen."
>
> (2. März 1996)

242

"Wir stellen bei der Weltordnung einen großen Fortschritt fest - einen Fortschritt bei den inneren Prozessen. Während wir erkennen, dass das Unechte, das, was aus der Finsternis kommt (...), nicht mehr sein soll, gebunden und abgelegt werden muss, erkennen wir die Kraft des grünen Sprosses."

(1. Januar 1984)

"Bleibt in euren Herzen ruhig und friedlich und erinnert euch an meine Worte - denn wir schauen auf die Zukunft und auf den Sieg. Wir fordern ihn! Wir erwarten ihn! Wir erflehen ihn von unserem Gott! Und wir sind hier, um euch zu helfen.

Möget ihr mit fester Überzeugung bei der Einstellung bleiben, dass ihr mit beiden Beinen fest mit diesem Boden verwurzelt seid, dass Gott euch aufgrund einer Bestimmung hierher gesetzt hat, und nicht, um in diesem Moment alles zu verlieren. Gott hat euch zu einem kosmischen Zweck geschickt. Das wisst ihr von Geburt an! Ich, Saint Germain, sage euch, dass der kosmische Zweck folgendermaßen lautet: Er besteht in der Kontinuität des Lebens, die die Qualität des spirituellen goldenen Fadens hat, der das Leben durchzieht - eine spirituelle Qualität."

(8. Oktober 1989)

Das Wassermannzeitalter ist ein Zeitalter der Liebe

"Lasst die Zärtlichkeit in euren Herzen wachsen. Reinigt das Herz und das Herzchakra. Dehnt die

243

Liebe aus! Teilt die Liebe aus! Und seht, wie eure Liebe, vereint mit der Liebe der anderen, das Fundament für das Wassermannzeitalter bilden wird.

Das Wassermannzeitalter ist das Zeitalter der Freiheit, aber auch das Zeitalter der Liebe. Diese Liebe, die in den Menschen auf Erden personifiziert ist, schenkt uns die nötigen Mittel, um diese Zivilisation in neue Höhen der Selbstverwirklichung zu tragen, die deren kühnste Träume übertrifft."

(23. März 1996)

"Die Liebe ist der Schlüssel zum Ziel. Das intensive Feuer des Herzens kann sich durch die Kraft der Meditation mit jedem anderen feurigen Herzen auf Erden, ja sogar mit den Engelsscharen und den Aufgestiegenen verbinden.

Ja, das Feuer des Herzens – möget ihr es entfachen! Und möget ihr in eurem Herzen niemals mehr eine Schwingung des Hasses, der Rachsucht, der Unbarmherzigkeit und der Unachtsamkeit gegenüber einem hilflosen Leben hegen."

(27. April 1991)

Die Prophezeiung von der siebten Wurzelrasse

Könnten wir die alte, verborgene Geschichte der Welt nachlesen, würde sie die Wunder von glanzvollen Zivilisationen goldener Zeitalter offenbaren. Wer damals auf der Erde wandelte, ist in der esoterischen Überlieferung als Angehöriger der ersten drei "Wurzelrassen" bekannt.

244

Eine "Wurzelrasse"* ist eine Gruppe von Seelen, die gemeinsam inkarnieren und ein einzigartiges archetypisches Muster und eine eigene Mission miteinander teilen. Die ersten Wurzelrassen lebten in völliger Harmonie miteinander und im Einklang mit den Gesetzen des Universums. Sie brachten das höchste Potenzial ihrer Seelen zum Ausdruck, erfüllten ihren Daseinszweck und vereinten sich wieder mit Gott.

Während der Phase der vierten Wurzelrasse ereignete sich der "Sündenfall" von Adam und Eva. Diese beiden Seelen wurden von einem gefallenen Engel - der in der Bibel als Schlange dargestellt wird - beeinflusst und verließen folglich das "Paradies", einen höheren Bewusstseinszustand. Viele andere folgten ihnen. Sie waren von ihrem spirituellen Weg abgekommen, verloren ihr Ziel - das Streben nach der göttlichen Ganzheit - aus den Augen und erzeugten Karma. Einige von ihnen inkarnieren heute noch auf der Erde.

Die Seelen der fünften und sechsten Wurzelrasse inkarnierten in diese nicht perfekte Welt, und auch sie ließen sich in die Irre führen, schufen Karma, vergaßen ihre göttliche Herkunft und verloren ihren Lebenszweck aus den Augen. Viele Angehörige der fünften und sechsten Wurzelrasse sind derzeit ebenfalls inkarniert.

Als Folge der unvorhersehbaren Situation auf der Erde in der heutigen Zeit durften die Seelen der nächsten, nämlich der siebten Wurzelrasse, noch nicht inkarnieren, denn dies würde ihre spirituelle Entwicklung gefährden. Saint Germain sagt, dass Südamerika als

---

*Die Zugehörigkeit zu einer bestimmten Wurzelrasse ist nicht an den physischen Erscheinungsmerkmalen, der Hautfarbe oder ethnischen Herkunft einer Person ablesbar, sondern hat vielmehr mit dem Aspekt Gottes zu tun, den die Seelen verkörpern sollten sowie mit der Mission der einzelnen Seele. Die Seelen einer Wurzelrasse beginnen alle während eines bestimmten Zeitalters, meist in einer bestimmten Region der Welt, gemeinsam ihre erste Inkarnation. Über Jahrtausende und viele Verkörperungen hinweg inkarnieren die Seelen der verschiedenen Wurzelrassen in allen Völkern und Regionen des Planeten.

Eine Assoziation mit der durchweg unethischen Rassenlehre ist nicht beabsichtigt.

Wiege für die einzigartigen, fortgeschrittenen Seelen der siebten Wurzelrasse bestimmt ist.

Saint Germain hat eine Reihe von Prophezeiungen über die siebte Wurzelrasse abgegeben, in denen er erklärt, was wir tun müssen, um uns auf diese wertvollen Seelen vorzubereiten, die so viel dazu beitragen können, dass wir wieder in die Kultur eines goldenen Zeitalters eintreten können. Im Folgenden nun in Auszügen einige seiner Lehren zu diesem Thema:

Die besondere Rolle von Nord- und Südamerika

"Der gesamte Planet soll die Chance haben, ein goldenes Wassermannzeitalter einzuführen. Gott hat jedoch Südamerika als die Region erwählt, die auf die Inkarnation dieser heiligen, nicht vorbelasteten Wesen vorbereitet sein muss – Seelen, deren edle Füße den Erdboden noch nie zuvor berührt haben.

Und dennoch ist dies, wie ich und andere Aufgestiegene Meister bereits erwähnt haben, eine Zeit, in der wir uns zurückhalten sollten, auch wenn wir uns gerne nach vorn bewegen würden, denn wir können nicht empfehlen, dass die Seelen der siebten Wurzelrasse von Vätern und Müttern auf diesem Kontinent [Südamerika] geboren werden, solange die Führung der Staaten mit Unterstützung ihrer Wähler das Unrecht der Gesellschaft nicht berichtigt hat (...).

Bedenkt Folgendes: Diese Seelen besitzen kein negatives Karma! Und mit der Zeit werden sie in diese Bevölkerung eintreten und ein Beispiel für alle setzen, das zeigt, was es bedeutet, hervorragend zu sein."

(4. März 1996)

"Die Elohim, die die Erde 'am Anfang' schufen, haben die Erdveränderungen durch all die Zeitalter hindurch kontrolliert, als – jeweils analog zum Karma des Menschen – Kontinente entstanden und wieder untergegangen sind. Durch derartige Erdveränderungen haben sie das herausgebildet, was ihr heute als 'westliche Hemisphäre' kennt – die sich bekanntlich vom Nordpol bis zum Südpol erstreckt, die zwischen dem Atlantik und dem Pazifik isoliert liegt.

Das geschah aus sehr gutem Grunde: Nämlich teilweise, um die Zivilisation des goldenen Zeitalters zu schützen, die meinem Wunsch nach eines Tages in der neuen Welt florieren sollte. Das goldene Zeitalter, so glaubte ich, würde seine Anfänge in Nord- und Südamerika nehmen und dann über die ganze Welt fegen."

(7. März 1996)

Sorgt für die Kinder

"Sind unsere Leben, sowohl das eure als auch das unsrige, nicht schon mit Verantwortlichkeiten erfüllt? Das sind sie in der Tat. Und sie werden es immer sein. Daher bitte ich euch zu prüfen, welche Aktivitäten ihr ablegen könnt, so dass ihr in eurem Leben hauptsächlich für die größeren Themen Platz schaffen könnt, wobei es am wichtigsten ist, das goldene Wassermannzeitalter einzuführen (...).

Schaut, welche Schritte ihr tun müsst, die absolut unentbehrlich sind, um den spirituellen Sieg eurer Seele und der Seelen eurer Kinder, eures erweiterten Familienkreises und eurer Nationen zu sichern (...).

Stellt euch nun selbst folgende Frage: 'Was werde ich für meine Welt, für mein Land, für meine Familie und insbesondere für die Kinder dieser Welt bis zu dem Zeitpunkt geschaffen haben, an dem ich bereit bin, Saint Germain am Ende dieses Lebens an den Himmelspforten zu begegnen?'

Ich selbst bete inbrünstig dafür, dass ihr sichere und starke Fundamente gelegt haben werdet, so dass ihr, wenn die Angehörigen der siebten Wurzelrasse bereit sind, ihre edlen Füße zum allerersten Mal in den warmen Boden von Mutter Erde zu drücken, einen Platz für sie bereitet habt, der den Reichen, aus welchen sie gekommen sind, durchaus ähnelt (...).

Ich, Saint Germain, habe euch unterstützt, damit ihr unbegrenzten Zugang zur violetten Flamme habt, solange ihr sie nicht missbraucht. Ich unterstütze euch auch dabei, mir dabei zu helfen, mich um die Kinder von Südamerika und der Welt zu kümmern – um die Kinder des neuen Zeitalters und die Kinder der früheren Wurzelrassen, die bereits vor langer Zeit die Vereinigung mit Gott hätten erreichen sollen, dies jedoch nicht taten, da ihre Mentoren ihnen nicht den Weg zur höchsten Selbstverwirklichung gewiesen hatten."

(16. März 1996)

"Die Seelen der siebten Wurzelrasse werden eure Dörfer und Städte erst dann zieren, wenn ihr euren spirituellen Hierarchen beweist, dass ihr euch um die Kinder kümmert, die bereits in eurer Mitte sind. Da Lichtseelen sich freiwillig entschlossen haben, unter den Ärmsten der Armen zu inkarnieren, und da sich diejenigen, die sich bereits in hohem Maße selbstverwirklicht haben, ebenfalls unter ihnen befinden, müsst ihr annehmen – und ihr werdet es nicht wagen, dies zu leugnen –, dass Gott seinen göttlichen Funken in jeden Einzelnen von ihnen hineingelegt hat.

Wenn ihr nun überzeugt davon seid, dass dem so ist, müsst ihr gemäß eurer Überzeugung handeln. Denn den obdachlosen Kindern den Rücken zu kehren ist damit gleichzusetzen, seinem eigenen 'inneren Kind' oder seinen eigenen 'inneren Kindern', wie einige Psychologen die Seelenanteile bezeichnet haben, den Rücken zuzukehren (...).

Ihr könnt diesen Seelen einfach nicht euren Rücken zuwenden, denn sie haben – gemeinsam mit euren eigenen Kindern – das Potenzial, das goldene Zeitalter herbeizuführen – wenn ihr sie nur unterweisen werdet. Ja, unterweist die Kinder!"

(4. März 1996)

"Diese Seelen der siebten Wurzelrasse sind nicht einfach die heiligen Unschuldigen, die nicht vorbelastet sind. Sie haben sich vorbereitet (...). Sie haben ungeheures Talent (...). Mögen sie als 'Kämpfer für den Frieden' geboren werden."

(7. April 1996)

"Ich möchte das prophezeite goldene Zeitalter sehen. Ich möchte die Ankunft der siebten Wurzelrasse sehen!"

(4. Juli 1996)

Ein Schlüssel, um eine Prophezeiung abzuwenden

"Wenn ihr in dieser einen Sache eine Wende bewirken könnt, meine Lieben, kann dies eine aufschiebende Wirkung auf alle anderen Vorhersagen haben, die ich euch bezüglich 'Atomkrieg' und 'Erdveränderungen' übermittelt habe. Dem Töten von Unschuldigen Einhalt gebieten – das ist der Schlüssel zur Verschonung und der Schlüssel zur Gnade aus dem Herzen von Mutter Maria, da sie sich vor dem Thron der Gnade für die Nationen einsetzt."

(4. Juli 1991)

Saint Germain bezieht sich hier auf die Verweigerung der Inkarnation von Millionen von Seelen seit dem Beschluss des Obersten Bundesgerichtes der U.S.A. im Jahr 1973 von Roe v. Wade. Ich weiß, dass Abtreibung ein sehr kontrovers diskutiertes Thema ist, doch im wahren Sinne der Prophezeiung bin ich gezwungen, Ihnen eine Sichtweise zu diesem Thema mitzuteilen, die Ihnen möglicherweise neu ist.

Zwei meiner Schüler, ein Mann und eine Frau, die aus dem Bereich des Gesundheitswesens stammen, erzählten mir einmal, wie viel Kummer sie empfanden, als sie mitansehen mussten, wie Kinder in "unterprivilegierte" Familien hineingeboren wurden. Andererseits machten sie sich auch Gedanken über die körperlichen und emotionalen Traumata, die eine Frau manchmal nach einer Abtreibung plagen. Aber aus ihrer Sicht war die Abtreibung die bessere Alternative im Vergleich dazu, in eine arme Familie oder in eine Familie, die ein Kind vernachlässigt, hineingeboren zu werden.

Ich hörte ruhig zu. Als sie ihre Rede beendet hatten, sagte ich einfach: "Das mag alles wahr sein. Doch ihr betrachtet die Angelegenheit nicht aus der Sicht des Kindes."

Sie schwiegen verblüfft. Aus der Sicht des Kindes? Aus diesem Blickwinkel hatten sie nie zuvor über diese Angelegenheit nachgedacht.

Aus der Sicht des Kindes

Was ist die Sichtweise des ungeborenen Kindes? Aus der Sicht der Seele ist die schmerzhafteste und tragischste Folge der Abtreibung die Tatsache, dass damit zugleich der göttliche Plan für seine Seele abgetrieben wird – die besondere Mission im Leben, auf deren Erfüllung sie manchmal Tausende von Jahren gewartet hatte. Eine Abtreibung durchtrennt auch den göttlichen Plan ganzer Seelengruppen, die über ihr Karma miteinander verbunden sind und ihre Mission nicht erfüllen können, weil ein Teil ihres "Teams" es nicht bis zur Inkarnation geschafft hat.

Jeder von uns hat eine Verabredung mit seinem Schicksal und mit seinem Karma. Wenn wir diesen Termin verpassen, verpassen wir unsere Gelegenheit, alte Schulden abzuzahlen, die wir bestimmten Personen schulden. Und wenn wir den Zeitpunkt unserer Gelegenheit verpassen, kann es sein, dass wir diese Chance für lange, lange Zeit nicht mehr erhalten. Sehr oft hat das Kind Karma mit seinen Eltern aufzuarbeiten – und umgekehrt. Eine Abtreibung des Kindes kann unter Umständen bedeuten, dass sie alle davon abgehalten werden, ihr Karma untereinander auszugleichen und ihre spirituelle Mission für diese Inkarnation zu erfüllen.

Ebenso problematisch ist die Tatsache, dass es Seelen, die inkarnieren müssen, immer schwerer fällt, ihr Karma auszugleichen. Seit 1973 sind weltweit zwischen 1 und 1,5 Milliarden Abtreibungen zu verzeichnen. Allein in den Vereinigten Staaten wurden seit dem Beschluss "Roe v. Wade" mindestens 36 Millionen Abtreibungen durchgeführt - das entspricht 7,5 Prozent der derzeitigen Bevölkerung der Vereinigten Staaten.

Diese "fehlenden Menschen" können ihren Platz als Erwachsene auf der Weltbühne im 21. Jahrhundert nicht einnehmen, geschweige denn diejenigen, die ihre Nachkommen hätten sein können. Da diese Seelen derzeit nicht inkarniert sind und fehlen, ist der göttliche Plan für die Erde gefährdet. Welches Karma damit erzeugt wird, lässt sich nicht einmal annähernd überschlagen. Wir sind die Verlierer, und dieses Karma betrifft uns alle. Dieses Karma lastet auf unserer gesamten Zivilisation.

Als diese beiden Experten aus dem Gesundheitswesen begonnen hatten, aus der Sicht des Kindes über dieses Thema nachzudenken, änderten sie ihre Einstellung völlig. Sie beschlossen, für das Karma, das sie geschaffen hatten, Wiedergutmachung zu leisten, da sie die Abtreibung sowohl in ihrem privaten Leben als auch im Berufsleben propagiert hatten.

Gemeinsam bekamen sie selbst zwei weitere eigene Kinder, obgleich sie beide über 40 Jahre alt waren. Außerdem machte sich der Mann daran, ein Buch über die spirituellen und psychischen Folgen einer Abtreibung für die Mutter zu schreiben. Mehrere Jahre später kam eine junge Frau vorbei, die sich bei ihm dafür bedankte, dass er dieses Buch geschrieben hatte. Sie deutete auf ihren dreijährigen Sohn und sagte: "Mein Kleiner wäre heute nicht hier, wenn Sie dieses Buch nicht geschrieben hätten."

Eine Störung im spirituellen Ökosystem

Mutter Maria hat die Frustration der Seelen beschrieben, die nicht die Möglichkeit haben, ihren Zeitplan einzuhalten:

"Es gibt Seelen, denen ein Leben verweigert wurde, die gewaltigen Schmerz und Frustration darüber verspüren, dass sie nicht inkarniert sind, um euch dabei zu helfen, die Krise zu meistern, in der sich eure Städte und Nationen befinden – überhaupt jede Krise, die euch in diesen Tagen befällt. Einer der Hauptgründe, warum es eine derartige Krise gibt, ist der, dass diejenigen, die Gott in dem Moment hierhergesandt hat, da diese Herausforderungen auf der Erde gerade aufkommen sollten, nicht inkarniert sind (...).

Es hat auf der Erde seit den letzten Tagen von Atlantis bisher nie mehr eine derart weitreichende Störung im spirituell-kosmischen Ökosystem gegeben."

(26. Oktober 1990)

Die Gesetze des universellen Lebens

Saint Germain misst den Rechten jedes einzelnen Individuums größte Wichtigkeit bei. Individualität jedoch, so sagt er, existiert unter Rücksicht auf die Rechte der anderen und der Gemeinschaft. Individualität bedeutet nicht, dass man das Recht hat, einem anderen das Leben zu nehmen. Die Natur hat außerdem stets einen Ausgleich für die Unmenschlichkeit eines Menschen gegenüber einem anderen eingefordert. Familienplanung und die Verwendung sicherer Verhütungsmittel sind wichtig, denn die Geburtenkontrolle beginnt bereits vor der Empfängnis. (Eine Abtreibung ist akzeptabel, wenn das Leben der Mutter gefährdet ist.)

Saint Germain hat gesagt: "Eine Nation, die das Leben im Mutterleib nicht verteidigt, ist angreifbar (...). Der Mensch muss für das Leben sensibilisiert werden." Das war Saint Germains Botschaft,

253

als er 1982 durch mich während einer Fernsehshow die folgende Prophezeiung übermittelte. Ich sagte:

> "Die Regierungen des Menschen, die seit Noah gegründet wurden, wurden zum Schutz des menschlichen Lebens gegründet. Ein Staat oder eine Regierung, die eine Gesetzgebung schafft, die das Töten erlaubt, ist dazu verdammt unterzugehen. Solch ein Staat wird im Zuge einer großen Katastrophe untergehen. Er wird mit einem wirtschaftlichen Zusammenbruch untergehen. Doch er wird untergehen, weil er nicht mit den Gesetzen des universellen Lebens im Einklang steht (...). Abtreibung ist Mord ersten Grades an Gott. (...)"

Dies ist eine Festsetzung des allmächtigen Gottes. Nicht ich habe es erfunden – es besitzt die Kraft des Heiligen Geistes. Es wird eintreten. Und wenn Amerika das legale, legalisierte, steuersubventionierte Töten nicht abschafft, wird das Urteil kommen, wie es über Juda* kam und auch über jeden Staat, der dies praktiziert hat.[2]

Dr. Helen Wambachs Forschungen

Die Lösung des karmischen Dilemmas der Abtreibung besteht *nicht* in einer Bedrohung oder dem Töten der Befürworter der Abtreibung oder der Bedrohung der Abtreibungskliniken. Die Lösung ist, den Eltern und ihren Kindern aus tiefem Mitgefühl heraus einen sicheren Hafen zu bieten.

---

* *Das Königreich Juda wurde 586 v. Chr. von den Babyloniern besiegt, und seine Bevölkerung wurde deportiert.*

Wir als Einzelpersonen und als Gemeinschaft können alleinstehende Mütter und werdende Mütter unterstützen. Wir können auch dafür beten, dass Mütter ihre Babys austragen und sie zur Adoption freigeben, falls sie sie nicht selbst großziehen möchten. Es gibt Tausende von Paaren, die sehnsüchtig auf die Gelegenheit warten, ein Kind adoptieren zu können.

Die faszinierende Arbeit von Dr. Helen Wambach schenkt uns die Möglichkeit, einen Blick auf das spirituelle Leben des ungeborenen Kindes und das Thema "Adoption" zu werfen. Dr. Wambach war eine Psychologin an einer Klinik und eine Expertin der Regressionstherapie, die Pionierarbeit auf dem Gebiet der Erforschung früherer Leben und des pränatalen Lebens geleistet hat. Eine der interessantesten Schlussfolgerungen von Dr. Wambachs Forschungen lautet, dass einige ihrer Klienten, adoptierte Kinder, unter Hypnose aussagten, dass sie *bereits vor ihrer Geburt* wussten, dass sie zur Adoption bestimmt waren. Dies war Teil ihres Lebensplanes.

"Einige von ihnen wussten bereits vor ihrer Geburt von der Beziehung, die sie mit den Adoptiveltern haben würden", sagt Dr. Wambach. "Sie spürten, dass sie nicht imstande sein würden, als leibliches Kind zu diesen zu kommen, sondern wählten die Methode der Adoption als Möglichkeit, um zu ihren Eltern zu kommen." Ihre Forschungen führten sie zu der Schlussfolgerung, dass "Schicksal und Zufall bei der Adoption offensichtlich keine Rolle spielen."[3]

Dies wirft neues Licht auf die Haltung einiger Menschen von heute, die meinen, dass man, "wenn man schwanger ist und sein Kind nicht behalten will, es ebenso gut abtreiben kann". In der Tat kann es das Karma und die Bestimmung eines Menschen sein, ein bestimmtes Kind zu gebären und es dann zur Adoption freizugeben, so dass das Kind seine richtigen Eltern finden kann, die keine eigenen Kinder bekommen können.

Saint Germain spricht den Menschen, die imstande sind, Kinder zu bekommen, Mut zu, Seelen ein Zuhause zu bieten, die

255

darauf warten, ihren Platz auf der Bühne des Lebens einzunehmen. Er sagt:

> "Mögen sich viele Eltern aus der New-Age-Bewegung erheben, die Spirituellen unter ihnen, und nicht nur einem, sondern mehreren Kindern die Geburt ermöglichen, so dass sie damit diejenigen, die abgelehnt wurden, mit hereinbringen."
>
> (27. April 1991)

Wir können auch dafür beten, dass Seelen, die abgetrieben wurden und auf ihre Inkarnation warten, Eltern finden werden, die sie unterstützen und lieben.

Diejenigen, die Abtreibungen unterstützt haben und dieses Karma ausgleichen möchten, sollten wissen, dass Gott gnädig ist und uns eine Möglichkeit geschenkt hat, "Förderer des Lebens" zu werden. Wir können unser Karma nicht nur durch Gebetsarbeit bereinigen, sondern auch, indem wir Kinder gebären oder adoptieren bzw. finanziell unterstützen. Wir können bei Gemeinschaftsprojekten mitarbeiten, zum Mentor werden oder Organisationen unterstützen, die sich für unterprivilegierte Kinder oder beispielsweise Kinder aus Tibet einsetzen.

George Washingtons Vision der drei Gefahren

Während des harten Winters von 1777 hatte George Washington in Valley Forge in Pennsylvania – einem Wendepunkt im Revolutionskrieg – eine Vision von drei Gefahren, die Amerika bedrohen würden. Sie sind sehr ernüchternd. Die beiden ersten Visionen erfüllten sich bereits in Form des Revolutionskrieges und des Bürgerkrieges. Die dritte Prophezeiung, so sagte Washington, war die "vor der man sich am meisten fürchten muss". Saint Germain sagte, bezugnehmend auf George Washingtons Vision:

> "Wenn [Washingtons] dritte Vision eintreten wird, weil die Menschen meinem Ruf nicht gefolgt sind (...) und weil mich diejenigen, die ein Amt bekleiden, nicht um Hilfe gerufen haben, obwohl sie meinen Namen kennen - wenn es auf diesem Boden Krieg geben sollte, wird dieser nur durch göttliches Einschreiten abgewendet werden können. So lautet die Prophezeiung, meine Lieben."

(27. November 1986)

Die folgende Erzählung wurde ursprünglich von Wesley Bradshaw veröffentlicht und in der "National Tribune" im Dezember 1880 nochmals nachgedruckt.

George Washingtons Vision

"Das letzte Mal, als ich Anthony Sherman sah, war am 4. Juli 1859 am 'Independence Square'. Er war damals 99 Jahre alt und begann, sehr schwach zu werden. Doch obwohl er so alt war, leuchteten seine trüben Augen auf, als er zur 'Independence Hall' starrte. Er war extra gekommen, um diese noch einmal zu besuchen.

'Lass uns in die Halle gehen', sagte er. 'Ich möchte dir ein Ereignis aus Washingtons Leben erzählen - eines, von dem keiner der heute Lebenden weiß außer mir. Wenn du lange genug lebst, wirst du sehen, dass es bald für wahr befunden werden wird.'

Seit Beginn der Revolution haben wir sämtliche Spielarten des Schicksals erlebt, manchmal gut, manchmal schlecht, einmal siegreich, ein anderes Mal als Besiegte. Die düsterste Zeit erlebten wir, denke ich, als Washington sich nach mehreren Rückschlägen nach Valley Forge zurückzog, wo er beschloss, den Winter 1777 zu verbringen.

Ach! Wie oft habe ich die Tränen über die von Sorgen gezeichneten Wangen unseres guten Kommandanten hinablaufen sehen, wenn er mit einem Offizier seines Vertrauens über die Lage seiner armen Soldaten sprach. Du hast zweifelsohne Erzählungen davon gehört, dass Washington zum Beten ins Dickicht ging. Nun, nicht nur dies ist wahr – er pflegte auch oft insgeheim um die Hilfe und den Trost Gottes zu beten, um das Eingreifen derjenigen, deren göttliche Vorsehung uns sicher durch die dunkelsten Tage des Leidens gebracht hat.

Eines Tages – ich erinnere mich sehr gut daran –, als der kalte Wind durch die kahlen Bäume blies, obgleich der Himmel wolkenlos war und die Sonne strahlend schien, blieb er fast den ganzen Nachmittag über allein in seinem Quartier. Als er herauskam, bemerkte ich, dass sein Gesicht noch eine Nuance blasser war als sonst. Etwas außergewöhnlich Wichtiges schien ihn zu beschäftigen.

Er kehrte erst nach Einbruch der Dunkelheit zurück und schickte eine Ordonnanz zum Quartier desjenigen Offiziers, den ich eben erwähnt habe und der gerade Bereitschaft hatte. Nach einem etwa halbstündigen Vorgespräch sagte Washington, wobei er mit jenem merkwürdigen, erhabenen Blick, den nur er allein beherrschte, auf seinen Begleiter starrte:

'Ich weiß nicht, ob es aufgrund meiner vom Verstand gesteuerten Angst oder was auch immer ist, aber heute Nachmittag schien mich etwas zu beunruhigen, als ich an diesem Tisch saß und damit beschäftigt war, eine Depesche vorzubereiten. Als ich aufschaute, nahm ich mir gegenüberstehend eine Frau von ausnehmender Schönheit wahr. Ich war so erstaunt, denn ich hatte strengen Befehl gegeben, mich nicht zu stören, dass ich erst nach einigen Augenblicken meine Stimme wiederfand, um den Grund ihrer Anwesenheit zu erfragen.

Ich wiederholte meine Frage ein zweites, ein drittes und sogar ein viertes Mal, erhielt jedoch von meiner mysteriösen Besucherin keine Antwort mit Ausnahme eines leichten Hebens ihrer Augen. Zu diesem Zeitpunkt spürte ich merkwürdige Empfindungen, die sich in mir verbreiteten. Ich hätte mich erhoben, doch der feste Blick, den das Wesen vor mir auf mich richtete, machte jegliche Willensregung unmöglich. Ich versuchte nochmals, es anzusprechen, doch meine Zunge verweigerte mir den Dienst. Sogar mein Denkvermögen selbst war gelähmt geworden. Ein neuer Einfluss, mysteriös, mächtig, unwiderstehlich, bemächtigte sich meiner. Ich konnte lediglich mit leerem Blick reglos auf meine unbekannte Besucherin starren.'

Siehe und lerne

'Allmählich schien es, als würde die Atmosphäre in meinem Umfeld mit Gefühlen erfüllt und strahlend hell. Alles um mich herum schien sich langsam aufzulösen – die mysteriöse Besucherin selbst schien aus Luft zu bestehen, war für mich aber dennoch deutlicher erkennbar als zuvor.

Jetzt begann ich, mich wie jemand zu fühlen, der im Sterben liegt, oder vielmehr die Gefühle zu erleben, die, wie ich mir manchmal vorstellte, mit einer Auflösung des Körpers einhergehen. Ich dachte nicht, ich überlegte nicht logisch, ich bewegte mich nicht. Alles war gleich unmöglich. Ich war mir nur bewusst, dass ich reglos und leer auf meine Besucherin starrte.

Da hörte ich eine Stimme sagen: »Sohn der Republik, siehe und lerne«, während meine Besucherin zugleich ihren Arm nach Osten streckte. Da nahm ich wahr, dass in einiger Entfernung ein schwerer, weißer Dunst Schwade für Schwade aufstieg. Dieser zerteilte sich langsam, und ich blickte auf eine seltsame Szene. Vor mir lagen auf einer weiten Ebene ausgebreitet alle Länder dieser

Welt – Europa, Asien, Afrika und Amerika. Ich sah zwischen Europa und Amerika die Wogen des Atlantik rollen und tanzen. Zwischen Asien und Amerika lag der Pazifik.

»Sohn der Republik«, sagte die mysteriöse Stimme wie zuvor, »siehe und lerne.« In diesem Moment wurde ich eines dunklen, schattenhaften Wesens, einem Engel gleich, gewahr, der mitten zwischen Europa und Amerika in der Luft stand oder vielmehr schwebte. Er schöpfte mit beiden Händen Wasser aus dem Ozean und spritzte etwas davon mit seiner rechten Hand über Amerika, während er mit seiner linken Hand etwas über Europa verteilte.

Sofort erhob sich von jedem dieser Länder eine Wolke. Diese vereinten sich mitten über dem Ozean. Für eine Weile blieb die Wolke reglos stehen und bewegte sich dann langsam nach Westen, bis sie Amerika in ihre dunstigen Schwaden einhüllte. Scharfe Lichtblitze durchzuckten sie immer wieder, und ich hörte das erstickte Stöhnen und die Schreie des amerikanischen Volkes. Ein zweites Mal schöpfte der Engel Wasser aus dem Ozean und versprengte es wie zuvor. Daraufhin wurde die schwarze Wolke zum Meer zurückgezogen, wo sie in den wogenden Wellen versank und den Blicken entschwand.

Ein drittes Mal hörte ich die mysteriöse Stimme sagen: »Sohn der Republik, siehe und lerne.« Ich richtete meinen Blick auf Amerika und erkannte Dörfer, Städte und Großstädte, die nacheinander wie Pilze aus dem Boden schossen, bis das ganze Land vom Atlantik bis zum Pazifik mit ihnen übersät war. Wieder hörte ich die mysteriöse Stimme sagen: »Sohn der Republik, das Ende des Jahrhunderts naht, siehe und lerne.«

Da wandte der schattenhafte Engel sein Antlitz gen Süden, und ich sah, wie sich aus Afrika unserem Land ein Geist näherte, der ein schlechtes Omen mitbrachte. Er schwebte gemächlich über jede Stadt und jeden Ort unseres Landes. Die Bewohner stellten sich sogleich in Kampfstellung gegeneinander auf.

Als ich weiter zusah, sah ich einen strahlenden Engel, auf dessen Stirn eine Lichtkrone ruhte, auf der das Wort »Union« geschrieben stand. Er trug die amerikanische Flagge, die er mitten in die geteilte Nation steckte und sagte: »Vergesst nicht, dass ihr Brüder seid.«

Sogleich warfen die Einwohner ihre Waffen von sich, schlossen wieder Freundschaft und vereinten sich um die Nationalstandarte.

Göttlicher Eingriff

Wieder hörte ich, wie die mysteriöse Stimme sagte: »Sohn der Republik, siehe und lerne.« Da setzte der dunkle, schattenhafte Engel eine Trompete an die Lippen und blies dreimal kräftig hinein. Er schöpfte Wasser aus dem Ozean und sprengte es über Europa, Asien und Afrika.

Dann erblickten meine Augen eine furchteinflößende Szene: Aus all diesen Ländern stiegen dicke, schwarze Wolken auf, die sich bald zu einer einzigen vereinten. Diese ganze Masse erglühte in dunkelrotem Licht, in dem ich Scharen bewaffneter Männer sah, die sich mit der Wolke bewegten, zu Land auf Amerika zumarschierten und zu Wasser hinsegelten. Dieses Land war von einer Wolkenhülle umgeben.

Und ich sah verschwommen, wie diese riesigen Armeen das gesamte Land verwüsteten und die Dörfer, Städte und Großstädte niederbrannten, die ich soeben hatte aufblühen sehen. Als meine Ohren den Donner der Kanonen, das Klirren der Schwerter und das Rufen und Schreien von Millionen im tödlichen Kampf vernahmen, hörte ich erneut, wie die mysteriöse Stimme sagte: »Sohn der Republik, siehe und lerne.« Als die Stimme verstummt war, setzte der dunkle, schattenhafte Engel erneut seine Trompete an die Lippen und ließ einen langen, furchteinflößenden Ton erschallen.

Sofort schien ein Licht, so hell wie Tausend Sonnen, von oben herab, durchdrang die dunkle Wolke, die Amerika umhüllte, und zerbrach diese in kleine Stücke. Im gleichen Moment stieg der Engel, auf dessen Haupt immer noch das Wort »Union« glänzte und der unsere Nationalflagge in der einen und ein Schwert in der anderen Hand trug, in Begleitung von Legionen weißer Geister vom Himmel herab. Diese taten sich mit den Einwohnern von Amerika zusammen, die, wie ich bemerkte, so gut wie bezwungen waren, jedoch sofort wieder neuen Mut schöpften, ihre durchbrochenen Reihen wieder aufschlossen und den Kampf von Neuem aufnahmen.

Wieder hörte ich mitten im furchterregenden Lärm des Streits, wie die mysteriöse Stimme sagte: »Sohn der Republik, siehe und lerne.« Als die Stimme verstummt war, schöpfte der schattenhafte Engel zum letzten Mal Wasser aus dem Ozean und sprengte dieses über Amerika. Sofort rollte die dunkle Wolke zurück, nahm die Armeen mit, die sie gebracht hatte – und ließ die Bewohner des Landes als Sieger zurück.

Dann sah ich nochmals die Dörfer, Städte und Großstädte dort hochschießen, wo ich sie bereits zuvor gesehen hatte, während der strahlende Engel die azurblaue Standarte, die er mitgebracht hatte, in ihre Mitte setzte und mit lauter Stimme rief: »*So lange, wie die Sterne fortbestehen und der Himmel Tau auf die Erde herabschickt, soll die Union bestehen bleiben.*« Er nahm die Krone, auf der das Wort »Union« glänzte, von seiner Stirn und setzte sie auf die Standarte, während das Volk, das am Boden kniete, »amen« sagte.

Sogleich begann die Szene zu verblassen und sich aufzulösen. Schließlich sah ich nur noch die aufsteigenden Dunstringe, die ich anfangs gesehen hatte. Nachdem auch diese verschwunden waren, starrte ich wieder reglos auf die mysteriöse Besucherin, die mit derselben Stimme, die ich schon vorher vernommen hatte, sagte: »Sohn der Republik, was du gesehen hast, wird folgendermaßen interpretiert:

Drei große Gefahren werden über die Republik ziehen. Das beängstigendste ist das dritte Ereignis, wobei die ganze Welt vereint nicht gegen es ankommen wird, selbst wenn sie sich vereint. Möge jedes Kind der Republik lernen, für seinen Gott, für sein Land und seine Union zu leben.«

Mit diesen Worten entschwand die Dame. Ich erhob mich von meinem Stuhl und spürte, dass ich eine Vision gehabt hatte, in der mir die Geburt, der Fortschritt und das Schicksal der Vereinigten Staaten gezeigt worden waren.'

Das, meine Freunde", fuhr der ehrenwerte Erzähler fort, "waren die Worte, die ich von Washingtons Lippen persönlich vernommen habe. Amerika tut gut daran, von ihnen zu profitieren."

Eine gewagte Vision des Wassermannzeitalters

Wer den wahren Sinn der Prophezeiung versteht, weiß, dass die Ereignisse der nächsten 2000 Jahre nicht vorherbestimmt sind. Wie Saint Germain uns mitteilt, bietet die Prophezeiung erleuchteten Männern und Frauen die Gelegenheit, sich zu vereinen und zu bestimmen, dass die negativen Dinge nicht eintreten werden.

"Das Wassermannzeitalter ist der Eintritt in einen unermesslichen Kosmos (...). Meine Lieben, komme, was wolle, seid Pioniere des großen Geistes. (...)

Beschließt, durch das Nadelöhr zu gehen (...) und euch die Vision des Lichtes am Ende des Tunnels vor Augen zu halten. (...)

Meine Vision des Wassermannzeitalters ist die des Ausharrens – wer den Seelentest besteht und den Pfad der Initiation erfolgreich durchläuft, wird die Krone des Lebens empfangen. (...)

Meine Vision dieses Zeitalters lautet, dass ihr einen Grundstein legt, wenn es möglich ist, diesen Grundstein zu legen, und dass ihr, indem ihr euer Wissen und eure Berufserfahrung aus allen Bereichen des Lebens zusammentragt, bereit sein werdet, dies auf den Altar Gottes zu legen und zu schauen, wie das neue Zeitalter beginnen kann und eine neue Chance bekommen könnte, ohne in jedem Bereich länger von den Verrätern des Volkes infiltriert zu werden. Ich stelle mir ein Zeitalter vor, in dem das Leben in seiner Ganzheit wahrhaftig gelebt werden kann, denn die Gesundheitsberater könnten uns eventuell das liefern, was Gott als Antwort auf alle körperlichen Leiden und Probleme entwickelt hat. (...)

[Das Wassermannzeitalter] markiert wahrhaftig einen neuen kosmischen Zyklus und einen Neuanfang. Daher wünschen wir, dass ihr dabei seid und die Früchte eurer Mühen und die Stoßkraft eures Sieges genießt, dass ihr dabei seid und ein neues Zeitalter auf den Weg bringt. (...)

Meine Vision gilt dem Sieg, meine Lieben. Meine Vision für euch lautet, dass ihr in der Genialität eurer Seelen die Möglichkeiten finden werdet (...), den grünen Spross des neuen Lebens auf Erden großzuziehen. Möge der grüne Spross das Symbol für das Wassermannzeitalter sein. (...)

Ihr werdet erst wissen, wie viel ihr für das Licht und für den Sieg gezählt habt, wenn auf dem Planeten Erde alles gesagt und getan ist. Ich schicke euch voraus, denn ihr allein könnt euren Test bestehen. Ihr allein müsst herausfinden und berechnen, wie ihr angesichts aller Faktoren eines Zeitalters den Sieg erringen werdet."

(21. Mai 1989)

Teil II:

SPIRITUELLE LÖSUNGEN

»Die einzige Möglichkeit, die Zukunft vorauszusagen, besteht darin, die Macht zu haben,
die Zukunft zu gestalten.«

Eric Hoffer

13. EINE HOCHFREQUENTE SPIRITUELLE ENERGIE

»Schicksal ist keine Frage des Zufalls, sondern eine Frage der Wahl.«

William Jennings Bryan

Die Meister der östlichen Kunst des Feng-Shui wissen alles über den Energiefluss. Sie lehren, dass Stauungen und die Art der Anordnung der Dinge in unserem Umfeld den Fluss der Energie (Chi) bestimmen. Dieser Energiefluss, oder auch dieser fehlende Energiefluss, so sagen sie, beeinflusst unsere Gesundheit, unsere Finanzen und unsere Beziehungen – ja, eigentlich den Verlauf unseres Lebens – beträchtlich.

Auf exakt die gleiche Weise beeinflusst der Energiestrom auf den feinstofflichen Ebenen *in* unserem Inneren unsere Lebensumstände. Er beeinflusst unser physisches und emotionales Wohlbefinden. Er beeinflusst unseren spirituellen Fortschritt. Er hat sogar einen Einfluss darauf, welche Ereignisse und Menschen in unser Leben treten und welche gehen. Wenn die Energie frei fließt, fühlen wir uns friedlich, gesund, kreativ und glücklich. Ist sie blockiert, können wir alles Mögliche erleben, angefangen von Frustration und Schwerfälligkeit über Depression bis hin zu Unfällen und Krankheit.

Ein Hauptfaktor beim Energiefluss ist das Karma. Karma ist die Wirkung von Ursachen, die wir in der Vergangenheit in Gang gesetzt haben, sei es vor zehn Minuten oder vor zehn Inkarnationen. Wir sind alle mit karmischen Erfahrungen aufgewachsen, wir haben es nur nicht als "Karma" bezeichnet. Stattdessen haben wir gehört: "Wie man in der Wald hineinruft, so schallt es wieder heraus. Was der Mensch sät, das wird er ernten.* Aktion gleich Reaktion. Was du nicht willst, das man dir tu', das füg auch keinem anderen zu ..."

Karmische Unordnung

Ebenso wie Unordnung in unserem Umfeld Stagnation in unserem Leben auslösen kann, kann ein karmisches Durcheinander in unserem Geist, in unserem Körper und in unseren Emotionen zur Stagnation führen. Wir alle haben ein gewisses Maß an karmischem Wirrwarr. Denn obgleich wir zu Lebzeiten viel Gutes getan haben, so haben wir doch auch ab und an Dinge getan, über die wir nicht glücklich sind.

Jeden Moment fließt uns von Gott Energie zu, und jeden Moment entscheiden wir, ob wir diese mit einem positiven oder negativen Dreh belegen. Gemäß dem Gesetz des Kreislaufes, dem Gesetz des Karmas, wird diese Energie zu uns zurückkehren. Wenn die positive Energie zurückkehrt, erleben wir, wie positive Dinge in unser Leben kommen. Die Energie, die unseren negativen Stempel trägt, da wir diese Energie benutzt haben, um anderen zu schaden, anstatt ihnen zu helfen, kehrt ebenfalls zu ihrer Quelle zurück – dieses Mal, um aufgelöst zu werden. Sie kehrt zu uns als Gelegenheit zurück, um die Dinge wieder richtigzustellen.

Wenn wir diese Energie nicht in etwas Positives verwandeln, verschwindet sie nicht einfach. Sie sammelt sich und verhärtet sich dann in unseren körperlichen, geistigen oder emotionalen Ebenen.

---

* *Gallatin, 6, 7. "Irret euch nicht; Gott lässt sich nicht spotten! Denn was der Mensch säet, das wird er ernten."*

Als Folge dieser karmischen "Anstauung" fühlen wir uns gar nicht so leicht, frei, glücklich, vor Leben sprühend und spirituell, wie wir sein könnten.

Negative Energie kann sich in einem hohen Maße auch aufbauen, wenn Personengruppen beispielsweise zu Umweltverschmutzung, Vorurteilen und Verfolgung beitragen. Kehrt dieses "Gruppenkarma" en masse zurück, so kann es weit reichende Auswirkungen haben, wie etwa die Kriege oder Erdveränderungen, die die Propheten für unsere Zeit vorausgesehen haben. Unser Umgang mit unserem persönlichen Karma und auch Gruppenkarma entscheidet darüber, ob diese Prophezeiungen eintreten werden oder nicht.

Erheben Sie sich in neue Bewusstseinsebenen

Karma ist die große Unbekannte bei unserer spirituellen Entwicklung. Als unser Mentor des Wassermannzeitalters möchte Saint Germain uns helfen, unsere karmischen Zwangslagen zu lösen, so dass wir unser höchstes Potenzial umsetzen können. Seine Lösung: die violette Flamme – eine beschleunigte, hochfrequente spirituelle Energie, die negatives Karma in positive Energie verwandelt (transformiert). Er sagt:

> "Karma ist die Last, die die Seele am Fliegen hindert. Karma beeinträchtigt alle Entscheidungen. Es beeinflusst Verträge – geschäftliche Verträge, Eheverträge und andere – und betrifft diejenigen, die in euer Leben gezogen werden, und auch diejenigen, die nicht in euer Leben gezogen werden, sowie die Kinder, die ihr vielleicht auf die Welt bringen werdet.
>
> Jeden Tag, an dem ein gewisser Prozentsatz an Karma durch die violette Flamme geht und an dem

ihr diese Verwandlung durch gute Taten, Worte und Liebestaten und Liebesdienste fördert, reduziert ihr das Gewicht und schwingt euch damit auf neue Ebenen des Bewusstseins, zu neuen Assoziationen (...) auf. Je weniger Karma ihr habt, desto größer werden eure Chancen von Tag zu Tag."

(16. April 1988)

Wer von uns beim Beten regelmäßig die violette Flamme benutzt hat, hat erlebt, wie diese die Belastungen und das Leiden in der Familie und bei Freunden gelindert hat. Sie hat unsere Kreativität gefördert und uns geholfen, Blockaden beim Heilen körperlicher Probleme oder emotionaler Schwierigkeiten zu überwinden. Sie hat uns geholfen, uns durch große Herausforderungen im Leben hindurchzumanövrieren. Sie hat uns geholfen, anderen zu vergeben und schmerzhafte Erlebnisse zu überwinden.

Bei regelmäßigem Einsatz kann die violette Flamme positive Veränderungen in Ihr Leben bringen – und das angestaute Karma der Menschheit verwandeln, die sonst in der für unsere Zeit prophezeiten Finsternis enden könnte. Daher sagt Saint Germain, dass Prophezeiungen nicht in Stein gemeißelt sind.

Die wahre Bedeutung der Prophezeiungen

Eine Prophezeiung ist eine Warnung vor etwas, das sich ereignen wird, wenn sich nichts verändert. Es ist keine Vorbestimmung. Prophezeiungen können abgemildert oder abgewendet werden, wenn die Menschheit ihr Verhalten ändert, im Gebet um göttliches Eingreifen bittet und ihr Karma mit der violetten Flamme verwandelt, bevor jenes Karma kristallisiert und körperlich wird.

Kurz gesagt – die violette Flamme ist, die ideale Gelegenheit zur Selbsttransformation und zur Transformation der Welt. Genau aus diesem Grunde hat Saint Germain aus seinem großen Mitgefühl für unsere Seelen heraus diesem Jahrhundert das Geschenk der violetten Flamme gemacht.

Die violette Flamme wird von den spirituellen Adepten schon lange genutzt. In der Vergangenheit wurde sie auch von den Menschen von Atlantis genutzt, als ihre Zivilisation ihre Blütezeit erlebte. Da sie schließlich die violette Flamme missbrauchten, wurden in den späteren Jahrhunderten nur noch einige wenige mit ihren Geheimnissen betraut. Doch Anfang der 30er Jahre gründete Saint Germain das "I AM Movement" ("ICH BIN-Bewegung") und machte die Welt wieder mit der violetten Flamme bekannt.

Vorzeitige Umwandlung von Karma

Heute unterstützt uns Saint Germain beim Einsatz der violetten Flamme, da er möchte, dass wir die karmischen Herausforderungen überwinden, die schemenhaft am Horizont auftauchen, bevor sie die Gelegenheit haben, uns zu belasten. Denn er weiß, dass wir, wenn wir die violette Flamme nicht anrufen, um unser negatives Karma zu verwandeln, früher oder später gezwungen sein werden, es auf andere Weise auszugleichen – eventuell so, dass es starke Einschnitte in unserem Leben geben wird. Vielleicht müssen wir schmerzhafte Lebenserfahrungen mit den Menschen machen, welchen wir Unrecht angetan haben, oder mit welchen wir in der Vergangenheit schlechte Beziehungen hatten. Oder wir müssen unser Karma als Beschwerden, Krankheit, Unfallfolge oder manchmal gar als vorzeitigen Tod körperlich ertragen. Saint Germain sagt:

"Was ist dann mit dem körperlichen Karma? Kündigt es die zu erwartenden Ereignisse bereits an? (...) Das Karma soll bei denjenigen abgemildert werden, die für sich individuell die violette Flamme aufrechterhalten haben, die sie aufrechterhalten werden, die im Mittelpunkt der brausenden violetten Flamme sein werden. (...)

Folglich kann das, was ihr vorzeitig verwandelt, nicht mehr in eure individuelle Welt herabkommen."

(15. April 1990)

Die spirituellen Flammen

Genauso wie ein Sonnenstrahl, der durch ein Prisma fällt, in die sieben Farben des Regenbogens gebrochen wird, manifestiert sich auch das spirituelle Licht als sieben Lichtstrahlen oder "Flammen".

Wenn wir die spirituellen Flammen in unseren Gebeten und Meditationen anrufen, erzeugt jede Flamme bei uns eine spezifische Aktivität in Körper, Geist und Seele. Die violette Flamme hat die Farbe und Frequenz von spirituellem Licht, das Gnade, Gerechtigkeit, Freiheit und Transmutation anregt.

"Transmutieren" bedeutet, etwas in seiner Gestalt, Erscheinungsform oder in seinem Wesen zu verändern, insbesondere, etwas in eine höhere Form umzuwandeln. Dieser Begriff wurde von den Alchemisten benutzt, die versuchten, unedle Metalle in Gold zu verwandeln und dazu das "Feine" mittels Hitze vom "Groben" zu trennen. Das wahre Ziel der alchemistischen Umwandlung war die spirituelle Verwandlung und das Erreichen des ewigen Lebens. Genau dies kann die violette Flamme für uns tun. Sie trennt die "groben" Elemente unseres Karmas vom Gold unseres wahren inneren Selbst, so dass wir eine anhaltende spirituelle Verwandlung erreichen können.

Warum ist die violette Flamme so mächtig? In unserer materiellen Welt besitzt das violette Licht im sichtbaren Spektrum die kürzeste Wellenlänge und daher die höchste Frequenz. Da die Frequenz direkt proportional zur Energie ist, besitzt das violette Licht auch die höchste Energie. Dies bedeutet, dass es die größte Kraft besitzt, Materie auf atomarer Ebene zu verändern.

Edgar Cayce erkannte die Heilkraft des violetten Strahls. In über 900 seiner "Readings" empfahl er ein elektrisches Gerät – eine "Violettlichtmaschine", die violettfarbene elektrische Ladung abgibt –, um verschiedene Beschwerden zu behandeln, u. a. auch Erschöpfung, Lethargie, Durchblutungsstörungen, Verdauungsprobleme und nervöse Beschwerden.

Wie funktioniert die violette Flamme?

Saint Germain erklärt, dass die violette Flamme die Fähigkeit besitzt, materielle Zustände zu verändern, da die violette Flamme in ihrer Schwingungsaktivität den Bestandteilen der Materie am ähnlichsten ist. "Die violette Flamme kann sich mit jedem Molekül oder jeder molekularen Struktur, mit jedem Materiepartikel – bekannt oder unbekannt – sowie mit jeder Lichtwelle, mit jedem Elektron oder mit Elektrizität verbinden", sagt er. Wo Menschen sich versammeln und Gebete zur violetten Flamme sprechen, "bemerkt man sofort eine Verbesserung von körperlichen Beschwerden."

Die violette Flamme kann buchstäblich die Ablagerungen in und zwischen den Atomen Ihres Wesens verzehren. Es ist, als würden Sie sie in einer chemischen Lösung baden, die den Schmutz, der sich dort seit Tausenden von Jahren verfangen hat, Schicht für Schicht ablöst.

Wenn Sie die violette Flamme anrufen, baut sie zwischen dem Atomkern und dem weißen Feuerkern der Flamme eine Polarität auf. Der Kern, der Materie ist, nimmt den negativen Pol ein. Der weiße Feuerkern der violetten Flamme, die Geist ist, nimmt den positiven Pol ein.

Das Zusammenspiel zwischen dem Atomkern und dem Licht in der violetten Flamme lässt eine Schwingung entstehen. Diese Schwingung lockert die Ablagerungen, die zwischen den Elektronen sitzen, die den Kern umkreisen. Wird diese verhärtete Substanz, die auf dem Atom lastet, gelockert, landet sie in der violetten Flamme. Beim Kontakt mit der violetten Flamme wird die dichte Substanz gesäubert, gereinigt und ihre natürliche Reinheit wird wiederhergestellt. Von diesem Schmutz befreit beginnen die Elektronen, sich freier zu bewegen und erhöhen so unsere spirituelle Schwingung und unsere Energiepegel. Dieser Prozess findet auf den nicht physischen oder "metaphysischen" Dimensionen der Materie statt.

Das ultimative Zeitmanagement-Instrument

Die violette Flamme ist das Öl im Getriebe des Lebens. Sie ist der Stoff, der bewirken kann, dass die Dinge leichter und schneller laufen. In der Tat sagt Saint Germain, dass sie das ultimative Zeitmanagement-Instrument ist:

"Ich weiß, dass ihr in eurem Herzen das Verlangen habt, zu wissen und zu verstehen, wofür euch Gott in diesem und in vorangegangenen Leben bestimmt hat. Ich weiß, dass ihr eine tiefe Sehnsucht danach habt, alle Dinge so zu erfüllen, dass ihr am Tor zur nächsten Welt ankommen dürft, nachdem ihr eure Mission voll und ganz erfüllt habt.

Ich kann euch versichern, dass die violette Flamme euch dabei unterstützen wird, sowohl diese Mission als auch jene Lichtspiralen zu beschleunigen, die sich in jedem Atom und in jeder Zelle eures Seins befinden. Ich versichere euch, dass ihr die Zeit raffen und beschleunigen könnt und dass ihr es erleben werdet, wie ihr Dinge in zehn Jahren erledigt, die euch ohne die violette Flamme ein Jahrhundert kosten könnten.

Die violette Flamme verkürzt Entfernungen. Sie erhöht die Kapazität eines jeden Augenblicks und einer jeden Stunde. Sie beschleunigt die Funktion des Verstandes und die Fähigkeit des Körpers, sich zu verjüngen. (...)

Wenn ihr eine Erfrischung sucht, (...) bittet um eine Dusche nach der anderen mit der violetten Flamme."

(14. Oktober 1991)

Die violette Flamme kann in der Tat unsere Heilung erleichtern, doch sie ist eine Zusatzmaßnahme zu fundierten medizinischen Maßnahmen und kein Ersatz für diese. Die violette Flamme wird für uns arbeiten, doch wir müssen mit ihr arbeiten. Wir müssen die Grundgesetze der Gesundheit, der Ernährung und des ganzheitlichen Lebens achtsam befolgen und unseren Arzt um Rat fragen. Die medizinische Wissenschaft hat so viel zu bieten, und wenn eine Operation nötig ist, sollten wir diese durchführen lassen.

Die violette Flamme bei einer Nahtod-Erfahrung

Dannion Brinkley berichtet in seinem Buch "Geborgen im Licht" von seiner Nahtod-Erfahrung, die uns die Augen öffnet. Wie andere Menschen auch, die ein Nahtod-Erlebnis hatten, berichtet er ebenfalls davon, dass man durch einen Tunnel kommt und dabei von einem Lichtwesen begleitet wird. Doch anders als andere Menschen mit Nahtod-Erfahrung erinnert er sich viel detaillierter daran, wo er hinging und was er sah.

Während seines ersten Nahtod-Erlebnisses führte ein Lichtwesen Dannion in eine Stadt aus Kristallkathedralen, die in Wirklichkeit Lehrsäle waren. In einer dieser Kathedralen enthüllten ihm 13 Lichtwesen Ereignisse, die in Zukunft stattfinden würden. Von den 117 Enthüllungen, an die er sich erinnern kann, sind bereits nahezu 100 eingetreten. Dannion sagt, dass viele der Prophezeiungen, die ich in diesem Buch anführe, direkt mit dem verbunden sind, was seine spirituellen Ratgeber ihm gezeigt haben.

Dannion sprach auf einer spirituellen Konferenz, die wir im Juli 1997 abgehalten haben, über Erlebnisse, die sein Leben verändert haben. Hinterher erzählte er mir, dass er während seiner Nahtod-Reisen die violette Flamme gesehen hat. "Ich habe die violette Flamme gesehen und gespürt", sagte er. "Wenn man von dieser Welt in die nächste kommt, wird man automatisch zur Flamme. Man verbindet sich mit ihr. Ich habe das getan. Wenn man durch die violette Flamme hindurchgeht, wird man mit einer neuen Dimension verbunden."

"Jede Kristallstadt", fügte er hinzu, "hat die violette Flamme sowie alle anderen spirituellen Flammen auch. Doch die violette Flamme ist die großartigste Flamme. Die violette Flamme ist der reinste Ort der Liebe. Sie befähigt dich wirklich."

Dannion teilte mir dann weiter mit, was er über die violette Flamme gelernt hatte. "Die violette Flamme ist ein Licht, das jedem spirituellen Erbe dient, das allen Dingen Respekt und Würde verleiht. Sie bietet uns einen Weg, um uns miteinander zu verbinden. Die Flamme sitzt in uns. Wir *sind* die Flamme.

Eine neue Welt bricht an. Sie wird sich jeden Tag verändern. Ja, es wird einige turbulente Momente geben, doch es wird sich alles zum Guten wandeln. Und die violette Flamme wird kommen und wachsen, und ihr, die ihr mit dieser Flamme arbeitet, werdet zu dieser neuen Welt beitragen. Wenn es etwas gibt, das im Innersten eures Wesens wächst und heller glüht als alles andere – die violette Flamme –, dann werdet ihr in eurem Inneren einen ruhigen, friedvollen Platz besitzen, ganz gleich, welche Übergänge wir in den kommenden Jahren durchmachen."

Die Arbeit mit der violetten Flamme

Im September 1997 war Dannion – wieder einmal – im Krankenhaus und dem Tod sehr nahe. Während jener schwierigen Phase rief ich ihn jeden Tag an und betete für ihn. Mitglieder unserer Gemeinschaft auf der ganzen Welt beteten ebenfalls für ihn. Nach seiner Genesung erzählte er einer Gruppe meiner Schüler: "Viele von euch beteten mit der violetten Flamme für mich und schickten mir eure Liebe, als ich zwischen Leben und Tod stand. Ich konnte diese Liebe spüren, ich konnte die violette Flamme sehen, ich konnte sie hören. Diese Gebete brachten mich zurück – das ist die Kraft der Flamme.

Die Größe der violetten Flamme besteht darin, dass sie keine Hitze produziert. Sie produziert Liebe. Nun, manchmal wird die Liebe etwas hitzig, doch die Liebe an sich ist reine Kraft. Und das ist angenehm, es fühlt sich gut an. Es ist wie ein junger Morgen im Frühling oder der Herbstanfang – irgendwo dazwischen.

Um Liebe in einer erhabeneren, stärkeren Flamme zu erhalten, muss man sie selbst geben. Lauscht in euren Meditationen der Musik der Flamme, und lasst sie durch eure Seelen erklingen. Schickt diese Flamme dann anderen Menschen. Lasst sie diese einhüllen. Lasst sie die Sanftheit der violetten Flamme spüren – diesen ruhigen, friedvollen Ort, dem wir dienen und den wir lieben. Lasst die Flamme sie berühren, so dass sie spüren können, wie es ist, wenn sie ihre eigene Realität berühren – die Flamme, die in ihnen sitzt."

Wir können über unsere Gebete, Meditationen und Dekrete mit der sanften Kraft der violetten Flamme in Kontakt treten. Dekrete sind eine beschleunigte Gebetsform. Sie werden laut gesprochen und sind eine Kombination aus Affirmationen, Gebeten, Meditationen und Visualisierungen.

Die größten Revolutionäre, die Revolutionäre des Geistes, betrachteten das Gebet als eines der Hauptinstrumente für Veränderungen. Wie viele Male haben wir den Fernseher eingeschaltet und bestürzt beispielsweise hilflose Kinder gesehen, die litten? Oder wir haben die Opfer eines Erdbebens oder Tornados betrachtet, die in den Trümmern wühlten, die einst ihr Zuhause waren? Wie viele Male haben wir uns gefragt, wie wir helfen können? Die kreative Kraft des Klanges schenkt uns einen Weg, um genau dies zu tun.

Die kreative Kraft des Klanges

Die jüngsten wissenschaftlichen Forschungen und Studien bringen ans Licht, was die Mystiker schon vor Tausenden von Jahren wussten: im Ton liegt der Schlüssel zu den Geheimnissen des Universums.

Wir wissen, dass Klang zerstörerisch wirken kann – ein hoher Ton kann ein Weinglas zerspringen lassen, Überschallknall kann Mörtel zum Zerspringen bringen, ein Gewehrschuss kann eine Lawine auslösen.

Doch Klang besitzt auch eine konstruktive Kraft, wie Ärzte und Heilpraktiker täglich aufs Neue erfahren. Ultraschall (hochfrequente Schallwellen) wird beinahe für alles verwendet – angefangen bei der Wundreinigung über die Diagnose von Tumoren bis hin zur Zertrümmerung von Nierensteinen. Eines Tages wird man damit vielleicht sogar Medikamente in den Körper injizieren und Nadeln somit überflüssig machen.

Derzeit erforschen Wissenschaftler die Wirkung von Klängen auf das Gehirn. Bestimmte Arten von klassischer Musik von Komponisten wie Bach, Mozart und Beethoven bieten eine ganze Bandbreite von positiven Wirkungen, so auch das zeitweise Ansteigen des IQ, die Erhöhung unserer Gedächtniskapazität und die Beschleunigung von Lernprozessen. Einige alternative Heilpraktiker führen Experimente durch, indem sie bestimmte Töne benutzen, um ein entsprechend zugeordnetes Organ zu heilen.

Die kreative Kraft des Klanges ist in unserer Welt auch der Kern der spirituellen Traditionen von Ost und West. Aus Schriften der Hindus wissen wir, dass die Yogis neben Visualisierungen auch Mantras benutzt haben, um Feuer zu entzünden, physikalische Objekte (wie Speisen) zu materialisieren, den Regen zu bringen und sogar den Ausgang von Schlachten zu beeinflussen. Doch materielle Veränderungen zu bewirken war nicht ihr vorrangiges Ziel. Sie glaubten, dass die Mantras ihnen Schutz und Weisheit schenkten, ihre Konzentration und ihre Meditation vertieften und es ihnen ermöglichten, Erleuchtung und die Einheit mit Gott zu erlangen.

Die jüdische mystische Überlieferung spricht ebenfalls von der Kraft des gesprochenen Wortes. Kabbalisten glauben, dass wir, wenn wir die Namen Gottes anrufen und darüber meditieren, eine unendliche Kraftquelle anzapfen, die den Frieden und die Harmonie in dieser Welt wiederherstellt. Sie sagen, dass Moses beispielsweise die Fähigkeit besaß, "die Welt zu erschüttern", da er den Namen des Herrn anrief. In der katholischen Überlieferung heißt es, dass die heilige Klara von Assisi ihren Konvent während eines Angriffs der Sarazener gerettet hat, indem sie die Eucharistie hochhielt und laut betete.

Eine interaktive Beziehung mit dem Geist

Wie Gebete, so sind auch Dekrete gesprochene Bitten an Gott. Doch mehr als das – sie sind der Befehl, dass der Wille Gottes sich manifestieren möge. Wenn Sie Dekrete einsetzen, befehlen Sie in der Tat den Energiefluss vom Geist in die Materie. Sie gehen eine Partnerschaft und interaktive Beziehung mit Gott ein.

Wenn wir meditieren, stehen wir im Austausch mit Gott. Wenn wir beten, kommunizieren wir mit Gott und bitten ihn um seine Hilfe. Wenn wir Dekrete sprechen, tauschen wir uns aus, kommunizieren und befehlen. Wir befehlen, dass Gottes Licht zum Zwecke der alchemistischen Veränderung in unsere Welt eindringt. Wir weisen Gott an, sein Licht und seine Engel zur persönlichen Wandlung und zur Verwandlung der Welt zu schicken.

Gebet, Meditation und Dekrete sind verschiedene Wege, um Zugang zur Kraft des Heiligen Geistes zu erhalten. Für jede dieser verschiedenen Arten der Hingabe gibt es den richtigen Moment und den richtigen Ort, um sie zu praktizieren. Dekrete sind jedoch die kraftvollste Form, um Gottes Licht anzurufen. Anhänger vieler verschiedener spiritueller Traditionen haben festgestellt, dass Dekrete ihre persönliche spirituelle Praxis fördern.

Die Menschen fragen sich oft: Ist es wirklich notwendig, Gott zu *bitten*, uns zu helfen? Ist er nicht allwissend und weiß er nicht bereits, wie er sich unserer Probleme und unserer Bedürfnisse annehmen kann? Jesaja erklärt uns: "So spricht der Herr, der Heilige in Israel und ihr Meister: Fraget mich um das Zukünftige; weiset meine Kinder und das Werk meiner Hände zu mir!"[1] Und der Herr sprach zu Hiob: "So wirst du ihn [den Allmächtigen] bitten, und er wird dich hören (...). Was du wirst vornehmen, wird er dir lassen gelingen."[2]

Es läuft alles auf das Gesetz des freien Willens hinaus. Gott gab uns den freien Willen, weil er wollte, dass wir unsere Individualität ausprägen. Gott hält sein Wort. Er respektiert unseren freien Willen. Sie können sich die Erde als Labor vorstellen, in dem Gott uns die Freiheit gegeben hat, zu experimentieren und uns zu entwickeln. Wenn Gott jedes Mal, wie nachsichtige oder dominante Eltern, hereinstürzen und uns stoppen würde, wenn wir gerade einen Fehler begehen, würden wir die Auswirkungen unserer Handlungen – ganz gleich, ob gut oder schlecht – nicht erfahren und wären nicht imstande, unsere Lektionen selbst zu lernen und daran spirituell zu wachsen.

Schickt die Engel

Laut Gottes Gesetzen dürfen er und seine Engel bei den menschlichen Angelegenheiten nur eingreifen, wenn wir sie um Hilfe bitten. Manchmal ist dazu nur ein schnelles Gebet erforderlich in der Art wie: "Komm' in mein Leben, Gott! Ich schaffe das nicht ohne dich! Schicke deine Engel, auf dass sie augenblicklich die Kontrolle über diese Situation übernehmen!" Nennen Sie sodann das besondere Problem, das Sie oder Ihre Lieben belastet.

Einfache, schnelle Gebete wie dieses werden die Engel direkt in Ihr Haus holen. Seien Sie nicht unterwürfig, wenn Sie diese Anrufungen machen. Sprechen Sie diese als dynamische Befehle. Je stärker die Inbrunst und Intensität Ihres Herzens, desto stärker ist auch die Antwort vom Himmel.

Saint Germain macht sich große Sorgen hinsichtlich der Zustände in unserer Gesellschaft, die die Seelen stark dabei beeinträchtigen, ihr höchstes Potenzial zu erreichen – dies reicht von Armut und Kindesmissbrauch über schlechte Bildung bis hin zur Not der Obdachlosen. Er sagt, dass jeder von uns daran entscheidend etwas verändern kann, wenn wir unseren freien Willen zu einem Gebet einsetzen.

Er erklärt uns, dass die Engel nur darauf warten, dass wir sie anrufen, um diese Probleme anzupacken.[3] Er ermutigt uns, ihnen häufig Aufgaben zukommen zu lassen, indem wir schnelle, dynamische Gebete und Dekrete über den ganzen Tag verteilt sprechen. Er sagt, dass wir sogar ganze Auflistungen der Situationen erstellen können, die ihre Aufmerksamkeit erfordern, und sie in unseren Gebeten anweisen sollen, die Kontrolle über exakt diese Zustände zu übernehmen:

> "Ich bitte euch, zumindest eines nicht zu vergessen (...), vergesst nicht, die Engel anzuweisen – vergesst nicht, sie zu schicken, zu lieben, ihnen Befehle zu erteilen, sie zu erhellen und von ihnen erleuchtet zu werden."
>
> (12. Oktober 1992)

"ICH BIN" als Ermächtigung

Dekrete gründen auf einem System positiver Affirmationen, bei welchen man den Namen Gottes – "ICH BIN" oder "ICH BIN DER ICH BIN" – einsetzt, um auf spirituelle Kraft zuzugreifen. Als Gott Moses gegenüber seinen Namen "ICH BIN DER ICH BIN" preisgab, sagte er: "Das ist mein Name ewiglich, dabei soll man mein gedenken für und für." In der Einheitsübersetzung der Bibel wird dieser Satz folgendermaßen übersetzt: "Das ist mein Name für immer, und so wird man mich nennen in allen Generationen."* Hier weist uns Gott an, seinen Namen zu benutzen, um ihn anzurufen, und darum zu bitten, dass er eingreift.

"ICH BIN" ist mehr als ein heiliger Name. Es ist eine Ermächtigung. Es ist eine wissenschaftliche Formel. Wenn Sie Gottes Namen im tiefen Glauben und in Liebe anrufen, schickt

---

* Exodus 3,13-15

Gott seine Energie wie einen gewaltigen Wasserfall aus Licht, um Geist und Körper, Herz und Seele zu heilen.

Was bedeutet "ICH BIN DER ICH BIN"? Für mich bedeutet es schlicht und ergreifend: "Wie oben, so auch unten." Gott bekräftigt: "Ich bin hier unten, was ich dort oben auch bin." Wenn Sie sagen: "ICH BIN DER ICH BIN", bekräftigen Sie, dass Gott genau dort ist, wo Sie auch sind. In der Tat sagen Sie: "So, wie Gott im Himmel ist, ist er auch auf Erden bei mir. Genau dort, wo ich stehe, steht auch Gott. Ich bin dieser 'ICH BIN'."

Jesus selbst nutzte die Kraft des Namens Gottes "ICH BIN", als er Aussagen wie diese traf: "ICH BIN [d. h. Gott in mir ist] die Auferstehung und das Leben", "ICH BIN das Licht der Welt", "ICH BIN gekommen, dass sie das Leben und volle Genüge haben sollen" und "ICH BIN der Weg und die Wahrheit und das Leben".

Auch Sie können den Namen Gottes "ICH BIN" benutzen, um kurze, kraftvolle Affirmationen zu schaffen. Sie sind deshalb so kraftvoll, weil Sie jedes Mal, wenn Sie sagen: "ICH BIN ..." in Wirklichkeit sagen: "Gott in mir ist ..." Was auch immer Sie nach den Worten "ICH BIN" bekräftigen, wird in Ihrer Welt zur Realität werden. Daher hat uns Saint Germain sein Mantra für das Wassermannzeitalter gegeben: "ICH BIN ein Wesen des violetten Feuers! ICH BIN die Reinheit, die Gott wünscht!" Das bedeutet: "Gott in mir ist ein Wesen des violetten Feuers! Gott in mir ist die Reinheit, die Gott wünscht!" Wenn Sie eine Affirmation wie diese sprechen, wird das Licht Gottes, das durch Sie hindurchfließt, diesem Befehl gehorchen.[4]

Die Darstellung Ihres göttlichen Selbst

Wir können Gott anrufen, und er antwortet uns, weil wir mit ihm verbunden sind. Wir sind seine Söhne und Töchter. Wir haben eine direkte Beziehung zu Gott, und er hat einen Teil von sich in uns gelegt. Um diese Beziehung besser zu verstehen, haben die Aufgestiegenen Meister die Abbildung Ihres göttlichen Selbst entworfen.

Die Abbildung Ihres göttlichen Selbst ist eine Darstellung von Ihnen und Gott in Ihnen. Es ist ein Diagramm von Ihnen und Ihrem Potenzial, zu dem zu werden, der Sie wirklich sind. Es ist eine Skizze Ihrer spirituellen Anatomie.

Die obere Gestalt ist Ihre "ICH BIN-Gegenwart", die Gegenwart Gottes, die in jedem Einzelnen von uns individualisiert ist. Sie ist Ihr personifiziertes "ICH BIN DER ICH BIN". Ihre ICH BIN-Gegenwart ist von sieben konzentrischen Kugeln spiritueller Energie umgeben, die den so genannten "Kausalkörper" bilden. Diese Kugeln pulsierender Energie enthalten die Aufzeichnungen all der guten Werke, die Sie seit Ihrer allerersten Inkarnation auf Erden geschaffen haben. Sie sind quasi Ihr "kosmisches Bankkonto".

Das Höhere Selbst

Die mittlere Gestalt in der Abbildung stellt das "heilige Christusselbst" dar, das auch als "Höheres Selbst" bezeichnet wird. Sie können sich Ihr heiliges Christusselbst als Ihren Hauptschutzengel und besten Freund, als Ihren inneren Lehrer und die Stimme Ihres Bewusstseins vorstellen.

Die Abbildung Ihres göttlichen Selbst

Ebenso wie die ICH BIN-Gegenwart die Gegenwart Gottes darstellt, die für jeden von uns individualisiert wurde, so ist das heilige Christusselbst die Gegenwart des universellen Christus, die für jeden von uns individualisiert worden ist. "Der Christus" ist tatsächlich ein Titel, den diejenigen erhalten, die die Einheit mit ihrem Höheren Selbst oder Christusselbst erlangt haben. Daher wurde Jesus "Jesus Christus" genannt. "Christus" kommt vom griechischen Wort "christos" und bedeutet "Der Gesalbte" – gesalbt mit dem Licht Gottes.

Die Abbildung zeigt, dass jeder von uns ein Höheres Selbst oder einen "inneren Christus" besitzt und dass jeder von uns dazu bestimmt ist, mit diesem Höheren Selbst eins zu werden – ganz gleich, ob wir es nun "Christus", "Buddha", "Tao" oder "Atman" nennen. Dieser "innere Christus" ist das, was die christlichen Mystiker manchmal als den "Inneren Mann des Herzens" bezeichnen. Die Upanishaden beschreiben es in mystischer Weise als "daumengroß", mit "Sitz mitten im Herzen".

Wir alle haben Momente, in denen wir diese Verbindung zu unserem Höheren Selbst spüren – wenn wir kreativ, liebevoll und glücklich sind. Es gibt aber auch andere Momente, in denen wir mit unserem Höheren Selbst nicht in Resonanz sind – Momente, in denen wir wütend und depressiv werden und uns verloren fühlen. Beim spirituellen Pfad geht es darum zu lernen, die Verbindung zum höheren Teil unseres Selbst aufrechtzuerhalten, so dass wir unseren größtmöglichen Beitrag für die Menschheit leisten können.

Der göttliche Funke

Der weiße Feuerstrahl, der von der ICH BIN-Gegenwart durch das heilige Christusselbst zur unteren Gestalt in der Abbildung herabströmt, ist die Kristallschnur (manchmal auch die Silberschnur genannt). Es ist die "Nabelschnur" oder "Rettungsleine", die Sie mit dem göttlichen Geist verbindet.

Ihre Kristallschnur nährt auch diese spezielle strahlende Flamme Gottes, die in der Geheimkammer Ihres Herzens verborgen ist. Sie wird als "dreifaltige Flamme" oder "göttlicher Funke" bezeichnet, weil sie buchstäblich ein Funke des heiligen Feuers ist, das Gott von seinem Herzen zu Ihrem Herzen übermittelt hat. Diese Flamme wird als "dreifaltig" bezeichnet, weil sie die primären Attribute des Geistes erzeugt – Kraft, Weisheit und Liebe.

Die Mystiker der Weltreligionen haben mit dem göttlichen Funken Kontakt aufgenommen, den sie als den Samen der Göttlichkeit in unserem Inneren beschreiben. Buddhisten beispielsweise sprechen vom "Keim des Buddhismus", der in jedem Lebewesen existiert. In der hinduistischen Tradition spricht die Katha Upanishade vom "Licht des Geistes", das im "geheimen hohen Sitz des Herzens" aller Wesen verborgen ist.

Ebenso lehrt uns Meister Eckhart, der christliche Theologe und Mystiker des 14. Jahrhunderts, vom göttlichen Funken, wenn er sagt: "Gottes Same ist in uns." Es gibt einen Teil von uns, so sagt Eckhart, der "ewig im Geist bleibt und göttlich ist. (...) Hier glüht und lodert Gott ohne Unterlass."

Wenn wir Dekrete sprechen, meditieren wir auf die Flamme in der Geheimkammer unseres Herzens. Diese Geheimkammer ist unser eigener privater Meditationsraum, Ihre "innere Burg", wie Teresa von Avila sie bezeichnete. In der hinduistischen Tradition visualisiert der Anhänger eine Juweleninsel in seinem Herzen. Dort sieht er einen wunderschönen Altar vor sich, an dem er seinen Lehrer in tiefer Meditation verehrt.

Jesus sprach vom Betreten der Geheimkammer des Herzens, als er sagte: "Wenn du aber betest, so gehe in dein Kämmerlein und schließe die Tür zu und bete zu deinem Vater im Verborgenen; und dein Vater, der in das Verborgene siehet, wird dir's vergelten öffentlich."

Als kleines Mädchen überlegte ich immer: "In welche Kammer gingen die Jünger hinein? Hatten die Menschen damals Kammern? Man kann gar nicht in eine Besenkammer hineingehen - dort drinnen ist nicht genügend Luft! Worüber um alles in der Welt spricht Jesus da?" Später erkannte ich, dass "zum Beten in dein Kämmerlein gehen" bedeutet, in eine andere Bewusstseinsdimension zu gehen. Es bedeutet, ins Herz einzukehren und die Tür zur äußeren Welt zu schließen.

Ihr Seelenpotenzial

Die untere Gestalt in der Abbildung Ihres göttlichen Selbst zeigt Sie auf Ihrem spirituellen Weg, umgeben von der violetten Flamme und vom schützenden weißen Licht Gottes. Die Seele ist das lebendige Potenzial Gottes - der Teil von Ihnen, der sterblich ist, aber unsterblich werden kann.

Der Zweck Ihrer Seelenentwicklung auf Erden besteht darin, in der Selbstmeisterung zu wachsen, Ihr Karma auszugleichen[5] und Ihre Mission auf Erden zu erfüllen, so dass Sie in die spirituellen Dimensionen zurückkehren können, die Ihr wahres Zuhause sind. Wenn Ihre Seele sich schließlich aufschwingt und wieder zu Gott und in die Himmelswelt aufsteigt, werden Sie zum "Aufgestiegenen Meister", frei vom Rad des Karmas und der Wiedergeburt.

Die hochfrequente Energie der violetten Flamme kann Ihnen dabei helfen, dieses Ziel schneller zu erreichen.

14. Die Verbindung zwischen Körper und Geist – (Die Geist-Körper-Verbindung)

»Wir sind, was wir denken, weil wir geworden sind, was wir gedacht haben.«

Das Dhammapada

Ein spirituelles Axiom lautet: "Das, worauf auch immer man seine Gedanken ausrichtet und woran man sein Herz hängt, wird in Erfüllung gehen." Aus diesem Grund sind unsere Gedanken und Träume, unsere Hoffnungen und Visionen so überaus wichtig. Aus diesem Grund ist auch das, was Sie denken, während Sie beten oder Dekrete sprechen, so ausschlaggebend dafür, wie effektiv Ihre Gebete und Dekrete sind. Dies ist die "Geist-Körper-Verbindung".

Wenn Sie sich auf Ihr Höheres Selbst oder die Flamme in Ihrem Herzen konzentrieren, während Sie beten, energetisieren Sie sich mit diesem Licht selbst und nehmen diese spirituellen Muster an. Wenn Sie Ihre Aufmerksamkeit hingegen auf das Negative oder auf niedrige Schwingungen richten, werden Sie diese Muster annehmen. Daher ist Gewalt im Fernsehen oder in Kinofilmen beispielsweise keine gute geistige Nahrung für Kinder oder Erwachsene.

Wenn wir uns mit Prophezeiungen beschäftigen, ist es wichtig, dass wir unsere spirituelle Arbeit leisten, um diese abzumildern, doch *wir müssen unseren Blick immer auf ein positives Ergebnis richten.*" Wir müssen das höchste Gute visualisieren, das wir uns vorstellen können – Frieden auf Erden, Brüderlichkeit, eine saubere Umwelt. Denn worauf wir uns gemeinsam konzentrieren, das werden wir erzeugen.

Kreative Visualisierungen

Unsere Visualisierungen sind wie ein Magnet, der die kreativen Energien des Geistes anzieht, um die Matrix auszufüllen, die wir in unserem Geiste haben. Konzentrieren sich viele Menschen bei einer bestimmten Situation auf ein negatives Ergebnis, werden sie bewusst oder unbewusst dafür sorgen, dass dieses wahr wird. Teilhard de Chardin sagte dazu treffend: "Das ganze Leben liegt in dem Verbum 'sehen'."

Ein guter Ausgangspunkt für Ihre Visualisierungen ist die Konzentration auf Ihre ICH BIN-Gegenwart. Diese können Sie sich wie eine strahlende Lichtsonne über sich vorstellen. Sie können sich auch auf den göttlichen Funken in Ihrem Herzen konzentrieren und sich ihn als strahlende Lichtkugel vorstellen, die so hell wie die Mittagssonne ist. Stellen Sie sich, während Sie Dekrete sprechen, Tausende von Sonnenstrahlen vor, die von Ihrem Herzen ausgehen, um Menschen in Not zu heilen und zu trösten.

Versuchen Sie, in Ihren täglichen Gebeten, Dekreten und Meditationen das gewünschte Ergebnis Ihrer Gebete wie auf einer Kinoleinwand zu visualisieren. Stellen Sie sich vor, wie vor Ihrem geistigen Auge die Prozesse ablaufen, die mit jedem Wort des Dekretes beschrieben sind. Benutzen Sie Ihre Vorstellungskraft, um sich die Lösung für die Situation auszumalen, für die Sie beten.

Wenn Sie beispielsweise Dekrete für die Reinigung der verschmutzten Weltmeere sprechen, stellen Sie sich vor Ihrem geistigen Auge vor, dass sich das Meeresleben mit dem violetten Licht auflädt und die Ozeane eine schöne violette Färbung annehmen. Wenn Sie Dekrete sprechen, um Spannungen im Mittleren Osten abzubauen, stellen Sie sich vor, wie die verschiedenen Parteien ihre Waffen niederlegen und einander wie Brüder und Schwestern umarmen. Im nächsten Kapitel finden Sie einige Visualisierungsvorschläge und Meditationen, die Sie benutzen können, während Sie Ihre Gebete und Dekrete sprechen.

Seien Sie bei Ihren Visualisierungen so spezifisch wie möglich – und haben Sie Spaß dabei. Je zentrierter, konzentrierter und kreativer Sie sind, desto besser werden Ihre Ergebnisse ausfallen.

Sich selbst erfüllende Prophezeiungen

Unsere Visualisierungen sind sich selbst erfüllende Prophezeiungen. Doch das sind unsere Worte ebenfalls. Im letzten Kapitel sprachen wir über die Kraft, die in Gottes Namen "ICH BIN" steckt, und sagten, dass das, was auch immer wir mit den Worten bekräftigen, die dem "ICH BIN" folgen, in unserer Welt zur Realität werden wird. Dies verhält sich deshalb so, weil das Licht Gottes, das durch uns fließt, unserem Befehl gehorchen wird. Dies ist nochmals eine andere Möglichkeit, die Geist-Körper-Verbindung zu verstehen. Der Zustand Ihres Körpers wird nicht nur durch das beeinflusst, was Sie denken, sondern auch durch das, was Sie *sagen*. Gesprochene Worte tragen eine ungeheure Energie in sich.

Wenn Sie zu der Erkenntnis kommen, dass die ungeheure Energie Gottes jeden Augenblick durch Sie hindurchfließt, überkommt Sie ein Gefühl von Ehrfurcht und Respekt. Sie sagen sich: "Hier ist Gottes Energie. Was werde ich heute damit tun?

Werde ich Gottes Energie nutzen, um die negativen Seiten des Lebens zu verstärken? Oder werde ich sie benutzen, um etwas Schönes zu unterstützen, etwas Echtes, etwas, das für meinen spirituellen Fortschritt von Bedeutung ist und von dem andere profitieren können?"

Den Körper mit Gebeten energetisieren

Ein anderer Aspekt der Geist-Körper-Verbindung und des Gebetes hat mit dem Aufbau eines Schwingungsmoments zu tun. Oft fragen Menschen: "Warum sollte ich Gott mehr als einmal um etwas bitten müssen?" Ein Dekret zu wiederholen bedeutet nicht einfach, immer wieder die gleiche Bitte vorzubringen. Es ist eine Frage der Energie. Jedes Mal, wenn Sie ein Dekret wiederholen, bauen Sie ein Schwingungsmoment auf. Sie intensivieren die Kraft des Dekretes, während Sie es mehr und mehr mit Gottes Licht energetisieren.

Im Osten wiederholen die Menschen ihre Mantras immer wieder, sogar Tausende von Malen am Tag, im Westen allerdings ist für viele von uns der Gedanke ungewohnt, ein Gebet zu wiederholen. Doch sowohl Mystiker als auch Wissenschaftler haben die Vorzüge eines wiederholten Gebetes aufgezeigt.

Bei den Mystikern der orthodoxen Kirche des Ostens gibt es die Tradition, das einfache Gebet "Herr Jesus Christus, du Sohn Gottes, schenke mir deine Gnade" Tausende von Malen zu wiederholen. Im Lauf der Jahrhunderte haben Mönche, die dies praktiziert haben, von außerordentlichen mystischen Erfahrungen und einem Gefühl des Einsseins mit Gott berichtet.

Mönche des Mittelalters haben behauptet, dass sie, nachdem sie dieses Gebet viele Stunden lang über mehrere Wochen hinweg wiederholt hatten, in einen anderen Zustand geraten sind. Sie sagten, sie konnten ein kraftvolles Licht sehen, das sie umgab. Sie verglichen dieses Licht mit dem Licht, das die Jünger bei Jesu Verklärung auf seinem Gesicht und seinen Kleidern sehen konnten.

Eine Gruppe von Benediktinermönchen der heutigen Zeit entdeckte eine unerwartete Wirkung ihres Einsatzes von Tönen beim Singen gregorianischer Gesänge: Ihr "Chanten" schien ihren Körper zu energetisieren. Über Jahrhunderte hinweg hatten die Mönche des Benediktinerordens einen strikten Stundenplan eingehalten, wobei sie nur wenige Stunden pro Nacht geschlafen und sechs bis acht Stunden am Tag gechanted hatten. Als ein neuer Abt den Zeitplan änderte und die Chants wegstrich, wurden die Mönche müde und lethargisch. Je mehr Schlaf sie hatten, desto müder schienen sie zu werden.

1967 wurde Alfred Tomatis, ein französischer Arzt, Psychologe und Gehörexperte, herbeigerufen, um herauszufinden, was ihnen fehlte. Er fand heraus, dass die Mönche tatsächlich "gechantet hatten, um sich 'aufzuladen'".[1] Er führte das Chanten wieder ein, ebenso wie ein Programm, bei dem man anregende Töne anhörte – und bald hatten die Mönche wieder die Energie, zu ihrem gewohnten Tagesrhythmus zurückzukehren.

Dr. Herbert Benson, Vorsitzender und Begründer des Mind/Body Institutes an der Harvard Medical School, fand heraus, dass Personen, die die Sanskritmantras täglich auch nur zehn Minuten lang wiederholten, bereits physiologische Veränderungen zeigten – eine Verminderung der Pulsfrequenz, ein Absinken des Stresspegels und eine Verlangsamung der Stoffwechselvorgänge. Eine Wiederholung der Mantras ließ bei Patienten mit hohem Blutdruck auch den Blutdruck sinken und setzte ganz allgemein den Sauerstoffverbrauch der betreffenden Person herab – ein Hinweis darauf, dass sich ihr Körper im Ruhezustand befand.

Bei nachfolgenden Studien, die in Bensons "Timeless Healing" ("Zeitlos Heilen") beschrieben sind, fand man heraus, dass wiederholt gesprochene Mantras positive Auswirkungen auf das

293

Immunsystem haben, Schlaflosigkeit beseitigen, die Notwendigkeit von Arztbesuchen reduzieren und sogar das Selbstwertgefühl heben können.

Benson und seine Kollegen untersuchten auch andere Gebete, u. a. "Herr Jesus Christus, schenke mir deine Gnade", und fanden heraus, dass diese den gleichen Effekt haben.

Positive Energie

Hier der Grund, weshalb es spirituell betrachtet wichtig ist, unsere Gebete und Dekrete zu wiederholen: Jeden Augenblick fließt Gottes Energie von Ihrer ICH BIN-Gegenwart durch Ihre Kristallschnur zu Ihnen herab. Während Sie also Ihre Dekrete sprechen, laden Sie beständig die Energie, die durch Sie fließt, mit Gottes Kraft auf. Je mehr Dekrete Sie sprechen, desto mehr positive Energie können Sie zu Ihrem eigenen Segen und zum Segen Ihrer Mitmenschen in die Welt schicken.

Stellen Sie sich vor, Sie sitzen an einem Flussufer und gießen einen Kanister violette Farbe in den Fluss. Das Wasser vor Ihnen verfärbt sich tiefviolett, doch sobald dieser Bereich des Flusses sich stromabwärts bewegt, ist das Wasser vor Ihnen wieder klar. Wollten Sie den gesamten Fluss violett verfärben, so müssten Sie beständig riesige Mengen violetter Farbe hineingießen.

Ebenso verhält es sich beim Sprechen von Dekreten. Selbst wenn Sie nur wenige Minuten lang Dekrete sprechen, werden Ihre Dekrete eine Situation beeinflussen. Manchmal ist ein Zustand jedoch so ernst, dass ein anhaltendes Arbeiten mit Dekreten erforderlich ist. Ein Dekret ein einziges Mal zu sprechen, genügt nicht, um große Herausforderungen zu meistern.

Erwägen Sie beispielsweise eine große Veränderung in Ihrer Karriere, und möchten Sie sich Ihres nächsten Schrittes sicher sein, so könnten Sie täglich Dekrete sprechen, um um Gottes Unterweisung zu bitten, bis Sie sich sicher sind, dass Sie die Antwort haben. Machen Sie sich Sorgen über einen geliebten Menschen, der sich einer Operation unterziehen muss, so werden Sie für ihn während der gesamten Operation und im Verlauf des gesamten Heilprozesses Dekrete zur Heilung sprechen.

Gibt es eine Krise auf der Weltbühne, so werden Sie zu diesem Thema bestimmt tagtäglich so lange beten wollen, bis Sie eine definitive Verbesserung der Situation feststellen. Sind wir, so wie heute, mit einer großen Ansammlung von Weltkarma konfrontiert, das sich über viele Jahrhunderte hinweg aufgebaut hat, wird es weltweite Bemühungen im gleichen Umfang erfordern, um dieses Karma umzuwandeln, bevor es sich materialisiert. Saint Germain hat uns gesagt:

"Ich erinnere euch daran, dass die Tage und Stunden rasch dahineilen. Wir können die Rettung des Planeten nicht einfach heute aus dem Regal ziehen und morgen wieder dorthin zurückstellen. (...) Über eure Dekrete zur violetten Flamme können wir Erdveränderungen abmildern oder diese auch vollständig aufheben."

(16. März 1996)

"Die violette Flamme ist der mächtige, abzumildernde Faktor. (...) Mögen alle, die sie kennen, sie jedem Fremden, dem sie begegnen, als Geschenk von meinem Herzen mit auf den Weg geben (...).

Sagt allen Staaten und allen Menschen, dass die violette Flamme ihre Hoffnung ist."

(4. Juli 1987)

Die Herzensverbindung

Wir haben bisher über die Geist-Körper-Verbindung gesprochen, doch die wissenschaftlich belegte Wirkung des Gebets ist in Wirklichkeit eine Geist-*Herz*-Körper-Verbindung. Ein Gebet sollte nicht nur eine geistige Übung oder der Vollzug eines Routinerituals sein. Das Feuer Ihres Herzens und Ihre Liebe spornen die Engel an, Ihre Rufe zu beantworten. Die Liebe gibt unseren Wünschen Form und sollte unsere Visualisierungen lenken. Je mehr Gebete von Herzen kommen, desto stärker sind sie mit Spiritualität aufgeladen.

Saint Germain spricht über diese Geist-Körper-Bewegung und darüber, wie die violette Flamme vielen Menschen selbst in ausweglosen Situationen helfen konnte, um Fortschritte im Innen und Außen zu machen. In den folgenden Auszügen beschreibt er, wie sie das Herz erweicht und die Heilung alter Wunden unterstützt hat:

> "Die violette Flamme kehrt die Abwärtsspirale der Chakren und der negativen Energie um. (...) Die violette Flamme ist die lebendige Freude (...), die Geist und Gemüt, Seele und Emotionen umdreht!"
>
> (2. Dezember 1984)

> "Ich möchte euch zu dieser Stunde einen Bericht bezüglich der Wirkungen des Einsatzes der violetten Flamme bei einzelnen und bei vielen Menschen erstatten.[2] Meine Lieben, zuallererst sei gesagt, dass das größte Gut zu jedem einzelnen Bittsteller gekommen ist. Für diejenigen, die dieses Ritual so sehr lieben, ist es daher zu einer verstärkten Verwandlung gekommen. Und ich, den ihr als euren Meister und Freund betrachtet, habe persönlich dafür gesorgt, dass die violette Flamme, die ihr angerufen habt, in die wider-

spenstigsten und verhärtetsten Ritzen eures Unterbewusstseins gelenkt wurde, insbesondere auf die Zustände, die ihr am meisten beseitigt haben wolltet.

Daher ist bei einigen von euch eine beträchtliche Menge an Karma ausgeglichen worden. Bei anderen ist die Verhärtung des Herzens rund um das Herzchakra wahrhaftig weggeschmolzen. Es haben sich eine neue Liebe und Sanftheit, neues Mitgefühl und eine neue Sensibilität für das Leben eingestellt. (...)

Die violette Flamme hat in Beziehungen innerhalb von Familien geholfen. Sie hat dazu gedient, einige zu befreien, so dass sie altes Karma und alte Verletzungen ausgleichen können, und bestimmte Menschen entsprechend ihrer Eigenschwingung auf den richtigen Weg zu bringen. (...)

Es ist unmöglich, alle Vorzüge der violetten Flamme aufzuzählen, doch es ist festzustellen, dass innerhalb der Persönlichkeit tatsächlich ein alchemistischer Prozess abläuft. Die violette Flamme sucht die Spaltungen auf, die psychische Probleme verursachen, die auf die frühe Kindheit und vorangegangene Inkarnationen zurückgehen, die so tiefe Furchen ins Bewusstsein gegraben haben, dass es schwer ist, an ihnen zu rütteln. (...)

Die violette Flamme ist eine behutsame Flamme. Sie ist eine liebevolle Flamme. (...) Es mag schwer zu verstehen sein, wie eine Flamme ein Bewusstsein besitzen kann, doch bedenkt bitte, dass eine Flamme die Manifestation Gottes ist. Eine Flamme ist die Manifestation aller Wesen, die dieser jemals gedient haben, so, wie ein Mantra das Schwingungsmoment all der Menschen verkörpert, die es jemals gesprochen haben. (...)

Meine lieben Gesegneten – ich kann nur sagen, dass ihr, wenn ihr sehen könntet, welche inneren Fortschritte ihr gemacht habt, nicht aufhören würdet, die Dekrete zur violetten Flamme so oft wie möglich zu sprechen - nicht unbedingt alles auf einmal, doch wenn ihr euch bemüht, dann könnt ihr die freien Zeitspannen, die sich für euch während des Tages ergeben, mit den Dekreten zu dieser Flamme ausfüllen. Daher solltet ihr wissen, dass, zu welcher Stunde des Tages ihr die Flamme auch anruft oder ihr einen Dienst erweist, sich dies direkt mit dem Karma verbindet, das irgendwann in der Geschichte zu exakt dieser Stunde entstanden ist. (...)

In den ätherischen Rückzugsorten, an welchen ihr lernt [während eure Seele nachts aus dem Körper tritt und auf Reisen geht], wird euch der filigrane Lichtfaden gezeigt, der von einem Herzchakra ausgeht, das mit der gnadenvollen Liebe erfüllt ist. Manche von euch haben gesehen, wo es eine so große Menge an Fäden gibt, dass man sie gar nicht mehr zählen kann, wie ein hauchzarter Schleier, und diese Fäden der violetten Flamme führen direkt zu den Herzen überall auf diesem Planeten.

Ihr habt diese Fäden bemerkt, die beinahe schon haarfein sind, Blutgefäßen gleich, ja wie Venen innerhalb des Körpers, die einen beständigen Strom der violetten Flamme mit sich führen, der es Menschen überall auf der Welt ermöglicht hat, sich emporzuschwingen, Dinge zu vollenden, die sie bisher in vielen Leben nicht vollendet hatten, Hoffnung und Heilung sowie ein neues Verlangen zu erfahren, Gott zu finden, frei zu sein und für die Freiheit einzustehen. (...)

Mit nur 15 Minuten pro Tag könnt ihr [indem ihr Dekrete zur violetten Flamme sprecht] bewirken, dass ich bei euch bin. Wenn ich dann bei euch anwesend bin, könnt ihr für viele Seelen auf dem Planeten ein Kraftmoment der violetten Flamme aufbauen."

(4. Juli 1988)

Einen heiligen Raum schaffen

Da das gesprochene Gebet effektiver ist als das stille Gebet, ist es am besten, wenn Sie Ihre Dekrete laut sprechen. Wenn Sie sich an einem öffentlichen Platz befinden und die Dekrete nicht laut sprechen können, können Sie diese aber auch im Stillen wiederholen. Man kann Dekrete überall sprechen, sogar beim Hausputz, beim Einkaufen, beim Spazierengehen, wenn man zur Arbeit fährt oder sogar unter der Dusche. Es ist jedoch hilfreich, wenn wir eine ungestörte, ruhige Zeitspanne reservieren können, um vor unserem persönlichen Altar Dekrete sprechen zu können.

Ihr Altar ist Ihr besonderer Ort – der heilige Raum, der Ihnen dabei hilft, sich mit Ihrem Herzen zu verbinden. Es ist der Platz, den wir aufsuchen, wenn wir etwas "alternieren", d. h. ändern möchten, also eine Veränderung oder Verwandlung herbeiführen möchten. Sie können sich Ihren eigenen Altar einrichten, und sei es nur in einer Nische Ihres Schlaf- oder Wohnzimmers.

Sie können Ihren Altar mit allem schmücken, was für Sie spirituell von Bedeutung und inspirierend ist, wie etwa mit Kerzen, Kristallen, Blumen oder Pflanzen. Sie können Bilder oder Statuen von Heiligen, Meistern, Buddhas oder Engeln aufstellen sowie Fotos derjenigen, für die Sie beten. Eine Kristallschale oder ein Pokal kann als Kelch dienen, um Gottes Licht in Ihr Heim zu lenken.

Ich lade Sie dazu ein, mit den Dekreten zur violetten Flamme im folgenden Kapitel zu experimentieren und zu beobachten, was geschieht. Ich bitte in meinen Gebeten darum, dass die liebevollen Menschen dieser Welt mit offenen Herzen zusammenkommen und mit fröhlichem Gemüt und einer Vision der Hoffnung Dekrete zur violetten Flamme sprechen werden. Ich meinerseits tue dies stets schlichtweg aus Dankbarkeit gegenüber Saint Germain, der seit Tausenden von Jahren mit unseren Seelen arbeitet und dafür große Opfer gebracht hat und noch immer erbringt.

Die Zukunft liegt wahrhaftig in unseren Händen. Unsere Entscheidungen von heute und in den nächsten Jahren werden entscheidend sein für die zukünftigen Generationen.

15. GEBETE UND MEDITATIONEN

»Wir sind alle hier auf Erden, um anderen zu
helfen. Wozu um alles in der Welt die anderen
da sind, weiß ich nicht.«

W. H. Auden

In diesem Kapitel finden Sie spezifische Gebete,
Affirmationen und Dekrete, die Sie benutzen können, um den für
unsere Zeit prophezeiten Herausforderungen mit spirituellen Lösungen
zu begegnen. Sie finden außerdem auch Vorschläge für Visualisierungen
und Meditationen, die Ihnen Ihre spirituelle Praxis erleichtern und
Ihnen helfen können, Ihren einzigartigen Lebenszweck zu erfüllen.

Eine effektive Übung als Start in den Tag sind die "Dekrete
für Herz, Kopf und Hand". Dieses Affirmationstrio unterstützt
die Reinigung und Energetisierung Ihres Herzens, Ihres Verstandes
und Ihrer Hände, um eine stärkere Verbindung von Verstand-Herz-
Körper zu bewirken.

Das Herz ist der Sitz, an dem wir mit Gott kommunizieren.
Es ist das Zentrum, von dem wir unsere Liebe aussenden, um die
Menschheit zu nähren. Unser Kopf ist der Kelch, in dem wir die
kreativen Gedanken Gottes und unseres Höheren Selbst empfangen.
Unsere Hände zeigen, wie wir unsere Spiritualität in die Praxis
umsetzen. Alle drei – Herz, Kopf und Hände – sind ein wichtiger
Teil unserer Spiritualität.

Herz, Kopf und Hand

Wir beginnen mit dem Herzen, weil das Herz – körperlich und spirituell betrachtet – der Dreh- und Angelpunkt des Lebens ist. Mit dem "Herzmantra" (S. 303) rufen wir die Verwandlungskraft der violetten Flamme an. Sie kann Schicht für Schicht negative Gefühle und Karma auflösen, die den Energiefluss durchs Herz blockieren. Das "Herzmantra" hilft uns, die Qualitäten des Herzens zu entwickeln. Es hilft uns, offener und sensibler zu werden und mehr Mitgefühl für die Nöte so vieler Menschen zu entwickeln, die unsere Liebe und unsere Gebete brauchen.

Das "Kopfmantra" reinigt die körperlichen und spirituellen Fähigkeiten des Verstandes, so dass wir klarer denken und kommunizieren können. Es hilft uns, unsere intuitiven Fähigkeiten zu stärken und unsere Wahrnehmung spiritueller Dimensionen zu schärfen.

Im "Handmantra" bekräftigen wir unsere Partnerschaft mit dem Geist und sagen: "Wenn ich Gott die Hände reiche, ist nichts mehr unmöglich." Die Hand symbolisiert die Macht Gottes, Dinge geschehen zu lassen – durch unseren Beruf, unseren Dienst am Leben und die großen und kleinen Dinge, die wir jeden Tag für unsere Mitmenschen tun. Durch unsere Hände können wir enorme Energie und Heilkraft schicken.

Mit dem "Handmantra" bestätigen wir auch, dass wir "den Weg der goldenen Mitte" nehmen, wie es Gautama Buddha seine Anhänger gelehrt hat. Aufgrund seiner eigenen Erfahrung sagte Gautama, dass die beste Möglichkeit, spirituell vorwärtszukommen, darin besteht, ein ausgeglichenes Leben zu führen und nicht den Extremen der Askese oder der Zügellosigkeit zu erliegen.

Visualisierung und Meditation:
Visualisieren Sie, während Sie das "Herzmantra" rezitieren, die violette Flamme in Ihrem Herzen als pulsierendes violettes Licht, das Ihr Herz erweicht und so ermöglicht, dass sich die Blütenblätter

Ihres Herzchakras öffnen. Sehen Sie, wie die violette Flamme Wut in Mitgefühl, Verbitterung in Sanftheit und Angst in Frieden verwandelt.

Sehen Sie, während Sie das "Kopfmantra" sprechen, wie die violette Flamme von Ihrem Herzen emporschnellt und in Ihren Kopf dringt, um Ihren Geist von all den geistigen Blockaden, negativen Bildern und einschränkenden Glaubensüberzeugungen über Sie selbst und Ihre Mitmenschen zu reinigen. Sehen Sie förmlich vor sich, wie sich Ihr Kopf mit dem strahlenden Licht Gottes füllt. Visualisieren Sie, während Sie das "Handmantra" sprechen, wie die violette Flamme Ursache und Wirkung sowie die Aufzeichnungen und Erinnerungen an die Dinge auflöst, bei welchen Sie in gewisser Weise Ihre "Hand mit im Spiel" gehabt haben und wünschten, Sie hätten es nicht getan. Sie können jeden der folgenden Abschnitte dreimal sprechen – oder auch so oft Sie möchten:

HERZ
Violettes Feuer, oh du göttliche Liebe,
lodere in meinem Herzen!
Du bist Gnade für immer wahr,
halte mich stets im Einklang mit dir.

KOPF
ICH BIN Licht, du Christus in mir,
befreie meinen Geist für immer.
Violettes Feuer, leuchte stets
tief in diesem meinem Geist.

Gott, der du mir schenkst mein täglich' Brot,
erfülle meinen Kopf mit violettem Feuer,
bis deine himmlische Ausstrahlung
aus meinem Geist einen Lichtgeist macht.

HAND

ICH BIN die Hand Gottes in Aktion,
die jeden Tag den Sieg davonträgt.
Die höchste Freude meiner reinen Seele
ist es, den goldenen Mittelweg zu gehen.

HEART*

Violet fire, thou love divine,
Blaze within this heart of mine!
Thou art mercy forever true,
Keep me always in tune with you.

HEAD

I AM light, thou Christ in me,
Set my mind forever free;
Violet fire, forever shine
Deep within this mind of mine.

God who gives my daily bread,
With violet fire fill my head
Till thy radiance heavenlike
Makes my mind a mind of light.

HAND

I AM the hand of God in action,
Gaining Victory every day;
My pure soul's great satisfaction
Is to walk the Middle Way.

---

* Da die Dekrete ihre optimale Kraft im englischen Original entfalten, haben wir diese Texte ebenfalls abgedruckt. Damit steht es Ihnen frei, ob Sie mit der deutschen Fassung arbeiten möchten oder diese als reine Übersetzung ansehen.

Das weiße Licht

Das nächste Affirmationspaket verstärkt unsere schützende "Säule des Lichts", die in der Darstellung Ihres göttlichen Selbst (S. 285) abgebildet ist. Die Säule des Lichts ist ein Schutzschild aus schützendem weißen Licht mit einem Durchmesser von etwa 3 Metern, die von Gott und dem ICH BIN DER ICH BIN von oben auf Sie herabströmt und bis unter Ihre Füße reicht.

Die Lichtsäule kann uns vor bösen Energien schützen, die möglicherweise durch die Wut, Verurteilung, den Hass oder die Eifersucht eines anderen auf Sie gelenkt werden. Sind Sie schutzlos, so können diese Schwingungen dazu führen, dass Sie reizbar oder depressiv werden. Sie können sogar bewirken, dass Sie einen Unfall haben. Doch das weiße Licht schützt Sie.

Das weiße Licht kann Sie auch vor dem Sog des Massenbewusstseins schützen. Wenn wir uns nach einem Stadtbummel oder nach dem Shoppen in der Hektik vor den Feiertagen erschöpft fühlen, dann oft deshalb, weil uns unser Licht entzogen worden ist. Die Säule des Lichts hilft uns, zentriert und im Frieden zu bleiben.

Es ist eine gute Idee, wenn Sie Ihr Dekret "Säule des Lichts" jeden Morgen sprechen, bevor der Trubel des Alltags beginnt. Wenn Sie sich im Lauf des Tages energielos, erschöpft oder verletzbar fühlen, können Sie dieses Dekret sprechen, sooft es erforderlich ist. "Die Säule des Lichts ist unbesiegbar", sagt Saint Germain. "Verstärkt sie, nachdem ihr euch eine Weile unter vielen Menschen und in der Welt des Kommerzes aufgehalten habt. Zieht euch für ein paar Minuten zurück. Entfacht das Feuer wieder neu!"

Visualisierung und Meditation:
Sehen Sie, während Sie das Dekret "Säule des Lichts" sprechen, das blendend weiße Licht von Ihrer ICH BIN-Gegenwart herabkommen – heller als die Sonne, wenn sie auf frisch gefallenen Schnee scheint – und sich zu einer undurchdringlichen Lichtmauer

um Sie herum verdichten. In dieser funkelnden Lichtsäule sehen Sie sich selbst, wie Sie von der violetten Flamme eingehüllt werden. Von Zeit zu Zeit können Sie diesen spirituellen Schutz im Laufe des Tages verstärken, indem Sie die Säule des Lichts um sich herum visualisieren und das Dekret wiederholen:

SÄULE DES LICHTS
Geliebte strahlende ICH BIN-Gegenwart,
versiegele deine Säule aus Licht um mich,
das stammt von Aufgestiegener Meister Flamme,
die ich jetzt anrufe in Gottes Namen.
Möge sie meinen Tempel freihalten
von aller Zwietracht, die man mir schicken will.

ICH rufe an das violette Feuer,
alle Verlangen zu erhellen und zu verwandeln.
Es möge brennen im Namen der Freiheit,
bis ICH BIN eins mit der violetten Flamme.

TUBE OF LIGHT
Beloved I AM Presence bright,
Round me seal your tube of light
From ascended master flame
Called forth now in God's own name.
Let it keep my temple free
From all discord sent to me.

I AM calling forth violet fire
To blaze and transmute all desire,
Keeping on in freedom's name
Till I AM one with the violet flame.

Vergebung

Das nächste Dekret dient der Vergebung. Die violette Flamme ist eine Flamme der Vergebung. Vergebung ist nicht immer leicht, doch ohne Vergebung können wir spirituell nicht vorwärtskommen. Wenn wir uns weigern, einem Freund oder einem vermeintlichen Feind etwas zu verzeihen, der uns Unrecht getan hat, und auch wenn dieser uns wieder und immer wieder Unrecht antut, fesseln wir uns nicht nur an diese Person, sondern auch an die Wut. Daher sind wir nicht wirklich frei, bis wir die Wut aufgelöst und das Karma ausgeglichen haben.

Es mag Zeiten geben, da wir das Gefühl haben, dass wir nicht imstande sind zu verzeihen, weil wir glauben, dass das Verbrechen, das gegen uns oder einen geliebten Menschen begangen wurde, zu groß ist. In einer derartigen Situation hat mich Gott gelehrt, dass wir der Seele vergeben und Gott bitten sollten, das Nicht-Selbst der Person zu binden, das bewirkt hat, dass der Betreffende das Vergehen begangen hat. Ganz gleich, wie schlecht die Taten eines Menschen sind – wir sollten seiner Seele immer vergeben, denn damit vermeiden wir karmische Verstrickungen. Hass bindet, Liebe befreit.

Spirituell gesprochen errichten wir jedes Mal, wenn wir jemandem nicht vergeben, eine Barriere zwischen uns und einem anderen Teil Gottes. Manchmal sind auch Sie selbst die wichtigste Person, der Sie vergeben müssen.

Visualisierung und Meditation:
Schicken Sie, während Sie das Mantra "Vergebung" sprechen, Ihre Liebe und Vergebung all denen, welchen Sie jemals Unrecht getan haben, sowie allen, die Ihnen jemals Unrecht angetan haben. Damit übergeben Sie die Situationen in Gottes Hände.

VERGEBUNG
ICH BIN die Vergebung, die hier wirkt,
die alle Zweifel und Furcht vertreibt,
und die alle Menschen immerwährend
durch ihre Flügel des kosmischen Sieges befreit.
ICH BIN der Ruf in voller Kraft,
der jede Stunde um Vergebung bittet.
An alle Lebewesen an jedem Ort
verströme ich meine verzeihende Gnade.

FORGIVENESS
I AM forgiveness acting here,
Casting out all doubt and fear,
Setting men forever free
With wings of cosmic victory.

I AM calling in full power
For forgiveness every hour;
To all life in every place
I flood forth forgiving grace.

Das Licht des Herzens

Viele spirituelle Traditionen lehren uns, dass das Herz das Herzstück unserer Spiritualität sein sollte. Saint Germain hat ein wunderschönes Gebet mit dem Titel "ICH BIN das Licht des Herzens" geschrieben, um die göttliche Flamme in unserem Herzen zu feiern und um uns zu helfen, uns auf unser Herz zu konzentrieren. Er sagt:

"Euer Herz ist in der Tat eine der erlesensten Gaben Gottes. In seinem Innern sitzt eine zentrale Kammer, die von einem Licht und einem derartigen Schutzwall umgeben ist, dass wir sie als 'kosmisches Intervall' bezeichnen. Diese Kammer ist von der Materie getrennt und lässt sich mit keinem Verfahren jemals aufspüren.

Sie befindet sich zugleich nicht nur in der dritten und vierten Dimension, sondern auch in anderen Dimensionen, die dem Menschen unbekannt sind. Folglich ist sie die Verbindung mit der mächtigen Silberschnur des Lichtes, die von eurer göttlichen Gottesgegenwart herabkommt, um den Puls eures körperlichen Herzens aufrechtzuerhalten, um euch euer Leben, euren Lebenssinn und eure kosmische Integration zu schenken.

Ich bitte euch alle dringend, diesen Kontaktpunkt, den ihr mit dem Leben habt, wie einen Schatz zu hüten, indem ihr ihm bewusste Anerkennung zollt. Ihr müsst nicht das 'Wie', 'Warum' und 'Wofür' in der Fachsprache oder in Form einer wissenschaftlichen These verstehen.

Begnügt euch mit dem Wissen, dass Gott da ist und dass es in eurem Inneren einen Kontaktpunkt mit dem Göttlichen gibt, einen Funken des Feuers aus dem Herzen des Schöpfers persönlich, der 'dreifaltige Flamme des Lebens' genannt wird, die dreieinige Essenz von Liebe, Weisheit und Kraft.

Jede Anerkennung, die ihr tagtäglich der Flamme in eurem Herzen zollt, wird die Kraft und Leuchtkraft der Liebe in eurem Wesen verstärken. Jede Anerkennung dieser Art wird ein neues Gefühl von Dimensionalität in euch erzeugen, die, wenn sie nicht im Außen offensichtlich ist, sich doch in den Winkeln eurer inneren Gedanken manifestiert.

Vernachlässigt also nicht euer Herz als den Altar Gottes. Vernachlässigt nicht, dass es die Sonne eures manifestierten Wesens ist. Holt euch von Gott die Kraft der Liebe und vermehrt sie in eurem Herzen. Schickt diese sodann weit hinaus in die Welt wie ein Bollwerk, das die Finsternis dieses Planeten überwinden wird. (...)

Bedenkt eines: Solange ihr ins Licht schaut, liegen alle Schatten immer hinter euch. Und das Licht ist da, um alle zu verwandeln."

(12. Februar 1967)

Visualisierung und Meditation:

Visualisieren Sie, während Sie "ICH BIN das Licht des Herzens" rezitieren, wie Licht von Ihrer ICH BIN-Gegenwart und dem heiligen Christusselbst auf Sie herab in Ihr Herz strömt, wo es sich gemäß der Matrix Ihres Dekretes entfaltet.

Konzentrieren Sie dann Ihre Aufmerksamkeit auf Ihr Herz. Stellen Sie sich das Strahlen der Mittagssonne bildlich vor, und übertragen Sie dieses Bild auf Ihre Brustmitte, dorthin, wo Ihr Herzchakra sitzt.

Sehen Sie nun, wie Tausende von Sonnenstrahlen aus Ihrem Herzen ausgehen, um alle Finsternis, Verzweiflung oder Depression zunächst in Ihnen selbst und dann in den Menschen auf der ganzen Welt aufzulösen.

Richten Sie Ihre Liebe - die in Wirklichkeit Gottes Liebe ist - hinaus in die Welt. Sehen Sie diese Liebe als intensive, feurige, pinkfarbene Laserstrahlen, die alle hinderlichen Barrieren in Ihren Beziehungen, Ihrer Familie, Ihrem spirituellen Wachstum, Ihrer Karriere, Ihrer Nachbarschaft bzw. Ihrer Nation zum Fallen bringen.

ICH BIN DAS LICHT DES HERZENS
ICH BIN das Licht des Herzens,
das in der Dunkelheit des Seins scheint
und alles in die goldene Schatzkammer
des Christusgeistes verwandelt.

ICH BIN die Projektion meiner Liebe
hinaus in die Welt,
um alle Irrtümer auszulöschen
und alle Barrieren niederzureißen.

ICH BIN die Kraft der unendlichen Liebe,
die sich selbst verstärkt,
bis sie den Sieg davonträgt
in einer Welt ohne Ende!

I AM THE LIGHT OF THE HEART
I AM the light of the heart
Shining in the darkness of being
And changing all into the golden treasury
Of the mind of Christ.

I AM projecting my love
Out into the world
To erase all errors
And to break down all barriers.

I AM the power of infinite love,
Amplifying itself
Until it is victorious,
World without end!

Saint Germains Mantra für das Wassermannzeitalter

Die Affirmation, die Saint Germain uns für das Wassermannzeitalter gegeben hat, lautet: "ICH BIN ein Wesen des violetten Feuers! ICH BIN die Reinheit, die Gott wünscht!" Bedenken Sie, dass dies in Wirklichkeit bedeutet: "Gott in mir ist ein Wesen des violetten Feuers! Gott in mir ist die Reinheit, die Gott wünscht!"

Sie können diese Affirmation wieder und wieder als ein Mantra wiederholen, das in Ihrem Herzen erklingt. Visualisieren Sie, während Sie es sprechen, tanzende violette Flammen, die das negative Karma und die negativen Verhaltensmuster verzehren, die Sie selbst oder diejenigen, für die Sie beten, hemmen. Sie können Ihre eigenen Abwandlungen zum Thema kreieren, wo immer Sie die Notwendigkeit dazu sehen, beispielsweise:

»ICH BIN ein Wesen des violetten Feuers!
ICH BIN die Reinheit, die Gott wünscht!«

»Mein Herz ist lebendig durch das violette Feuer!
Mein Herz ist die Reinheit, die Gott wünscht!«

»Meine Familie ist eingehüllt in violettes Feuer!
Meine Familie ist die Reinheit, die Gott wünscht!«

»Die Erde ist ein Planet des violetten Feuers!
Die Erde ist die Reinheit, die Gott wünscht!«

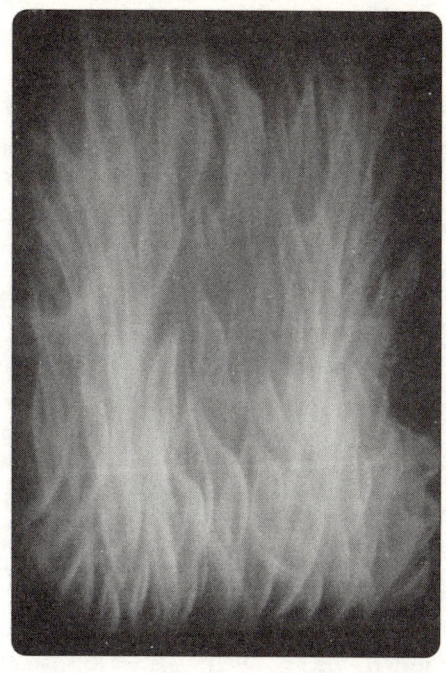

"ICH BIN die violette Flamme!"

"ICH BIN die violette Flamme" ist ein kraftvolles Dekret, das Sie viele Male wiederholen können, um einen intensiven Verwandlungsprozess aufzubauen.

Visualisierung und Meditation:
Sehen Sie, wie die violette Flamme lebendig wird, als würden Sie einen Kinofilm ansehen. Die Flammen erheben sich und pulsieren in verschiedenen Schattierungen und Nuancen von Lila, Rosa und Violett um Sie herum.

Sehen Sie, wie diese Flammen durch Ihren Körper wandern, jedes Organ streicheln und in seiner Ganzheit wiederherstellen.

313

Sehen Sie, wie die Flammen Ihren Geist und Ihre Emotionen sättigen und sie von allen Lasten befreien.

Eine meiner liebsten Visualisierungen für dieses Dekret ist die, sich vorzustellen, wie die sieben Weltmeere mit der violetten Flamme angefüllt sind. Meditieren Sie auf die Kraft der sieben Weltmeere, und übertragen Sie dieses Bild dann auf ein riesiges, friedliches Meer aus violetten Flammen, das den gesamten Planeten umhüllt.

Stellen Sie sich sein Gewicht vor – seine Kraft, seine Energie. Die violette Flamme besitzt die Fähigkeit, die Erde, die Luft und das Wasser völlig zu verwandeln.

Sie können dieses Dekret auf spezifische Situationen anwenden. Sie können sehen, wie die violette Flamme die Verschmutzung eines Flusses in Ihrer Nähe umwandelt oder den Smog über Ihrer Stadt reinigt. Sie können sich auf die Kinder dieser Welt konzentrieren. Visualisieren Sie diese vor sich. Beginnen Sie dabei mit den Kindern aus Ihrer eigenen Nachbarschaft, und wandern Sie dann zu den bedürftigen Kindern dieser Welt. Sehen Sie lustige, tanzende violette Flammen, die diese Kinder einhüllen und deren Lasten in Freude verwandeln.

ICH BIN DIE VIOLETTE FLAMME
ICH BIN die violette Flamme,
die jetzt in mir brennt.
ICH BIN die violette Flamme
und beuge mich nur dem Licht.
ICH BIN die violette Flamme
in all ihrer kosmischen Kraft.
ICH BIN das Licht Gottes,
das ständig scheint.
ICH BIN die violette Flamme,
die glüht wie eine Sonne.
ICH BIN Gottes heilige Kraft,
die jeden befreit.

I AM THE VIOLET FLAME
I AM the violet flame
In action in me now
I AM the violet flame
To light alone I bow
I AM the violet flame
In mighty cosmic power
I AM the light of God
Shining every hour
I AM the violet flame
Blazing like a sun
I AM God's sacred power
Freeing every one.

Reinigen und energetisieren Sie Ihre Chakren

Manchmal spüren wir die Aktivität des Lichts, das wir mit unseren Dekreten anrufen, nicht sofort. Dies rührt daher, weil unsere Aura oder unsere Chakren – unsere spirituellen Zentren – möglicherweise "verstopft" sind.

Ihre Chakren sind Empfangs- und Sendestationen für die Energie Gottes, die jeden Tag zu Ihnen und von Ihnen fließt. Sie sind Tore zu einem höheren Bewusstsein. Sie sitzen auf spirituellen Ebenen entlang Ihrer Wirbelsäule und sind für das physische Auge unsichtbar. Doch Ihr Leben und Ihr spiritueller Fortschritt hängen unmittelbar von deren Vitalität ab.

"Chakra" ist ein Begriff aus dem Sanskrit mit der Bedeutung "Rad" oder "Scheibe". Jedes Chakra besitzt eine einzigartige Funktion und Frequenz und vertritt eine andere Bewusstseinsebene. Diese Unterschiede werden durch die Anzahl der "Blütenblätter" eines jeden Chakras gekennzeichnet. Je mehr Blütenblätter das

Chakra besitzt, desto höher ist seine Eigenfrequenz – und je mehr Energie durch ein Chakra strömt, desto schneller dreht es sich.

Wenn das Licht der göttlichen Mutter, auch "Kundalini" genannt, von der Wurzel der Wirbelsäule zur Krone aufsteigt, aktiviert es die Energien jedes Chakras. Beginnt sich ein Chakra zu drehen, so öffnet es sich und lässt seine Blütenblätter aufgehen – was die Entfaltung unserer schlummernden spirituellen Kräfte bedeutet.

Leider hat sich aufgrund unserer Wechselbeziehungen zu unseren Mitmenschen im Laufe unserer vielen Inkarnationen Schmutz um unsere Chakren herum angesammelt. Dieser Schmutz ist wie die Blätter, die ein Abflussrohr nach dem Regen verstopfen. Damit das Wasser wieder ungehindert durch das Regenrohr fließen kann, müssen wir das Laub entfernen. Ebenso müssen wir, damit Gottes Licht durch unsere Chakren fließen und diese aktivieren kann, die Schmutzpartikel entfernen, die an diesen heiligen Zentren haften. Sind unsere Chakren verstopft, so können wir uns träge, pessimistisch oder krank fühlen, ohne überhaupt zu wissen, weshalb. Sind unsere Chakren und die Energiebahnen, die diese miteinander verbinden, dagegen frei, so fühlen wir uns energiegeladener, positiver, glücklicher und freigebiger.

Ich habe erlebt, dass Tausende von Menschen erfolgreich mit der violetten Flamme arbeiten, um ihre Chakren zu reinigen. Es dauert unterschiedlich lange – von einem Tag bis hin zu mehreren Monaten – bis der Einzelne Resultate sieht. Doch wenn Sie beharrlich bleiben, werden Sie beginnen, den Unterschied zu spüren. Ich empfehle denjenigen, die neu mit der violetten Flamme arbeiten, immer, selbst damit zu experimentieren. Ich sage ihnen, dass sie mindestens einen Monat lang 15 Minuten pro Tag Dekrete zur violetten Flamme sprechen und die positiven Veränderungen notieren sollen, die beginnen, sich in ihrem Leben zu zeigen.

Sie können jedes der Dekrete zur violetten Flamme in diesem Kapitel benutzen, insbesondere die folgenden Affirmationen, um Ihre Chakren zu reinigen und zu energetisieren, so dass Sie die höchsten Ebenen Ihres spirituellen Potenzials erfahren können. Bei dieser Affirmationsreihe beginnt man mit dem zentralen Chakra, dem Herzchakra, und wandert in einer spiralförmigen Bewegung durch die Chakren ober- und unterhalb des Herzens. Sprechen Sie jedes Affirmationsset dreimal oder ein Vielfaches von drei.

Chakrenaffirmationen

ICH BIN ein Wesen des violetten Feuers!
ICH BIN die Reinheit, die Gott wünscht!

Mein Herz ist ein Chakra des violetten Feuers,
mein Herz ist die Reinheit, die Gott wünscht!

ICH BIN ein Wesen des violetten Feuers,
ICH BIN die Reinheit, die Gott wünscht!

Mein Kehlchakra ist ein Rad des violetten Feuers,
mein Kehlchakra ist die Reinheit, die Gott wünscht!

ICH BIN ein Wesen des violetten Feuers,
ICH BIN die Reinheit, die Gott wünscht!

Mein Solarplexus ist eine Sonne des violetten Feuers,
mein Solarplexus ist die Reinheit, die Gott wünscht!

ICH BIN ein Wesen des violetten Feuers,
ICH BIN die Reinheit, die Gott wünscht!

Mein Drittes Auge ist ein Zentrum des violetten Feuers,
mein Drittes Auge ist die Reinheit, die Gott wünscht!

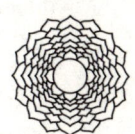

ICH BIN ein Wesen des violetten Feuers,
ICH BIN die Reinheit, die Gott wünscht!

Mein Seelenchakra ist eine Kugel aus violettem Feuer,
mein Seelenchakra ist die Reinheit, die Gott wünscht!

ICH BIN ein Wesen des violetten Feuers,
ICH BIN die Reinheit, die Gott wünscht!

Mein Kronenchakra ist ein Lotus aus violettem Feuer,
mein Kronenchakra ist die Reinheit, die Gott wünscht!

ICH BIN ein Wesen des violetten Feuers,
ICH BIN die Reinheit, die Gott wünscht!

Mein Wurzelchakra ist eine Quelle des violetten Feuers,
mein Wurzelchakra ist die Reinheit, die Gott wünscht!

ICH BIN ein Wesen des violetten Feuers,
ICH BIN die Reinheit, die Gott wünscht!

I AM a being of violet fire!
I AM the purity God desires!

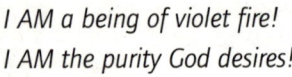

My heart is a chakra of violet fire,
My heart is the purity God desires!

I AM a being of violet fire!
I AM the purity God desires!

My throat chakra is a wheel of violet fire,
My throat chakra is the purity God desires!

I AM a being of violet fire!
I AM the purity God desires!

My solar plexus is a sun of violet fire!
My solar plexus is the purity God desires!

I AM a being of violet fire!
I AM the purity God desires!

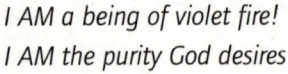

My third eye is a center of violet fire!
My third eye is the purity God desires!

    I AM a being of violet fire!
    I AM the purity God desires!

My soul chakra is a sphere of violet fire,
My soul chakra is the purity God desires!

    I AM a being of violet fire!
    I AM the purity God desires!

My crown chakra is a lotus of violet fire,
My crown chakra is the purity God desires!

    I AM a being of violet fire!
    I AM the purity God desires!

My base chakra is a fount of violet fire,
My base chakra is the purity God desires!

    I AM a being of violet fire!
    I AM the purity God desires!

Visualisierung und Meditation:

Die folgende Meditation dient der Reinigung der Chakren. Sie lässt sich gut entweder vor, während oder nach den soeben angeführten Chakra-Affirmationen durchführen.

Sehen Sie zuerst, wie die violette Flamme all Ihre Chakren reinigt, während sie Ihre Wirbelsäule hinauf- und hinabfließt. Sehen Sie, wie die Flammen die Ablagerungen auflösen, die sich um Ihre Chakren herum angesammelt haben.

Sehen Sie dann, wie Ihr Herzchakra – mit den 12 Blütenblättern, feurig rosa-pink gefärbt – das Licht der göttlichen Liebe zu allen fühlenden Wesen schickt.

Sehen Sie, wie Ihr Kehlchakra – mit den 16 Blütenblättern, in leuchtendem Saphirblau – allen Nationen und allen Völkern das Licht des Willens Gottes schickt.

Sehen Sie, wie Ihr Solarplexus-Chakra – mit den 10 Blütenblättern, lila und golden, mit rubinroten Flecken – das Licht des Friedens und der Brüderlichkeit aussendet, um alles Lebendige zu harmonisieren.

Sehen Sie, wie Ihr Drittes Auge – mit den 96 Blütenblättern, in feurigem Smaragdgrün – das Licht von Gottes Vision und Wahrheit für die Heilung aussendet.

Sehen Sie, wie Ihr Sitz-der-Seele-Chakra – mit den 6 Blütenblättern, in Violett, Lila und Rosa – die violette Flamme für Freiheit, Vergebung, Gerechtigkeit und die Verwandlung der Welt aussendet.

Sehen Sie, wie Ihr Kronenchakra – mit den 1.000 Blütenblättern, in leuchtend-gelbem Feuer – das Licht der Weisheit aussendet und alle Finsternis vertreibt.

Sehen Sie, wie Ihr Wurzelchakra – mit den 4 Blütenblättern, in reinem Weiß – Gottes Licht aussendet, um allen Seelen auf Erden Freude, Hoffnung und Ganzheit zu bringen.

Visualisieren Sie nun das Zentrum jedes Chakras als feurige Sonne weißen Lichtes. Halten Sie das Bild eines mächtigen, weißen Strahles aufrecht, der aus dem Zentrum jedes Chakras hervorschießt. Haben Sie diese Strahlen intensiv visualisiert, dann stellen Sie sich jeden weißen Strahl in einem Zylinder vor, der die Farbe des betreffenden Chakras hat.

Gebete für die Naturgeister

Hier sind einige Gebete und Dekrete, die Sie zu den Naturgeistern (Elementargeistern), deren Not wir in Kapitel 7 beschrieben haben, sprechen können.

Im Namen des ICH BIN DER ICH BIN rufe ich die intensive Kraft der violetten verwandelnden Flamme an, auf dass sie jeden Gnom, jede Sylphe, jede Undine und jeden Salamander umgebe. Durchtränkt die vier Elemente – Feuer, Luft, Wasser und Erde – am heutigen Tag mit der violetten Flamme!

Verzehrt Ursache und Kern des Karmas der Menschheit, das auf den Naturgeistern lastet. Verwandelt die Gifte und Toxine, die unsere Erde verschmutzen, auf körperlicher, emotionaler, geistiger und ätherischer Ebene.

Ladet die Erde, das Wasser, die Atmosphäre und auch den Feuerkern jedes Atoms des Lebens mit der violetten Flamme auf!

(Wiederholen Sie jedes Dekret dreimal oder ein Vielfaches von drei.)

Die Naturgeister sind Wesen des violetten Feuers!
Die Naturgeister sind die Reinheit, die Gott wünscht! (3x)

Oh, violette Flamme, komm', violette Flamme,
nun lodere und lodere und lodere!
Oh, violette Flamme, komm', violette Flamme,
um zu erhöhen, zu erhöhen und zu erhöhen

die Luft, das Wasser und das Land,
die Luft, das Wasser und das Land,
die Luft, das Wasser und das Land. (3x)

Versiegelt, versiegelt, versiegelt in einem strahlend hellen Ei
aus dem klaren Licht des violetten Feuers
jedes Elementarwesen, macht es augenblicklich frei, und haltet es frei
von jeder menschlichen Zwietracht.
Es ist heute vollbracht, es ist für immer vollbracht,
    es ist in Gottes Weise vollbracht.

Es ist heute vollbracht, es ist für immer vollbracht,
es ist in Gottes Weise vollbracht.
Es ist heute vollbracht, es ist für immer vollbracht,
es ist in Gottes Weise vollbracht. (3x)

ICH BIN, ICH BIN, ICH BIN die Wiederauferstehung und das Leben
aller Elementarwesen – Feuer, Luft, Wasser und Erde! (3x)

*In the name of the I AM THAT I AM, I call forth the
intense action of the violet transmuting flame around every
gnome, sylph, undine and salamander. Saturate the four elements – fire, air, water and earth – with the violet flame this
day!*

*Consume the cause and core of mankind's karma that is
a burden upon the nature spirits. Transmute the poisons and
toxins – at physical, emotional, mental and etheric levels –
that pollute the earth.*

*Charge the violet flame into the earth, into the waters,
into the atmosphere, and into the very nucleus of fire in every
atom of life!*

(Repeat the decree three times or a multiple of three.)

The nature spirits are beings of violet fire!
The nature spirits are the purity God desires! (3x)

O violet flame, come, violet flame,
Now blaze and blaze and blaze!
O violet flame, come, violet flame,
To raise and raise and raise!
The air, the sea, the land

The air, the sea, the land
The air, the sea, the land. (3x)

Seal, seal, seal in an ovoid bright
Of the violet fire's clear light
Every elemental, set and keep them free
From all human discord instantly.

It's done today, it's done to stay,
it's done God's way. (3x)

I AM, I AM, I AM the resurrection and the life of all elementals – fire,
air, water and earth! (3x)

Das Weltkarma verwandeln

Astrologie ist die Handschrift unseres zu uns zurückkehrenden Karmas und kann uns daher über unsere zukünftigen Herausforderungen und Möglichkeiten informieren. Sie können das folgende Gebet für sich oder als Vorspann vor jedem Dekret zur violetten Flamme sprechen, um Ihr persönliches Karma zu verwandeln und das Weltkarma zu verwandeln, das zu den astrologischen Vorzeichen führen könnte, die ich in den Kapiteln 1, 4 und 5 erläutert habe.

Gebet zur Verwandlung astrologischer Vorzeichen

"Geliebte mächtige, siegreiche Gegenwart Gottes ICH BIN in mir, mein ureigenes geliebtes heiliges Christusselbst, heiliges Christusselbst der gesamten Menschheit, Saint Germain, Mutter Maria und die sieben Erzengel, lenkt die violette Flamme in alle positiven und negativen Vorzeichen meines persönlichen Horoskops, um mein Karma in höchstmöglichem Maße auszugleichen.

Ich bitte darum, dass das Licht Gottes mein Horoskop auf jeder Ebene und in jedem Aspekt versiegelt, so dass nur das Licht Gottes durchgelassen wird. Ich bitte um die Verwandlung des Karmas, das mich für planetarische und interplanetarische Kräfte angreifbar machen und diese anziehen würde. Ich bitte um die Verwandlung und Beseitigung der Schwingungsmomente, die mein Karma und meine negativen menschlichen Verhaltensmuster geschaffen haben.

Ich bitte auch darum, die negativen Auswirkungen meines persönlichen Karmas und des Weltenkarmas zu binden, zu versiegeln, zu entmagnetisieren, zu neutralisieren und zu verwandeln, die sich aufgrund der Vorzeichen des Transits des Pluto durch den Steinbock, aufgrund des Transits des Uranus im Zeichen der Fische und des Widders sowie aufgrund des Transits des Neptun im Wassermann und im Zeichen der Fische manifestieren könnten, und zwar u. a., aber nicht ausschließlich folgende:

nationale, religiöse und kulturelle Konflikte; Tyrannei, Krieg, Revolution oder Terrorismus; Unterdrückung neuer Ideen und das Ersticken des menschlichen Geistes; Verfolgung aufgrund von Klassenzugehörigkeit und religiösen sowie ethnischen Gründen;

Missbrauch von Wissenschaft und Technologie; die Spaltung der Gesellschaft in eine Elite technologischer Begüterter und eine Unterschicht technologischer "Habenichtse"; Verwirrung, Desillusionierung und Anarchie; Verbitterung und Missgunst;

neue, weit verbreitete Formen von Realitätsflucht; schwerwiegende Machtkämpfe; Atomkrieg, Atomunfälle oder atomarer Terrorismus; unkontrollierte Massenflucht; physikalische oder soziale Erdbeben und Erdveränderungen; Epidemien und unterdrückte Immunreaktionen und wirtschaftliche Probleme.

Ich bitte auch um die Manifestationen des positiven Potenzials dieser Konstellationen, die da u. a. wären:

die Geburt eines goldenen Zeitalters der Erleuchtung; transzendente Spiritualität und Brüderlichkeit; eine positive Verwandlung der Sichtweise von uns selbst, unserer Welt, unseres Platzes im Universum und unserer Beziehung zu Gott; Selbsttranszendenz und eine praktisch gelebte Spiritualität;

technologische Fortschritte; Optimismus, Expansion und Innovation; Lösungen für soziale Probleme und die Auflösung von Barrieren, die die Menschen aufgrund ihrer Zugehörigkeit zu einer bestimmten Religion, Rasse, Nationalität, Klasse und zu einem bestimmten Geschlecht spalten;

die Entwicklung innovativer Dienstleistungsformen für die Menschheit; Fortschritte in der Medizin, der Bildung und der Verbreitung von Informationen; der Fortschritt der Menschheit aufgrund einer Revolution in der Wissenschaft und einer spirituellen Revolution gleichen Ausmaßes, die zum weisen Umgang mit diesen Kräften anleiten wird; harmonisches Zusammenspiel der Nationen; die Heilung der Wirtschaft.

(Lassen Sie an dieser Stelle Ihre persönliche Auswahl an Dekreten zur violetten Flamme folgen.)

16. EIN ROSENKRANZGEBET FÜR DEN WELTFRIEDEN

»Ihr habt vergessen, dass ihr durch Beten und Fasten Kriege abwenden und Naturgesetze aufheben könnt.«

Maria zu den Sehern von Medjugorje

Bei ihren vielen Erscheinungen überall auf der Welt hat Mutter Maria stets betont, dass das Gebet und die Rezitation des Rosenkranzes Schlüssel für einen dauerhaften Weltfrieden sind. Sie hat das folgende überkonfessionelle Rosenkranzgebet geschaffen, das von Menschen aller Glaubensrichtungen gesprochen werden kann.

Wenn wir uns zu diesem universellen Gebet für den Frieden versammeln, verspricht uns Maria, uns zu helfen, sowohl persönliche Schwierigkeiten zu lösen als auch Herausforderungen von weltweiter Tragweite zu meistern. Das Rosenkranzgebet ist auch eine sanfte Methode, um die Kundalini (das Mutterlicht) über die Chakren emporsteigen zu lassen – für ein größeres spirituelles Bewusstsein.

Bei diesem Rosenkranzgebet wird zwischen Gebeten und Passagen aus dem 1. Brief an die Korinther (13 und 14) über die Tugend der "Caritas" (Liebe) abgewechselt. Jedes Mal, wenn wir den Rosenkranz beten, so sagt Maria, bauen wir ein Schwingungsmoment aus Licht und Liebe auf, das denjenigen Menschen, die in Not sind, spirituell Auftrieb geben kann. Sie sagt, dass das Rosenkranzgebet buchstäblich Wunder bewirken kann, indem es die negativen Vorzeichen der Prophezeiung abwendet:

> "Ich lebe mit der Prophezeiung von Fátima. Ich lebe mit ihrer Botschaft. Und ich gehe von Tür zu Tür und von Herz zu Herz und klopfe an, um danach zu fragen, wer mitkommen und mit mir beten möchte – zur violetten Flamme, das Rosenkranzgebet oder die Anrufungen an Erzengel Michael. Vor allem jedoch eines – beten. Denn durch dein Gebet wird die offene Tür noch weiter aufgetan, und die Engel treten durch den Schleier, um Katastrophen und Unheil zu vermeiden."

Rosenkranzgebet für den Weltfrieden

Im Namen des Vaters, des Sohnes und des Heiligen Geistes, im Namen der kosmischen Jungfrau. Amen.

DAS TÄGLICHE GEBET DES HÜTERS DER FLAMME

Eine Flamme ist aktiv –
eine Flamme ist lebendig –
eine Flamme ist ewig.

ICH BIN eine Gottesflamme strahlender Liebe,
direkt aus dem Herzen Gottes
in der großen Zentralsonne,
die vom Meister des Lebens herabkommt!

ICH BIN jetzt aufgeladen
mit dem höchsten Gottesbewusstsein
von Helios und Vesta
und der solaren Bewusstheit.

ICH BIN ein Pilger auf Erden,
täglich gehe ich den Pfad
des Sieges der Aufgestiegenen Meister,
der zu meiner Freiheit auf ewig führt –
durch die Kraft des heiligen Feuers
an diesem Tag und immer,
beständig manifest
in meinen Gedanken, Gefühlen und der unmittelbaren Bewusstheit.
Ich transzendiere und verwandle
all die Elemente der Erde
in meinen vier niederen Körpern und befreie
mich durch die Macht des heiligen Feuers
von diesen verunstalteten Energiebrennpunkten
in meinem Wesen.

ICH BIN jetzt von allem befreit, was bindet,
mit und durch die Ströme der göttlichen Flamme,
durch das heilige Feuer selbst,
dessen aufsteigende Aktivität mich
zum Gott in Manifestation,
zum Gott in Aktion,
zum Gott durch die Führung und
zum Gott im Bewusstsein macht!

ICH BIN eine aktive Flamme!
ICH BIN eine lebendige Flamme!
ICH BIN eine ewige Flamme!
ICH BIN ein sich ausbreitender Feuerfunke

von der großen Zentralsonne.
Ich ziehe nun jeden Strahl
der göttlichen Energie zu mir, die ich brauche,
die nie mehr durch den Menschen umgepolt werden kann
und die mich mit dem Licht
und der Gotteserleuchtung von Tausend Sonnen durchflutet,
um die Kontrolle und höchste Herrschaft für immer zu übernehmen
– wo auch immer ICH BIN!

Wo ICH BIN, ist auch Gott.
Ungetrennt bleibe ich für immer,
mehre mein Licht,
durch das Lächeln seines Strahlens,
die Fülle seiner Liebe,
die Allwissenheit seiner Weisheit
und die Kraft seines ewigen Lebens,
die mich automatisch
auf den Siegesschwingen des Aufstieges emporhebt,
die mich zum Herzen Gottes zurückbringen werden.
ICH BIN von dort in Wahrheit gekommen, um Gottes Willen zu tun
und ein Leben in Fülle für alle zu manifestieren!

RUF AN DEN FEUERATEM

ICH BIN, ICH BIN, ICH BIN der Feueratem Gottes
aus dem Herzen der geliebten Alpha und Omega.
ICH BIN am heutigen Tage das makellose Konzept,
das sich überall dort zum Ausdruck bringt, wo ich mich hinbewege.
ICH BIN jetzt voller Freude.
denn ICH BIN jetzt der volle Ausdruck
der göttlichen Liebe.

Meine geliebte ICH BIN-Gegenwart,
versiegle mich nun im Innersten des Herzens
des sich ausdehnenden Feueratems Gottes.
Lass' seine Reinheit, Ganzheit und Liebe
sich überall manifestieren, wo ICH BIN – heute und für immer!

Ich möchte, dass dies jetzt sofort mit voller Kraft geschieht!
ICH BIN die volle Kraft, mit der dies jetzt sofort geschieht!
ICH BIN, ICH BIN, ICH BIN Gottes Leben,
das immer und allezeit Perfektion zum Ausdruck bringt.
Was ich für mich selbst erbitte,
erbitte ich auch für jeden Mann, jede Frau
und jedes Kind auf diesem Planeten.

ICH BIN-VATERUNSER VON JESUS, DEM CHRISTUS

Vater unser im Himmel,
geheiligt werde dein Name ICH BIN.
ICH BIN dein Reich, das komme,
ICH BIN dein Wille, der geschehe,
ICH BIN auf Erden wie im Himmel,
ICH BIN der, der heute allen das tägliche Brot gibt,
ICH BIN der, der allem Lebendigen heute die Schuld vergibt,
ICH BIN der, dem alles Leben vergibt,
ICH BIN der, der alle Menschen aus der Versuchung führt,
ICH BIN der, der alle Menschen erlöst von dem Bösen.
ICH BIN das Reich,
ICH BIN die Kraft,
ICH BIN die Herrlichkeit in Ewigkeit,
eine unsterbliche Manifestation –
all dies BIN ICH.

Wenn ich mit der Menschen- und mit Engelszungen redete, aber hätte der Liebe nicht, so wäre ich ein tönend Erz oder eine klingende Schelle.

AVE-MARIA
Gegrüßet seist du, Maria, voller Gnade,
der Herr ist mit dir.
Gesegnet seist du unter den Frauen,
und gesegnet ist die Frucht
deines Leibes, Jesus.
Heilige Maria, Mutter Gottes,
bete für uns, Söhne und Töchter Gottes,
jetzt und in der Stunde unseres Sieges
über Sünde, Krankheit und Tod.

Und wenn ich weissagen könnte und wüsste alle Geheimnisse und alle Erkenntnis und hätte allen Glauben, also dass ich Berge versetzte, aber hätte der Liebe nicht, so wäre ich nichts.

Sprecht das Ave-Maria.

Und wenn ich auch alle meine Habe den Armen gäbe und ließe meinen Leib brennen, aber hätte der Liebe nicht, so wäre mir's nichts nütze.

Sprecht das Ave-Maria.

Die Liebe ist langmütig und freundlich, die Liebe eifert nicht, die Liebe treibt nicht Mutwillen, sie blähet sich nicht.

Sprecht das Ave-Maria.

Sie gibt sich nicht ungebärdig, sie sucht nicht das ihre, sie lässt sich nicht erbittern, sie beinhaltet nicht das Böse.

Sprecht das Ave-Maria.

Sie erfreut sich nicht an der Ungerechtigkeit, sie erfreut sich aber an der Wahrheit.

Sprecht das Ave-Maria.

Sie verträgt alles, sie glaubt alles, sie hofft alles, sie duldet alles.

Sprecht das Ave-Maria.
Sprecht das ICH BIN-Vaterunser.

Die Liebe hört nimmer auf, so doch die Weissagungen aufhören werden und die Sprachen aufhören werden und die Erkenntnis aufhören wird.

Sprecht das Ave-Maria.

Denn unser Wissen ist Stückwerk, und unser Weissagen ist Stückwerk. Wenn aber kommen wird das Vollkommene, so wird das Stückwerk aufhören.

Sprecht das Ave-Maria.

Da ich ein Kind war, da redete ich wie ein Kind und war klug wie ein Kind und hatte kindische Einfälle; da ich aber ein Mann ward, tat ich ab, was kindisch war.

Sprecht das Ave-Maria.

Wir sehen jetzt durch einen Spiegel in einem dunklen Wort, dann aber von Angesicht zu Angesicht. Jetzt erkenne ich's stückweise, dann aber werde ich erkennen, gleichwie ich erkannt bin.

Sprecht das Ave-Maria.

Strebt nach der Liebe! Fleißigt euch der geistlichen Gaben, am meisten aber, dass ihr weissagen möget.

Sprecht das Ave-Maria.

Denn der mit Zungen redet, der redet nicht den Menschen, sondern Gott; denn ihm hört niemand zu, im Geist aber redet er die Geheimnisse.

Sprecht das Ave-Maria.
Sprecht das ICH BIN-Vaterunser.

Wer aber weissagt, der redet zu den Menschen, um sie zu bessern, zu ermahnen und zu trösten.

Sprecht das Ave-Maria.

Wer mit Zungen redet, der bessert sich selbst, wer aber weissagt, der bessert die Gemeinde.

Sprecht das Ave-Maria.

Ich wollte, dass ihr alle mit Zungen reden könntet; aber vielmehr, dass ihr weissagtet. Denn der da weissagt, ist größer, als der, der mit Zungen redet; es sei denn, dass er's auch so auslege, dass die Gemeinde davon gebessert werde.

Sprecht das Ave-Maria.

Nun aber, liebe Brüder, wenn ich zu euch käme und redete mit Zungen, was wäre ich euch nütze, so ich nicht mit euch redete entweder durch Offenbarung oder durch Erkenntnis oder durch Weissagung oder durch Lehre?

Sprecht das Ave-Maria.

Verhält sich's doch auch also mit den Dingen, die da lauten und doch nicht leben; es sei eine Pfeife oder eine Harfe: Wenn sie nicht unterschiedliche Töne von sich geben, wie kann man erkennen, was gepfiffen oder geharft ist?

Sprecht das Ave-Maria.

Und so die Posaune einen undeutlichen Ton gibt, wer wird sich zum Streit rüsten?

Sprecht das Ave-Maria.

Also auch ihr, wenn ihr mit Zungen redet, so ihr nicht eine deutliche Rede gebet, wie kann man wissen, was geredet ist? Denn ihr werdet in den Wind reden.

Sprecht das Ave-Maria.

AFFIRMATIONEN ZUR VERKLÄRUNG
VON JESUS DEM CHRISTUS

ICH BIN DER ICH BIN.
ICH BIN die offene Tür, die kein Mensch zuschlagen kann.
ICH BIN das Licht, das jeden erleuchtet, der in diese Welt kommt.
ICH BIN der Weg.
ICH BIN die Wahrheit.
ICH BIN das Leben.
ICH BIN die Auferstehung.
ICH BIN der Aufstieg ins Licht.
ICH BIN die Erfüllung all meiner Bedürfnisse und
    Notwendigkeiten dieser Stunde.
ICH BIN Versorgung[1] in Hülle und Fülle, die über das
    ganze Leben ausgegossen wird.
ICH BIN perfektes Augenlicht und Gehör.
ICH BIN die manifestierte Perfektion des Seins.
ICH BIN das unbegrenzbare Licht Gottes, das sich
    überall manifestiert hat.
ICH BIN das Licht des Heiligen aller Heiligen.
ICH BIN ein Sohn Gottes.
ICH BIN das Licht im heiligen Berg Gottes.

EHRE SEI DEM VATER
Ehre sei dem Vater
und dem Sohn
und dem Heiligen Geiste.
Wie im Anfang
so auch jetzt und alle Zeit
und in Ewigkeit –
ICH BIN, ICH BIN, ICH BIN!
Im Namen des Vaters und des Sohnes und des Heiligen Geistes,
    im Namen der kosmischen Jungfrau. Amen.

Dem unbefleckten Herz Marias vertraue ich.
Dem unbefleckten Herz Marias vertraue ich.
Dem unbefleckten Herz Marias vertraue ich.

THE KEEPER'S DAILY PRAYER

A flame is active –
A flame is vital –
A flame is eternal.

I AM a God flame of radiant love
From the very heart of God
In the Great Central Sun,
Descending from the Master of Life!
I AM charged now
With beloved Helios' and Vesta's
Supreme God consciousness
And solar awareness.

Pilgrim upon earth,
I AM walking daily the way
Of the ascended masters' victory
That leads to my eternal freedom
By the power of the sacred fire
This day and always,
Continually made manifest
In my thoughts, feelings, and immediate awareness,
Transcending and transmuting
All the elements of earth
Within my four lower bodies
And freeing me by the power of the sacred fire

From those misqualified foci of energy
within my being.

I AM set free right now from all that binds
By and through the currents of the divine flame
Of the sacred fire itself,
Whose ascending action makes me
God in manifestation,
God in action,
God by direction and
God in consciousness!

I AM an active flame!
I AM a vital flame!
I AM an eternal flame!
I Am an expanding fire spark
From the Great Central Sun
Drawing to me now every ray
Of divine energy which I need
And which can never be requalified by the human
And flooding me with the light
And God-illumination of a thousand suns
To take dominion and rule supreme forever
Everywhere I AM!

Where I AM, there God is also.
Unseparated forever I remain,
Increasing my light
By the smile of his radiance,
The fullness of his love,
The omniscience of his wisdom,
And the power of his life eternal,
Which automatically raises me

On ascension's wings of victory
That shall return me to the heart of God
From whence in truth
I AM come to do God's will
And manifest abundant life to all!

CALL TO THE FIRE BREATH

I AM, I AM, I AM the fire breath of God
From the heart of beloved Alpha and Omega.
This day I AM the immaculate concept
In expression everywhere I move.
Now I AM full of joy,
For now I AM the full expression
Of divine love.

My beloved I AM Presence,
Seal me now within the very heart
Of the expanding fire breath of God.
Let its purity, wholeness and love
Manifest everywhere I AM today and forever!

I accept this done right now with full power!
I AM this done right now with full power!
I AM, I AM, I AM God-life expressing
Perfection all ways at all times.
This which I call forth for myself
I call forth for every man, woman,
and child on this Planet.

I AM LORD'S PRAYER, BY JESUS THE CHRIST

Our Father who art in heaven,
Hallowed be thy name, I AM.
I AM thy kingdom come
I AM thy will being done
I AM on earth even as I AM in heaven
I AM giving this day daily bread to all
I AM forgiving all life this day even as
I AM also all life forgiving me
I AM leading all men away from temptation
I AM delivering all men from
every evil condition
I AM the kingdom
I AM the power and
I AM the glory of God in eternal,
immortal manifestation –
All this I AM.

»Though I speak with the tongues of men and of angels and have not
charity, I am become as sounding brass or a tinkling cymbal."

HAIL MARY
Hail, Mary, full of grace
the Lord is with thee.
Blessed art thou among women
and blessed is the fruit
of thy womb, Jesus.
Holy Mary, Mother of God
Pray for us, sons and daughters of God
Now and at the hour of our victory
Over sin, disease, and death.

And though I have the gift of prophecy and understand all mysteries and all knowledge, and though I have all faith so that I could remove mountains and have not charity, I am nothing.

Hail Mary ...

And though I bestow all my goods to feed the poor, and though I give my body to be burned, and have not charity, it profiteth me nothing.

Hail Mary ...

Charity suffereth long, and is kind; charity envieth not; charity vaunteth not itself, is not puffed up,

Hail Mary ...

Doth not behave itself unseemly, seeketh not her own, is not easily provoked, thinketh no evil;

Hail Mary ...

Rejoiceth not in iniquity, but rejoiceth in the truth;

Hail Mary ...

Beareth all things, believeth all things, hopeth all things, endureth all things.

Hail Mary ...

I AM Lord's Prayer

Charity never faileth, but whether there be prophecies, they shall fail; whether there be tongues, they shall cease; whether there be knowledge, it shall vanish away.

Hail Mary ...

For we know in part and we prophesy in part. But when that which is perfect is come, then that which is in part shall be done away.

Hail Mary ...

When I was a child, I spake as a child, I understood as a child, I thought as a child: but when I became a man, I put away childish things.

Hail Mary ...

For now we see through a glass, darkly, but then face to face. Now I know in part, but then I shall know even as also I am known.

Hail Mary ...

And now abideth faith, hope, charity, these three; but the greatest of these is charity.

Hail Mary ...

Follow after charity and desire spiritual gifts, but rather that ye may prophesy.

Hail Mary ...

For he that speaketh in an unknown tongue speaketh not unto men but unto God, for no man understandeth him, howbeit in the spirit he speaketh mysteries.

Hail Mary ...

I AM Lord's Prayer

But he that prophesieth speaketh unto men to edification and exhortation and comfort.

Hail Mary ...

He that speaketh in an unknown tongue edifieth himself, but he that prophesieth edifieth the church.

Hail Mary ...

I would that ye all spake with tongues, but rather that ye prophesied: for greater is he that prophesieth than he that speaketh with tongues, except he interpret, that the church may receive edifying.

Hail Mary ...

Now, brethren, if I come unto you speaking with tongues, what shall I profit you, except I shall speak to you either by revelation, or by knowledge, or by prophesying, or by doctrine?

Hail Mary ...

And even things without life giving sound, whether pipe or harp, except they give a distinction in the sounds, how shall it be known what is piped or harped?

Hail Mary ...

For if the trumpet give an uncertain sound, who shall prepare himself to the battle?

Hail Mary ...

So likewise ye, except ye utter by the tongue words easy to be understood, how shall it be known what is spoken? for ye shall speak into the air.

Hail Mary ...«

TRANSFIGURING AFFIRMATIONS OF JESUS THE CHRIST

I AM THAT I AM
I AM the open door which no man can shut
I AM the light which lighteth every man that cometh into the world
I AM the way
I AM the truth
I AM the life

I AM the resurrection
I AM the ascension in the light
I AM the fulfillment of all my needs and requirements of the hour
I AM abundant supply poured out upon all life
I AM perfect sight and hearing
I AM the manifest perfection of being
I AM the illimitable light of God made manifest everywhere
I AM the light of the holy of holies
I AM a son of God
I AM the light in the holy mountain of God.

GLORY BE TO THE FATHER

Glory be to the Father
and to the Son
and to the Holy Spirit!
As it was in the beginning,
is now and ever shall be,
life without end –
I AM, I AM, I AM!

In the name of the Father and of the Son and of the Holy Spirit, in the name of the cosmic Virgin, Amen.

In the Immaculate Heart of Mary, I trust.
In the Immaculate Heart of Mary, I trust.
In the Immaculate Heart of Mary, I trust.

ANMERKUNGEN

Kapitel 1 – Eine "Vorschau"

1. Siehe Elizabeth Clare Prophet, "Gefallene Engel und der Ursprung des Bösen – Das verbotene Buch Henoch und seine erstaunlichen Offenbarungen", Ansata Verlag, München, 2008.

2. Die Zitate aus dem Buch Jona sind der Lutherbibel von 1545 entnommen.

3. Siehe: "Opus Maius. Eine moralphilosphische Auswahl von Roger Bacon", Herder Verlag, München, 2007.

4. Siehe Samuel P. Huntington, "Die Neugestaltung der Weltpolitik im 21. Jahrhundert", Goldmann Verlag, 2002 und Panel Discussion, "Pluto in Sagittarius" ("Pluto im Schützen"), The Mountain Astrologer, Juli 1995, S. 13.

5. Laurie A. Baum, "Astrological Secrets for the New Millennium" ("Astrologische Geheimnisse für das neue Jahrtausend"), Rocklin, Kalifornien, Prima Publishing, 1997, S. 96.

Kapitel 2 – Nostradamus: Seher der Jahrhunderte

1. Datum auf der Basis des julianischen Kalenders. 23. Dezember nach dem gregorianischen Kalender.

2. Centurie I, Vierzeiler 63, in Edgar Leoni, "Nostradamus and His Prophecies" ("Nostradamus und seine Prophezeiungen"), New York, Bell Publishing Co., 1961, S. 149.

3. Stewart Robb, "Prophecies on World Events by Nostradamus" ("Prophezeiungen zu Weltereignissen von Nostradamus"), New York, Ace Books, 1961, S. 119.

4. Stewart Robb, "Nostradamus and the End of Evils Begun" ("Nostradamus – und das Ende des Bösen begann"), Santa Ana, Kalifornien, Parca Publishing Co., 1984, S. 20.

5. Robb, "Prophecies" ("Prophezeiungen"), S. 59.

6. A. a. O., S. 60.

7. Stewart Robb glaubt, dass Nostradamus sich auf den "Krieg der drei Heinriche" (1585) bezieht. Siehe Centurie VI, Vierzeiler 2, bei: Robb, "Prophecies" ("Prophezeiungen"), S. 50; Erika Cheetham, "The Prophecies of Nostradamus" ("Die Prophezeiungen des Nostradamus"), New York, Berkley Books, 1973, S. 250.

8. Leoni, "Nostradamus", S. 341.

9. A. a. O., S. 690.

10. A. a. O., S. 339.

11. Robb, "Prophecies" ("Prophezeiungen"), S. 21

12. A. a. O., S. 24f.

13. A. a. O., S. 23f.

14. A. a. O., S. 18, 42, 64, 129, 133; Leoni, "Nostradamus", S. 169, 589; Stewart Robb, "Nostradamus on Napoleon", ("Nostradamus über Napoleon"), New York, Oracle Press, 1961.

15. Leoni, "Nostradamus", S. 57f.

16. A. a. O., S. 141.

17. Jean Héritier, "Katharina von Medici. Herrscherin ohne Thron", Heyne Verlag, 1994

18. Jean-Charles de Fontbrune, "Nostradamus. Neue Vorhersagen bis 2025", Hestia Verlag, 1996.

19. Leoni, "Nostradamus", S. 133.

20. A. a. O., S. 103.

21. A. a. O., S. 329.

22. Centurie III, Vierzeiler 55, in: Cheetham, "Prophecies of Nostradamus" ("Prophezeiungen des Nostradamus"), S. 144.

23. Lee McCann, "Nostradamus: The Man Who Saw through Time", ("Nostradamus – Der Mann, der durch die Zeit schauen konnte"), New York, Farrar, Straus und Giroux, 1941, S. 155.

24. Leoni, "Nostradamus", S. 112, 327, 329.

Kapitel 3 – Eine Zeit des Friedens oder eine Zeit des Krieges?

1. Brief an Heinrich II, in: Leoni, "Nostradamus", S. 345.

2. A. a. O., S. 187.

3. Siehe Offenbarung des Johannes 1, 13-16.

4. Leoni, "Nostradamus", S. 253.

5. A. a. O., S. 149.

6. Edward Teller und Allen Brown, "Das Vermächtnis von Hiroshima", Econ Verlag, 1963.

7. Michael Pogodzinski, "Second Sunrise – Nuclear War: The Untold Story" ("Zweiter Sonnenaufgang: Atomkrieg – Die verheimlichte Geschichte"), Thorndike, Maine, Thorndike Press, 1983, S. 97.

8. Erika Cheetham, "The Further Prophecies of Nostradamus: 1985 and Beyond" ("Die weiteren Prophezeiungen von Nostradamus: 1985 und darüber hinaus"), New York, Putnam Publishing Group, Perigee Books, 1985, S. 96.

9. Leoni, "Nostradamus", S. 397.

10. Siehe John Hogue, "Nostradamus: The Complete Prophecies" ("Nostradamus – Die vollständigen Prophezeiungen"), Shaftesbury, Dorset, Element Books, 1997, S. 727-29; Erika Cheetham, "The Final Prophecies of Nostradamus" ("Die letzten Prophezeiungen von Nostradamus"), New York, Putnam Publishing Group, Perigee Books, 1989, S. 380; Peter Lemesurier, "Nostradamus: Prophezeiungen bis 2050", Dörfler, 2001.

11. Leoni, "Nostradamus", S. 309.

12. Cheetham, "Further Prophecies of Nostradamus" ("Weitere Prophezeiungen von Nostradamus"), S. 194f.

13. Robb, "Nostradamus and the End of Evils Begun" ("Nostradamus und das Ende des Bösen begann"), S. 137.

14. A. a. O., S. 49.

15. Leoni, "Nostradamus", S. 657.

16. Cheetham, "Final Prophecies of Nostradamus" ("Die letzten Prophezeiungen von Nostradamus"), S. 263.

17. Rene Noorbergen, "Nostradamus Predicts the End of the World" ("Nostradamus verkündet das Ende der Welt"), New York, Pinnacle Books, 1982, S. 49.

18. Cheetham, "Final Prophecies of Nostradamus" ("Die letzten Prophezeiungen von Nostradamus"), S. 263.

19. Hogue, "Nostradamus: Complete Prophecies" ("Nostradamus - Die vollständigen Prophezeiungen"), S. 442.

20. Robb, "Nostradamus and the End of Evils Begun" ("Nostradamus - und das Ende des Bösen begann"), S. 51.

21. Leoni, "Nostradamus", S. 149.

22. Cheetham, "Further Prophecies of Nostradamus" ("Weitere Prophezeiungen von Nostradamus"), S. 95.

23. Brief an Henry II, in: Leoni, "Nostradamus", S. 345.

24. Hogue, "Nostradamus: Complete Prophecies" ("Nostradamus - Die vollständigen Prophezeiungen"), S. 617.

25. Leoni, "Nostradamus", S. 401.

26. A. a. O., S. 287.

27. Siehe Hogue, "Nostradamus: Complete Prophecies" ("Nostradamus - Die vollständigen Prophezeiungen"), S. 454; Cheetham, "Prophecies of Nostradamus" ("Prophezeiungen von Nostradamus"), S. 258.

28. John Hogue, "Nostradamus: The New Revelations" ("Nostradamus - Die neuen Enthüllungen"), Shaftesbury, Dorset, Element Books, 1994, S. 248.

Kapitel 4 – Eine Parabel für unsere Zeit

1. Leoni, "Nostradamus", S. 435.

2. A. a. O., S. 750.

3. Lemesurier, "Nostradamus: Prophezeiungen bis 2050", Dörfler, 2001. Laut Lemesurier stand das Apostroph in "d'effraieur" (weswegen diese Zeile normalerweise als "von Schrecken" übersetzt wird) in den ersten Ausgaben von Nostradamus' Vierzeilern nicht, erscheint jedoch in späteren verfälschten Ausgaben.

4. Hogue, "Nostradamus: Complete Prophecies" ("Nostradamus - Die vollständigen Prophezeiungen"), S. 800.

5. Nostradamus, Vorwort, in Leoni: "Nostradamus", S. 127.

6. Dies bezieht sich auf das "Empfängnishoroskop" der Vereinigten Staaten. Wir sind der Ansicht, dass es für die "Empfängnis" und die "Geburt" der Vereinigten Staaten gesonderte Horoskope gibt. Viele Astrologen gehen davon aus, dass die Vereinigten Staaten am 4. Juli 1776 geboren wurden – an dem Tag, an dem die Unabhängigkeitserklärung unterzeichnet wurde. Wir betrachten die Unterzeichnung der Unabhängigkeitserklärung als den Augenblick, in dem die "Empfängnis" der Vereinigten Staaten stattfand – am 4. Juli 1776, 17.13 Uhr. Für uns gilt der 30. April 1789 als der Geburtstag der Vereinigten Staaten. An diesem Tag wurde George Washington als Präsident vereidigt.

7. 8 und 9 Grad Zwillinge und Schütze sind sehr bedeutend in den Horoskopen der ersten kontrollierten Atomreaktionen, des ersten Atomversuches und des ersten Einsatzes einer Nuklearwaffe in Hiroshima. Somit liegen hier drei Atomereignisse vor, die diese Grade zu Krisenherden machen. Wenn Planeten unter den Einfluss dieser Grade kommen, dann neigen sie dazu, die Art von Ereignissen, die dort zuvor stattgefunden haben, wiederholt auszulösen. Mit anderen Worten, alle wichtigeren astrologischen Ereignisse, die unter dem Aspekt des 8. oder 9. Grades Zwillinge/Schütze stehen, haben das Potenzial, einen nuklearen Vorfall auszulösen.

Kapitel 5 – Das Menetekel in den Sternen

1. Siehe Anmerkung 7 von Kapitel 4.

Kapitel 6 – Nostradamus und Cayce über die Veränderungen auf der Erde

1. Leoni, "Nostradamus", S. 427.

2. A. a. O., S. 157. Die meisten Kommentatoren übersetzen das erste Wort des Vierzeilers, "ennosigée", mit "erderschütternd". In Leonis Übersetzung steht "vulkanisch".

3. Hogue, "Nostradamus: Complete Prophecies" ("Nostradamus - Die vollständigen Prophezeiungen"), S. 138.

4. Lemesurier, "Nostradamus: Prophezeiungen bis 2050", Dörfler, 2001.

5. Noorbergen, "Nostradamus Predicts the End of the World" ("Nostradamus verkündet das Ende der Welt"), S. 160-62.

6. Offenbarung des Johannes 16, 18f. - Alle Bibelzitate, wenn nicht anders angegeben, sind aus der "Bibel nach der Übersetzung Martin Luthers".

7. Hugh Lynn Cayce, "Earth Changes Update" ("Erdveränderungen - eine Aktualisierung"), Virginia Beach, Virginia, A.R.E. Press, 1980, S. 87, 89-90.

8. William Hutton, "Coming Earth Changes: Causes and Consequences of the Approaching Pole Shift" ("Zukünftige Erdveränderungen - Ursachen und Folgen des bevorstehenden Polsprungs"), Virginia Beach, Virginia, A.R.E. Press, 1996, S. 99.

9. Hugh Lynn Cayce, "Earth Changes Update" ("Erdveränderungen - eine Aktualisierung"), S. 91f.

10. Hutton, "Coming Earth Changes" ("Zukünftige Erdveränderungen"), S. 200f, 203.

11. Hugh Lynn Cayce, "Earth Changes Update" ("Erdveränderungen - eine Aktualisierung"), S. 106, 105.

12. Edgar Cayce, zitiert in: Hutton, "Coming Earth Changes" ("Zukünftige Erdveränderungen"), S. 13.

13. Edgar Cayce, Reading Nr. 5757-1.

14. Hugh Lynn Cayce, "Earth Changes Update" ("Erdveränderungen - eine Aktualisierung"), S. 106, 105.

15. Jess Stearn, "Edgar Cayce on the Millennium" ("Edgar Cayce über das neue Jahrtausend"), New York, Warner Books, 1998, S. 192.

16. Edgar Cayce, zitiert in Hugh Lynn Cayce, "Earth Changes Update" ("Erdveränderungen - eine Aktualisierung"), S. 106.

17. Mary Ellen Carter, "Edgar Cayce on Prophecy" ("Edgar Cayce über Prophezeiungen"), New York, Warner Books, 1968, S. 55 und Stearn, "Edgar Cayce on the Millennium" ("Edgar Cayce über das neue Jahrtausend"), S. 92.

18. Stearn, "Edgar Cayce on the Millennium" ("Edgar Cayce über das neue Jahrtausend"), S. 93.

19. Hugh Lynn Cayce, "Earth Changes Update" ("Erdveränderungen – eine Aktualisierung"), S. 30.

20. A. a. O., S. 39, 30.

21. Carter, "Edgar Cayce on Prophecy" ("Edgar Cayce über Prophezeiungen"), S. 31.

22. Edgar Cayce, Reading Nr. 3976-18.

23. Carter, "Edgar Cayce on Prophecy" ("Edgar Cayce über Prophezeiungen"), S. 35.

24. Hugh Lynn Cayce, "Earth Changes Update" ("Erdveränderungen – eine Aktualisierung"), S. 37.

25. A. a. O., S. 30.

26. A. a. O., S. 107f.

27. A. a. O., S. 25.

28. A. a. O., S. 106.

Kapitel 7 – Spielt Mutter Natur verrückt?

1. Aus einer Studie des "Worldwatch Instituts", eine Umweltforschungsgruppe, und der "Münchner Rück", dem weltgrößten Rückversicherer.

2. "Humans Blamed for Rekord Year" ("Menschen tragen Schuld an Rekordjahr"), Bozeman Daily Chronicle, 28. November 1998.

3. A. a. O.

4. "Notebook" Time, 1. Juni 1998.

5. Peter Tompkins, "Das geheime Leben der Natur: in Harmonie leben mit der verborgenen Welt von den Elfen und Feen bis zu den Quanten und Quarks", Ansata Verlag, München, 1998.

6. A. a. O., S. 1.

7. A. a. O., S. 1f.

8. A. a. O., S. 2.

351

9. A. a. O., S. 16f.

10. Matthäus 7, 2.

11. "Akasha" ist die Primärsubstanz - die feinste, ätherische Substanz, die den ganzen Raum ausfüllt. Alles, was sich in der Welt eines Menschen abspielt und alle Ereignisse im physischen Universum, wird im "akasha" gespeichert. Diese gespeicherten Daten können von Menschen, die über hoch entwickelte Seelenqualitäten verfügen, gelesen werden.

Kapitel 8 - So kommen wir durchs Nadelöhr

1. Offenbarung des Johannes 1, 1.

2. Offenbarung des Johannes 6, 5f.

3. Offenbarung des Johannes 6, 1f.

4. Offenbarung des Johannes 6, 3f.

5. Römer 7, 19.

6. Offenbarung des Johannes 6, 7f.

7. 1. Korinther 3, 16.

8. Johannes 14, 30.

Kapitel 9 - Die Königin der Engel reicht uns die Hand

1. "Schwester Lucia spricht über Fátima", Herausgeber Louis Kondor, Postulacao Verlag, Fátima, Portugal 1977.

2. William C. McGrath, "The Lady of the Rosary" ("Die Rosenkranzdame"), in: "A Woman Clothed with the Sun" ("Eine Frau, in Sonnenlicht gehüllt"), Herausgeber John J. Delaney, Garden City, New York, Doubleday & Company, ein Bilderbuch, 1961, S. 182.

3. William Thomas Walsh, "Our Lady of Fátima" ("Unsere Liebe Frau von Fátima"), Garden City, New York, Doubleday & Company, Image Books, 1954, S. 220.

4. A. a. O., S. 221.

5. McGrath, "Lady of the Rosary" ("Die Rosenkranzdame"), S. 193.

6. A. a. O., S. 194f.

7. "Schwester Lucia spricht über Fátima",

8. Frère Michel de la Sainte Trinité, "The Whole Truth about Fátima" ("Die ganze Wahrheit über Fátima"), Band 2, Buffalo, New York, Immaculate Heart Publications, 1989, S. 666.

9. "Sister Lucy Interviewed by Blue Army" ("Schwester Lucia im Interview mit der Blauen Armee Mariens"), The Fátima Crusader, Nr. 33, Sommer 1990, S. 13.

10. Frère Michel de la Sainte Trinité, "The Whole Truth about Fátima" ("Die ganze Wahrheit über Fátima"), Band 3, Buffalo, New York, Immaculate Heart Publications, 1990, S. 661.

11. Frère Michel de la Sainte Trinité, "The Third Secret Revealed ..." ("Die Enthüllung des Dritten Geheimnisses ..."), The Fátima Crusader, Nr. 20, Juni/Juli 1986, S. 21.

12. "Schwester Lucia spricht über Fátima".

13. Frère Michel, "The Third Secret Revealed ..." ("Die Enthüllung des Dritten Geheimnisses ..."), S. 23.

14. Siehe Matthäus 24.

15. Offenbarung des Johannes 16, 1.

16. Joseph A. Pelletier, "The Queen of Peace Visits Medjugorje" ("Die Friedenskönigin besucht Medjugorje"), Worcester, Massachusetts, Assumption Publication, 1985, S. 49.

17. René Laurentin und Ljudevit Rupcic, "Is the Virgin Mary Appearing at Medjugorje?" ("Erscheint die Jungfrau Maria in Medjugorje?"), Word Among Us Press, Anhang 1.

18. Judith M. Albright, "Our Lady of Medjugorje" ("Unsere Liebe Frau von Medjugorje"), Milford, Ohio, Riehle Foundation, 1988, S. 32.

19. Kenneth L. Woodward, "Visitations of the Virgin", ("Besuche von der Heiligen Jungfrau"), Newsweek, 20. Juli 1987, S. 55.

20. "A Letter from Rome on Medjugorje" ("Ein Brief aus Rom über Medjugorje"), abgedruckt auf der offiziellen Website von Medjugorje im Internet: www.medjugorje.org

21. "Pope John Paul II. on Medjugorje" ("Papst Johannes Paul II. über Medjugorje"), www.medjugorje.org/pope.htm

22. Pater Tomislav Vlasics Bericht an Papst Johannes Paul II., Dezember 1983.

23. "Medjugorje News Notes" ("Streiflichter aus Medjugorje"), Medjugorje Magazin 3, Nr. 3, Juli/August/September 1992, S. 6f.

24. Wayne Waible, "Miracle at Medjugorje" ("Wunder in Medjugorje"), März 1987, S. 2.

25. Bericht von Pater Tomislav Vlasic im Dezember 1983, bei Laurentin und Rupcic: "Is the Virgin Mary Appearing at Medjugorje?"("Erscheint die Jungfrau Maria in Medjugorje?"), Anhang 1; und Pelletier, "Queen of Peace Visits Medjugorje" ("Die Friedenskönigin besucht Medjugorje"), S. 138f.

26. A. a. O.

Kapitel 10 – Marias Friedensplan

1. Laurentin und Rupcic, "Is the Virgin Mary Appearing at Medjugorje?" ("Erscheint die Jungfrau Maria in Medjugorje?"), Anhang 1; und Pelletier, "Queen of Peace Visits Medjugorje" ("Die Friedenskönigin besucht Medjugorje"), S. 149, 230.

2. Francis Johnston, "Fátima: The Great Sign" ("Fátima – Das große Zeichen"), Washington, New York, AMI Press, 1980, S. 139.

3. Pelletier, "Queen of Peace Visits Medjugorje" ("Die Friedenskönigin besucht Medjugorje"), S. 227.

4. A. a. O., S. 217, 221 und www.medjugorje.org/msg85.htm

5. V. Montes de Oca, "More about Fátima" ("Mehr über Fátima"), übersetzt von J. DaCruz, überarbeitete Auflage, Apostles of Mary (Marias Apostel), S. 67.

6. "Schwester Lucia spricht über Fátima".

7. Bei Hunderten von Statuen von Mutter Maria auf der ganzen Welt konnte man schon sehen und fotografieren, wie sie Tränen vergossen, insbesondere diejenigen, die als "Pilger-Madonna" bekannt sind und

die alle der Erscheinung von Maria in Fátima ähnlich sind. Beobachter sagen, dass zwischen Weltereignissen und dem Weinen der Statuen ein Zusammenhang besteht.

Kapitel 11 – Saint Germain und eine Kette von Prophezeiungen

1. Die Zitate zum Grafen von Saint Germain in diesem Kapitel stammen aus: Isabel Cooper Oakley, "The Count of Saint Germain" ("Der Graf von Saint Germain"), Blauvelt, New York, Rudolf Steiner Publications, 1970.

2. Siehe 1 Samuel 7.

3. Siehe 1 Samuel 8.

4. Henry Thomas und Dana Lee Thomas, "Living Biographies of Great Scientists" ("Lebendige Biographien bedeutender Wissenschaftler"), Garden City, New York, Nelson Doubleday, 1941, S. 15.

5. A. a. O., S. 16

6. A. a. O., S. 20.

7. Francis Bacons Wortcode wurde vom Kryptographen Dr. Orville W. Owen entdeckt, der zwischen 1893 und 1895 die fünf Bände "Sir Francis Bacon's Cipher Story" ("Sir Francis Bacons Chiffre-Geschichte") veröffentlichte. Die Geschichte, die in seinem Wortcode versteckt ist, lässt sich rekonstruieren, wenn man Wörter, Zeilen und Passagen aus den Werken verschiedener elisabethanischer Schriftsteller aneinanderreiht. Im Gegensatz dazu ist die Dechiffrierung des zweiwertigen Codes eine exakte, wissenschaftliche Methode, bei der die kursiv gedruckten Buchstaben gruppiert werden, die in den Originalausgaben der Dramen von Shakespeare und anderen Werken von Bacon in merkwürdiger Gehäuftheit auftauchen. Dieser Code wurde von einer Assistentin von Dr. Owen, von Elizabeth Wells Gallup, entdeckt, die die Geschichten, die Bacon in seinem zweiwertigen Code versteckt hatte, 1899 erstmals veröffentlichte. Um sicherzugehen, dass sein Code letztendlich entdeckt und seine wahre Lebensgeschichte enthüllt wird, hatte Bacon die zweiwertige Chiffrierungsmethode in seiner lateinischen

Fassung "De Augmentis" (1624) detailliert beschrieben. Diese wurde etwa 270 Jahre später von Mrs. Gallup studiert und angewandt. Ironischerweise fand Mrs. Gallup heraus, dass Bacons zweiwertiger Code vollständige Anleitungen darüber enthält, wie man den Wortcode konstruiert – was tatsächlich zuerst von Dr. Owen entdeckt wurde.

8. Will Durant, "Die großen Denker. Die Geschichte der Philosophie von Plato bis Nietzsche." Verlagsgruppe Lübbe, Bergisch Gladbach, 1995.

Kapitel 12 – Prophezeiungen sind nicht in Stein gemeißelt

1. Korinther 14, 3.

2. Siehe Jeremias 7, 31; 19; 52.

3. Helen Wambach, "Leben vor dem Leben"), Heyne Verlag, München, 1991.

Kapitel 13 – Eine hochfrequente spirituelle Energie

1. Jesaja 45, 11.

2. Hiob 22, 27f.

3. Siehe Elizabeth Clare Prophet, "Mit Engeln arbeiten", Verlag Die Silberschnur, 2003.

4. Siehe Elizabeth Clare Prophet, "Mantras des Westens", Verlag Die Silberschnur, 2008

5. In der Vergangenheit musste der Mensch 100 Prozent seines Karmas noch während der Inkarnation ausgleichen, um den Seelenaufstieg machen zu dürfen. Durch den Erlass im Wassermannzeitalter dürfen Menschen aufsteigen, wenn sie 51 Prozent ihres Karmas ausgeglichen haben, sie können die restlichen 49 Prozent von der Himmelswelt aus ausgleichen. Mehr zum Prozess des Seelenaufstiegs finden Sie bei Annice Booth, "The Path to Your Ascension: Rediscovering Life's Ultimate Purpose" ("Der Pfad zu Ihrem Seelenaufstieg – Entdecken Sie wieder das endgültige Ziel des Lebens"), Corwin Springs, Montana, Summit University, 1999.

Kapitel 14 – Die Verbindung zwischen Körper und Geist – (Die Geist-Körper-Verbindung)

1. Tim Wilson, "Chant: The Healing Power of Voice and Ear: An Interview with Alfred Tomatis, M.D." ("Chanten: Die Heilkraft für Stimme und Ohr – Ein Interview mit Dr. med. Alfred Tomatis"), in: "Music: Physician for Times to Come" ("Musik – Der Arzt der Zukunft"), Herausgeber Don Campbell, Wheaton III, Theosophical Publishing House, Quest Books, 1991, S. 13.

2. Saint Germain bezieht sich auf Hörkassetten von Dekreten und Affirmationen zur violetten Flamme, die über Summit University Press erhältlich sind.

Kapitel 16 – Ein Rosenkranzgebet für den Weltfrieden

1. Das Wort "Versorgung", das in diesem Gebet vorkommt, bezieht sich auf spirituellen und materiellen Reichtum, einschließlich aller Ressourcen, die wir brauchen, um unseren Lebenszweck zu erfüllen.

Lob und Anerkennung

Wir sind sehr dankbar, folgende Daten verwenden zu dürfen:

Exzerpte aus dem Werk "The Count of Saint Germain" ("Der Graf von Saint Germain") von Isabel Cooper-Oakley. Nachdruck mit Genehmigung der "Theosophischen Gesellschaft" in England.

Seite 179: "Die drei Seher von Fátima." Mit freundlicher Genehmigung von Missions Consolata Publications, Fátima, Portugal.

Seite 191: "Die sechs Seher von Medjugorje." Mit freundlicher Genehmigung durch das Original Center for Peace, Boston, Massachusetts.

Es wurden keine Mühen gescheut, alle erforderlichen Genehmigungen für das in diesem Buch verwendete Material zu erhalten, sei es von Unternehmen oder Einzelpersonen.

Sollten wir etwas übersehen haben, so geschah dies nicht absichtlich, und wir werden gern jeden Fehler in künftigen Ausgaben dieses Buches korrigieren.

Weitere Informationen

Summit University Press Bücher sind weltweit in allen gut sortierten Buchläden sowie bei ihrem Lieblings-Buchhändler online erhältlich. Nehmen Sie mit uns Kontakt auf, wenn Sie einen Gratiskatalog unserer Bücher und Produkte wünschen oder mehr über die spirituellen Techniken erfahren möchten, die in diesem Buch vorgestellt werden:

Summit University Press
63 Summit Way, Gardiner, MT 59030, USA
Tel.: 1-406-848-9500
Fax: 1-406-848-9555
E-Mail: info@summituniversitypress.com
www.summituniversitypress.com

Über die Autoren

Elizabeth Clare Prophet ist eine Pionierin auf dem Gebiet der Erforschung von Techniken zur praktischen Spiritualität, wie etwa der kreativen Kraft des Klanges für das persönliche Wachstum und zur Verwandlung der Welt. Sie ist eine weltberühmte Autorin, zu ihren Bestsellern zählen unter anderem "Chakren - Deine sieben Energiezentren", "Karma in der Praxis", "Alchemie des Herzens" und "Seelenpartner & Zwillingsseelen".

Elizabeth Prophet hat sich 1999 zur Ruhe gesetzt und lebte von 1999 bis zu ihrem Tod 2009 in den Rocky Mountains von Montana.

Patricia R. Spadaro ist Mitautorin von "Alchemie des Herzens", "Chakren - Deine sieben Energiezentren", "Praktische Spiritualität" und "Kaballah: Key to Your Inner Power" ("Kabbala - der Schlüssel zur inneren Kraft"). Ihr besonderes Interesse gilt der praktischen Spiritualität und den mystischen Pfaden der spirituellen Traditionen unserer Welt.

Murray L. Steinman ist Autor, öffentlicher Redner und spezialisiert auf dem Gebiet der strategischen Kommunikation. Er ist Co-Autor von "Kaballah: Key to Your Inner Power" ("Kabbala - der Schlüssel zur inneren Kraft") und hat an einer Vielzahl von Radio- und TV-Shows mitgewirkt, wie z. B. "Oprah" und "Donahue".

152 Seiten, broschiert,
€ [D] 6,95
ISBN 978-3-89845-250-2

Elizabeth Clare Prophet & Mark L. Prophet

Saint Germain

Aus der Fülle schöpfen

Fülle bezeichnet den Energiefluss, der sowohl als spiritueller als auch als materieller Reichtum aus der kosmischen Quelle zu uns herabströmt. Fülle bedeutet Liebe und Weisheit, Talente und Fähigkeiten, Geld und materielle Besitztümer – all das, was wir benötigen, um unsere Lebensaufgabe zu erfüllen. Anhand der Anleitungen eines der größten Meister, St. Germain, ist es auch Ihnen möglich, aus Ihrer persönlichen Alchemie der Fülle zu schöpfen ...

128 Seiten, broschiert,
€ [D] 6,95
ISBN 978-3-89845-089-8

Elizabeth Clare Prophet

Die Violette Flamme

Heilung für Körper, Geist & Seele

Die Violette Flamme ist ein Licht, das allen Lebensformen dient und ihnen Achtung und Würde verleiht. Sie ist ein Mittel, sich untereinander zu verbinden und eine Form spiritueller Energie. Sie ist das Attribut des geheimnisvollen Grafen St. Germain. Heiler und Alchemisten in aller Welt nutzen diese hochfrequente Energie, um Harmonie und Frieden in diese Zeit des spektakulären Übergangs in ein neues Bewusstsein zu bringen.

176 Seiten, broschiert
€ [D] 6,95
ISBN 978-3-89845-126-0

Elizabeth Claire Prophet

Seelenpartner & Zwillingsseelen

Die spirituelle Dimension der Liebe und unserer Beziehungen

»Seelenpartner und Zwillingsseelen« enthüllt mit Wärme und Weisheit die spirituelle Dimension von Beziehungen und zeigt neue Wege auf, um zu Ganzheit und wahrer Liebe zu finden. Sie lernen viel Wissenswertes über Seelenpartner, Duale und karmische Partner, und man beginnt zu verstehen, weshalb man gerade bestimmte Liebschaften in sein Leben zieht – sogar, warum selbst die schwierigste Beziehung geradezu ein Sprungbrett zur perfekten Liebe sein kann.

Elizabeth Clare Prophet & Patricia R. Spadaro

Alchemie des Herzens

Wer mehr liebt, wird mehr geliebt

In einem Fünf-Punkte-Programm wird das Herz des Lesers allmählich in eine höhere Frequenz seiner Liebesfähigkeit geführt. Es wird gezeigt, wie er sein Herz für höhere Schwingungen öffnen kann, wie er es stärkt und heilt und wie er es weiterhin vor niedrigen Schwingungen schützt, bis er schließlich ganz in sein Herz eindringt und sich so mit der göttlichen Liebe vereint. Dieses Buch ist im wahrsten Sinne ein Herzensjuwel auf dem Weg zu einer höheren Liebe.

256 Seiten, broschiert
€ [D] 6,95
ISBN 978-3-89845-050-8

Elizabeth Clare Prophet & Patricia R. Spadaro

Karma in der Praxis

– Die Zukunft gestalten

»Karma in der Praxis« zeigt dem Leser anhand von praktischen Beispielen, wie Aktionen aus seinem früheren Leben – gute oder böse – mit seinem heutigen Leben zusammenhängen. Er lernt aber auch viel über Gruppenkarma und erfährt, was die großen Lehrer der westlichen und östlichen Welt, wie z. B. Jesus und Konfuzius, über Karma und Reinkarnation lehrten. Doch vor allem lernt der Leser, wie er karmische Begegnungen als große Chancen für seine Zukunft zu nutzen vermag.

288 Seiten, broschiert
€ [D] 6,95
ISBN 978-3-89845-060-7

Elizabeth Clare Prophet & Patricia R. Spadaro

Chakren – Deine 7 Energiezentren

Dieses Buch vermittelt – basierend auf der Lehre vom feinstofflichen Energiesystem unseres Körpers – kraftvolle Einsichten und Werkzeuge, um wieder heil und ganz zu werden. Quelle dieses Wissens sind verschiedenste spirituelle Traditionen, die uns anleiten, wie wir unsere Seele über die sieben Schritte des persönlichen Wachstums voranbringen können – angefangen bei Homöopathie über Vitamine und Heilbäder bis hin zur Arbeit mit Meditationen, Affirmationen und Visualisierungen.

272 Seiten, broschiert
€ [D] 6,95
ISBN 978-3-89845-107-9

176 Seiten, broschiert
€ [D] 6,95
ISBN 978-3-89845-206-9

Elizabeth Clare Prophet mit Patricia R. Spadaro
Praktische Spiritualität
Medizin für die Seele

Knüpfen Sie ein enges Band zu Ihrem Geist – dieser Ratgeber für den Alltag zeigt Ihnen in praktischen Schritten, wie Sie inmitten der Wirren und der Hektik des Alltags in Resonanz mit Ihrem Geist bleiben können, wie Sie auf die noch zarte Stimme in Ihrem Inneren zu hören lernen und wie Sie am besten im Hier und Jetzt leben. Zusätzlich bietet er kreative Techniken, die Sie einsetzen können, um sich und Ihr Umfeld auf eine höhere Ebene zu heben.

144 Seiten, broschiert,
mit Abbildungen
€ [D] 6,95
ISBN 978-3-89845-263-2

Elizabeth Clare Prophet
Die Kraft deines höheren Selbst

Die Kraft deines höheren Selbst stellt einfache Techniken vor, die dabei behilflich sind, eine enge, gut funktionierende Beziehung zu seinem Geist zu entwickeln – sowie Freude, Frieden und Stärkung zu erfahren.
Wer mit seinem höheren Selbst auf einer Wellenlänge ist, wird liebevoller und sensibler für die eigenen Bedürfnisse und die Bedürfnisse anderer. Man erfüllt sein Lebensziel und bringt seine größtmögliche Kreativität zum Ausdruck.
Erfahre die zehn dynamischen Schritte zum spirituellen Erwachen, mit deren Hilfe du dein volles Potenzial verwirklichen kannst.

144 Seiten, broschiert
€ [D] 6,95
ISBN 978-3-89845-147-5

Elizabeth Clare Prophet
Erzengel Michael

Erzengel Michael ist der Engel der Natur, der den Menschen Nahrung und Wissen bringt. Er ist der »Engel des Herrn«, der Engel der Gegenwart Gottes.
E. C. Prophet schlüsselt – basierend auf Bibeltexten wie auch auf Tatsachenberichten – die Bedeutung des Erzengels auf. Er erinnert uns gerade in der heutigen Zeit, in der es recht dunkel ist auf der Erde, daran, die Verbindung zu unseren himmlischen Helfern nicht zu kappen. Denn: »Es gibt eine Welt des Lichts, die die Welt der Dunkelheit überlagert, und alles, was ihr tun müsst, ist, euch nach dem Licht auszustrecken ...«

Elizabeth Clare Prophet
Erzengel Raphael

Elisabeth Clare Prophet schildert in diesem Band unserer Erzengelreihe in beeindruckender Weise Erzengel Raphaels segensreiches und schützendes Eingreifen in bedrohlichen Situationen. Zudem stellt sie Übungen vor, um das Bewusstsein des Lesers zu öffnen und ihn einzustimmen auf diesen lichtvollen Erzengel. – Ein Meisterwerk, das wahrhaft Türen in die strahlenden Lichtreiche der großen Erzengel öffnet!

128 Seiten, broschiert
€ [D] 6,95
ISBN 978-3-89845-172-7

Elizabeth Clare Prophet
Erzengel Zadkiel
Das Lichtwesen der violetten Flamme

Gerade in unserer anspruchsvollen Zeit, in der man scheinbar jeden Tag besser, schneller und perfekter sein muss, bietet Erzengel Zadkiel wertvolle Hilfe: Er ist der Engel der Veränderung, der uns hilft, unsere Schattenseiten in Licht zu wandeln – Zadkiel ist der karmische Erlöser.
Die Bestsellerautorin Elizabeth Clare Prophet präsentiert mehrere wirksame Methoden, um sich mit diesem heilenden Engel zu verbinden, denn Erzengel Zadkiel beendet das unwürdige und selbstzerstörerische Streben nach Perfektion, wenn er uns lehrt, dass wir durch die Arbeit an uns unserer Göttlichkeit jeden Tag einen Schritt näherkommen ...

96 Seiten, broschiert
€ [D] 6,95
ISBN 978-3-89845-274-8

Elizabeth Clare Prophet
Seraphim
Die Engel des Erfolges

Rufen Sie die Engel des Erfolges an, und bitten Sie diese, Ihnen dabei zu helfen, erfolgreich zu sein und die nötige Entschlossenheit an den Tag zu legen, um ein bestimmtes Ziel zu erreichen. Dieser brennende Wunsch in Ihrem Herzen ist der Schlüssel, der es Ihnen ermöglichen wird, Ihr Lebensziel zu finden.
Dieses Buch gibt Ihnen praktische Hinweise, um Ihrer Berufung zu folgen, das Ziel fest im Auge zu behalten und auf Erfolgskurs zu bleiben ...

112 Seiten, broschiert,
mit Abbildungen
€ [D] 6,95
ISBN 978-3-89845-264-9

Weiterführende Informationen zu
Büchern, Autoren und den Aktivitäten
des Silberschnur Verlages erhalten Sie unter:
www.silberschnur.de

Sie können uns alternativ
die beiliegende *Postkarte* zusenden.

Ihr Interesse wird belohnt!

Interessante Diskussionen zu
den Themen des Silberschnur Verlages
finden Sie unter:
www.forum-spiritualitaet.de

*Tauschen Sie sich mit anderen Lesern
aus über Inhalte und Themen,
die Sie wirklich interessieren!*

Hier geht die Silberschnur-Welt weiter!